이금주 평전

어디에도 없는 나라

이금주 평전
어디에도 없는 나라

초판 1쇄 인쇄   2023년 1월 12일
초판 1쇄 발행   2023년 1월 20일

지은이   송경자
엮은이   (사)일제강제동원시민모임
감 수   이양수
사진 제공   태평양전쟁희생자광주유족회, 나고야미쓰비시조선여자근로정신대소송을지원하는
모임, 제2차후지코시강제연행강제노동소송을지원하는모임, 야마모토 세이타 변호사,
일한회담문서전면공개를요구하는모임, 일제피해자공제조합, (사)일제강제동원시민
모임

발행인   윤관백
발행처   ▨선인
등 록   제5-77호(1998. 11. 4)
주 소   서울시 양천구 남부순환로 48길 1(신월동 163-1) 1층
전 화   02)718-6252/6257 | **팩 스**   02)718-6253
E-mail   sunin72@chol.com

정 가   28,000원
ISBN   979-11-6068-773-6   03990

이금주 평전

어디에도 없는 나라

(사)일제강제동원시민모임

선인

역사의 아이러니 앞에 성찰의 작은 밑거름 되길

이국언 (사)일제강제동원시민모임 이사장

어느 해였습니다. 이금주 회장님을 뵈러 갔다가 거실 수납장에 있는 서류철을 들춰 보게 되었습니다. 그동안에도 눈길이 갔지만 워낙 반듯하게 정리돼 있어 함부로 범접하기조차 어렵게 느껴졌습니다. 수십 종의 서류철은 여닫이 유리문이 달린 수납장 2개에 가득 채워져 있었는데, 서류철 표지마다 이금주 회장이 직접 손으로 쓴 제목이 붙어 있었습니다.

그러던 중 저는 어느 한 서류철에 눈길을 빼앗기고 말았습니다. 1992년 일본 정부를 상대로 제기한 '광주천인소송' 소장이었습니다. 두툼한 서류철에는 1천 명이 넘은 원고들의 주소와 이름이 순서대로 적혀 있고, 그 뒤에는 원고 한 사람 한 사람의 도장이 박혀 있었는데, 바로 그 도장 때문이었습니다.

붉은색 인주가 선연한 그 도장은 크기도 모양새도 주인 이름도 각각 달랐습니다. 순간 어떤 전율이 느껴졌습니다. 도장 하나하나에는 일제에 강제동원돼 고초를 겪은 피해자들, 아버지 이름 한번 불러보지 못한 채 고아처럼 살아와야 했던 유족들의 한과 눈물이 배어 있기 때문입니다. 숱한 사연들을 품고 있는 그 붉은색 인주가 박힌 도장은 그 자체로 지난 날 아픈 역사를 불러내는 무언의 절규이자 울림이었습니다.

일제 피해자들의 벗 이금주 회장의 한 많은 삶은 고단했던 우리 민족사

그대로입니다. 일본이 일으킨 전쟁에 사랑하는 남편마저 빼앗긴 데 이어, 광복의 기쁨을 누릴 새도 없이 남과 북으로 나뉘어 졸지에 실향민 처지가 되고 말았습니다. 그것만이 아닙니다. 동서 냉전과 오랜 군부 독재정권으로 인해 피해자들은 수십 년 동안 권리를 행사할 기회마저 봉쇄당했습니다.

이런 가운데 이금주 회장은 1987년 6월 한국 사회 민주화운동에 힘입어 1988년 태평양전쟁희생자광주유족회 결성에 나섰습니다. 그의 나이 벌써 예순아홉, 보통의 사람이라면 하던 일도 내려놓고 저만치 물러앉을 때였습니다.

하지만 그것은 멀고도 험한 가시밭길의 시작이었습니다. 일본 정부와 일본 기업을 상대로 7건의 소송을 제기했지만, 법정에서 듣는 것은 매번 '기각', '기각' 뿐이었습니다. 노구를 이끌고 일본에 오간 것만 80여 차례…. 그 사이 '기각'만 열일곱 차례였습니다. 그럴 때마다 발길을 돌려 떨어져 나간 회원들도 부지기수였습니다.

그러나 한없이 무모해 보이는 그 싸움은 마침내 꿈쩍도 하지 않을 것 같은 거대한 벽에 하나씩 구멍을 내기 시작했습니다. 40여 년 동안 감춰져 있던 한일협정 문서가 공개되고, 강제동원특별법이 제정된데 이어 한국 정부 차원의 진상규명위원회가 발족한 것이 그것입니다. 그리고 피해자들의 끈질긴 투쟁은 마침내 2018년 역사적인 한국 대법원 배상 판결로 귀결되었습니다. 열일곱 번의 좌절을 감수하면서도 다시 부딪혔던 그 집념과 도전이 없었다면 결코 불가능했을 일입니다.

돌아보면 이렇게 되기까지 이금주 회장은 이 길에 많은 것을 부어야 했습니다. 자신에 이어 아들과 며느리까지 광주유족회 일에 팔을 걷어붙여야 했고, 나중에는 손녀들까지 나서 3대가 일제 피해자들의 인권회복을 위해 모든 것을 쏟아 왔습니다.

무엇보다 자신에게 더 엄격했습니다. 10원짜리 영수증도 허투루 여기지 않았고, 회비 한 푼 아끼려 서울 뒷골목 싸구려 여관방을 찾아다니느라 팔순 노인이 빗속에 1시간여 밤거리를 헤매기도 했습니다. 누구보다 앞장서 싸웠지만, 자신을 위해서는 그 어떤 사사로운 것도 취하지 않았습니다.

안타깝게도 일제 강제동원의 상처와 아픔을 증언해 주실 분이 이제 몇 분 남아계시지 않습니다. 그런 면에서 이 평전은 온갖 고난과 좌절 속에서도 역사적 소명을 위해 온 생을 던진 이금주 한 개인의 기록임과 동시에, 광복 후에도 풍찬노숙 해야 했던 일제 피해자들의 처절한 투쟁의 기록입니다. 아울러 현실에서는 고단한 패배자였지만 한겨울 서릿발 같은 신념이 어떻게 역사를 한발 한발 전진시켜 왔는지를 보여주는 한편의 대하드라마이기도 합니다.

전범 국가 일본국, 그리고 자국 국민의 아픔에 눈 감은 한국 정부는 이금주를 투사로 만들었습니다. 1988년 태평양전쟁희생자광주유족회 결성으로부터 34년…. 그 사이 대통령은 노태우, 김영삼, 김대중, 노무현, 이명박, 박근혜, 문재인에 이어 윤석열로 바뀌었습니다. 과연 피해자들의 인권은 얼마나 회복되었을까요? 한일관계 개선이라는 구실로 또다시 일제 피해자들을 그 제물로 삼으려는 이 역사의 아이러니 앞에, 아무쪼록 이 평전이 이 시대를 성찰하는데 작은 밑거름이 되길 기대합니다.

끝으로 이 책이 나올 수 있었던 데는 전적으로 송경자 작가님의 수고 덕분입니다. 조각조각 흩어진 기억과 자료를 일일이 찾아 감동적인 글로 완성시켜 주셨습니다. 인간 이금주와 그가 거쳐 온 영욕의 시대를 다시 만날 수 있도록 해 주신 작가님께 다시 한번 감사드립니다. 아울러 좋은 책이 만들어질 수 있도록 원고를 일일이 검토해 주신 재일교포 2세 이양수 선생님께도 감사의 인사를 전합니다.

정의 향한 투혼은 오늘 우리에게 큰 울림

최봉태 변호사

이금주 회장님은 일제 피해자들에게는 성모聖母같은 존재였습니다. 남편을 일제에 의해 빼앗긴 것이 계기가 되어 환갑이 넘은 나이에 일제 피해자들의 대모가 되어 남은 평생을 전쟁 피해자의 인권을 위해 싸웠습니다.

일제피해자 관련 소송을 하면서 힘이 들 때면 광주 이금주 회장님 집에 가면 도리어 큰 힘을 받곤 하였습니다. 이금주 회장님은 고령의 연세에도 젊은 변호사에게 아랫목을 내어 주며 마음으로부터 격려를 해 주셨습니다. 이러한 외유내강의 힘은 한일 간 역사의 물줄기를 바꾸고 있습니다.

그 성과의 대표적인 것이 한일 양국에서 한일협정문서 공개를 요구하는 소송을 통해 한일협정 문서를 공개시킨 것입니다. 아울러 포스코POSCO를 상대로 소송을 제기하여 한일 청구권 자금 수혜 기업들이 일제 피해자들에게 사회적 책임이 있다는 판단을 쟁취하였습니다. 아울러 2018년 11월 미쓰비시 근로정신대 피해자들의 대법원 승소 확정 판결을 통해 한일 간에 현재 최대 현안인 강제집행 문제를 양국 시민사회에 화두로 남겼습니다.

법률을 전문으로 하는 변호사 입장에서는 이금주 회장님의 업적을 제대로 새겨 보면 해결의 길이 보입니다. 특히 일본군'위안부' 피해자 이순덕 할머니의 2011년 8월 30일 한국 헌법재판소의 부작위 위헌 결정은 이금주 회장님의 지도력에서 비롯된 것입니다. 한일 양국 정부가 현재 양국 사법부가 존재를 모두 인정하고 있는 개인 청구권 문제를 대상으로 한일청구권협정 제3조에 따른 법리적 대화를 성실히 하면, 판결의 강제집행 없이도 원만히 일제 피해자 문제를 해결할 수가 있습니다.

2023년은 고노 담화 30주년이 되는 날입니다. 이금주 회장님은 고노 담화를 계승·발전시켜 일본군'위안부' 문제를 해결하고, 2018년 대법원 판결의 집행문제도 법률상 화해를 통해 해결되기를 기원하고 계실 것으로 생각합니다.

한일 양국 간 헌법과 법치주의 기반이 취약하여 일제 피해자들에게 정의가 아직 회복되지 않고 있습니다. 무법천지의 겨울이 지속되고 있지만, 고노 담화 30주년을 계기로 곧 봄이 올 것으로 기대합니다.

이금주 회장님의 정의 회복을 향한 삶과 투혼은 오늘을 살아가는 우리들에게도 큰 울림입니다. 이금주 회장님의 일대기를 담은 이 책이 각자가 처해 있는 겨울에 좌절하지 말고, 담대하게 이겨내는 용기가 되기를 바랍니다.

역사적 판결 큰 물줄기는 이금주 운동과 연결

야마모토 세이타(山本 晴太) 변호사

1989년 송두회 씨의 제안으로 아오야기 아쓰코青柳敦子 씨가 한국을 방문해, 한국의 전쟁 피해자들에게 일본국에 대한 소송 제기를 호소했다. 그때, 이에 응한 유족회의 간부 회원 수십 명 속에 광주유족회 이금주 회장이 있었다. 학생 때부터 송두회 씨를 알고 있었던 필자는 그 이듬해 사법 연수생이 되어, 자연스럽게 그 소송 준비에 관여하게 되었다. 그러나 전쟁 피해자가 가해국 법원에 소송을 제기하는 거의 전례 없는 시도에는 우여곡절이 있었고, 많은 사람들이 떠나갔다. 그런 상황에서 송 씨나 아오야기 씨와의 신의를 중요시하고 끝까지 함께 싸웠던 분이 이금주 회장이었다.

그때는 요즘처럼 손쉽게 사용할 수 있는 PC도 없는 시대이다. 더군다나 이금주 회장은 자동차 운전도 하지 않는다. 이 회장은 자필로 작성한 조사표 용지를 복사하여 버스나 택시를 타고 피해자를 방문하여 피해 사실을 청취해서 조사표에 볼펜으로 일일이 기입했다. 그런 식으로 작성한 방대한 숫자아마 2,000장 이상의 조사표가 일본에 전달됐고, 그 후 광주 천인소송, 우키시마호浮島丸 소송, 관부關釜재판, BC급 전범소송, 나고야名古屋 여자 근로정신대 소송의 기초가 되었다. 야속하게 사람들로부터 비방, 중상을 받는 일도 있었지만, 이 회장은 돈을 위해서나 명예를 위해서가 아니라, 오로지 남편을 빼앗긴 원한을 풀기 위해 계속 싸웠던 것이다.

이금주 회장이 원고로 참여한 광주 천인소송을 포함하여, 이들 소송은 모두 최종적으로 패소로 끝났다. 그러나 이 회장이 조직한 광주유족회의 회원인 양금덕 할머니는 그 후 한국 법원에 가해 기업을 상대로 제소하여 2018년 11월 대법원에서 승소했다.

역시 광주유족회의 회원이었던 일본군'위안부' 피해자인 이순덕 할머니는 한국 헌법재판소에 헌법 소원 신청인으로서 참가하여, 2011년 8월 한일청구권 협정 해석에 관한 분쟁에 대해 외교 경로에 의한 협의나 중재 절차를 거치지 않는 한국 정부의 부작위는 '위헌'이라는 판단을 이끌어 냈다. 이 헌법재판소 결정은 2021년 1월 서울중앙지방법원에서 일본국의 주권 면제를 부정하는 획기적 판결에 이르는 길을 열었다. 이렇게 가해 기업이나 일본국을 법적으로 궁지에 몰아넣고, 국제법 발전에도 크게 기여한 판결은 이금주 회장의 운동과 직접 연결되어 있다.

최근 한일 간 갈등을 완화하기 위해 이러한 문제를 정치적으로 해결하려는 움직임이 있다. 그러나 피해자의 피해 체험이나 심정에서 벗어난 해결은 있을 수 없다. 피해자는 단지 돈을 원하는 것이 아니다. 이 책을 읽고 이금주 회장의 인생을 알고, 그 심정을 이해하면, 가해자도 아닌 자가 대신 돈을 내는 식의 '해결방안'이 결코 성공하지 못한다는 것을 잘 이해할 수 있을 것이다.

오랜 투쟁 끝에 마침내 한국정부 움직였던 분

규슈 미야자키(宮崎)에서 아오야기 아츠코(靑柳敦子)

내가 조선인 강제동원과 전후 책임 문제를 알게 된 것은 1985년의 일이었다. 당시 나는 셋째 아이를 갓 출산한 무렵이었고, 재일교포 송두회 씨를 만나 처음으로 알게 된 것이다. 나는 조선인이 전쟁터에 끌려간 것도 몰랐고, 재일 한국인의 존재도 몰랐다.

나는 일본에는 숨겨진 큰 문제가 있다는 것을 깨닫고, 그 후 송두회 씨에게 이끌려 걸음을 함께하게 되었다. 지금 되돌아보면, 송두회 씨는 내가 할 수 있는 일을 미리 준비하고 있었던 것이 아닐까 생각한다.

1989년 송두회 씨는 주간 [아사히 저널]에 "일본국은 조선과 조선인에게 공식으로 사죄하라"라는 의견 광고를 2주에 한 번, 15회에 걸쳐 게재하고 있었다. 그리고 의견 광고가 끝날 무렵 송두회 씨는 한국의 피해자와 유가족들에게 공식 진사와 배상을 요구하는 재판을 하자고 제안했다. 그것이 나와 이금주 씨와의 만남으로 이어졌다.

나는 송두회 씨의 부탁으로 재판을 준비하기 위해 한국을 찾았다. 일본 미디어의 서울 지국도 찾아가, 의견 광고 등을 전달하여 재판 취지를 설명했다. 대부분의 기자들이 당황한 듯, "송 씨가 무엇을 할 작정인가?"라고 묻는 기자도 있었고, "1965년의 한일청구권 협정으로 다 해결된 이야기이고, 승소할 전망도 없는 재판을 하게 되면 유가족들이 상처를 입을 것"이라는 편지를 주는 기자도 있었다. 호의적이었던 것은 NHK였다. 1990년에 이금주 씨 등 22명을 원고로 송두회 씨가 소장을 써서 소송을 제기했을 때 NHK가 앞장서서 보도했다. 그 결과 다른 매체들도 영향을 받아 많은 회사들이 호의적으로 보도해 주었다. 재판을 맡겠다는 변호사도 나타났다.

그때까지 일본에서는 한국의 피해자, 유가족들의 존재가 전혀 알려지지 않았다. 한국 피해자의 목소리도 들리지 않았고, 모습도 보이지 않았던 것이다. 송두회 씨는 그런 상황을 참을 수 없어, "소리라도 좀 질러!"라고 피해자들을 편지로 질타 격려했다. 일본 미디어나 변호사들한테는 "한국의 유가족들은 억지로 인내를 강요당하고 있다"고 말하여, 눈앞에 한국의 유가족들을 데리고 와서, 조선인의 징병·징용에 대한 일본의 전후 책임을 제기했던 것이다.

이금주 씨는 송두회 씨를 신뢰하면서 광주유족회의 회장으로서 유가족들을 이끌어, 스스로 원고로서 일본 법원에서 억울한 자신의 마음을 힘껏 호소했다. 재판은 비록 패소했지만, 한국 정부를 움직여 진상규명위원회가 만들어져 본격적으로 공식적인 피해조사가 이루어졌다.

2004년에 한국을 방문했을 때, 이금주 씨는 처음으로 죽었던 남편 김도민 씨의 해군 군속 신상조사표를 나에게 보여 주었다. 거기에는 길버트 제도 타라와 섬에서의 전사 사실 인정과, 유족 부조료 990엔, 유골 인수비용 270엔, 장례비용 40엔의 공탁 기록이 기재되어 있었다. 나는 이금주 씨에게 그 사실을 설명했지만, 이금주 씨는 남편의 죽음을 믿으려고 하지 않았다. "몰수하기 위해 공탁시켰다"고 말하는 유족도 있었다. 일본 정부가 재판에서 신상 조사표도 밝히지 않았고, 설명도 하지 않았기 때문이다.

송두회 씨는 "일본국은 주판으로 계산이라도 해 봐라"라고 말했다. '일본이 한국 피해자나 유가족들에게 개인 배상을 하지 않았기 때문에, 일본은 신뢰라는 가장 귀중한 것을 잃어버렸다. 손익으로 계산하면 일본은 크게 손해를 보고 있다'고 송두회 씨는 그렇게 말하고 싶었던 것이 아닐까 생각한다.

　이금주 씨 등 한국 유가족들의 재판은 마침내 한국 정부를 움직였다. 송두회 씨가 가장 원했던 일본의 신뢰 회복은 실현하지 못했지만, 이금주 씨의 오랜 세월의 투쟁은 결실을 맺었다. 이 책은 그 소중한 기록이다. 이금주라는 한 여성의 삶을 통해, 누구한테나 많은 것을 가르쳐 주고 있다고 생각한다. 그리고 무엇보다도 이 책을 통해, 조선인 징병 징용 등 강제동원 문제에 대한 일본의 전후 책임이 밝혀지기를 진심으로 바란다.

목차

4장 | 한국의 시간 - 차라리 국적을 포기하겠소

2019년 12월 10일 서울 중구 페럼타워에서 열린 '세계인권선언 제71주년 기념식' 현장. 국가인권위원회는 문재인 대통령을 대신해 평생을 일제 강제동원 피해자들을 위해 일본 정부와 싸워온 이금주李金珠 태평양전쟁희생자광주유족회장에게 '2019 대한민국 인권상'으로 '국민훈장 모란장'을 수여했다. 총 5등급인 국민훈장 중 모란장은 무궁화장 다음인 2등급이다.

그러나 이금주 회장은 이날 단상에 서지 못했다. 노환으로 전남 순천의 한 요양병원에 입원해 있었기 때문이었다. 69세에 태평양전쟁희생자유족회 활동을 시작했으니, 30년이 지나 100세가 되어서야 나라로부터 공로를 인정받은 셈이다. 그 사이 광주유족회는 간판을 내렸다.

이금주 회장을 대신하여 손녀 김보나가 상을 받았다. 김보나는 마음이 복잡미묘했다. 기쁜가 하면 슬프고, 분하고 억울하다가 고맙기도 했다. 복받쳐 오르는 설움과 감동을 애써 억누르며 떨리는 목소리로 인사말을 했다.

　　감사합니다. 할머니 말씀을 대신하는 만큼 간략히 감사와 당부의 말씀을 드리겠습니다. 우선 누구보다도 일제 피해자들의 대일 소송이 가능하도록 해주신 고 송두회 선생님을 비롯한 일본의 변호사들과 시민 여러분께 감사합니다.
　　한일협정 문서 전면 공개 결정을 내려주셨던 고 노무현 대통령님, 일제 피해자들을 위한 활동에 동참하고 이끌어주신 국내외 활동가와 시민 여러분, 일본의 무역 보복에 맞서 아무도 흔들 수 없는 나라를 선언해주신 문재인 대통령님과 일본 불매운동에 함께 하고 계신 국민 여러분, 감사합니다. 대한민국의 젊은이들에게 희망을 놓지 않았던 할머니가 드디어 화답을 받으신 것으로 생각합니다. 사실을 인지하신다면 얼마나 기뻐하셨을까 상상만으로도 가슴이 벅찹니다.

하지만 빠뜨릴 수 없는 분들, 그 누구보다도 할머니를 믿고 따라주신 광주유족회 어르신들께 감사합니다. 손녀로서 한마디만 덧붙이겠습니다. 마지막에 인사를 제대로 드리지 못해 한이 맺힙니다. 죄송합니다.

할머니와 일제 피해자들이 30년간의 대일 활동 내내 요구해온 것은 위로금이나 기금이 아닌 일본의 공식적이고 진심 어린 사죄와 정정당당한 법적 배상, 그리고 아직 일본에 공탁되어 있는 임금의 완전한 회수입니다. 이것으로 인한 인권과 명예 회복이 일제 피해자들이 원하는 것입니다. 그분들이 떳떳하고 정정당당한 요구를 관철할 수 있도록 국민 여러분이 끝까지 힘을 실어주시길 부탁합니다. 감사합니다.

그 자신이 태평양전쟁희생자 유족으로 일제 강제동원 피해자의 권리 회복을 위해 큰 주춧돌이 된 이금주. 30년 세월 동안 그 누구도 못 할 일을 해냈지만, 놀랍게도 평생 처음 받는 상이었다. 이금주가 늦게나마 훈장을 받게 된 것은 그가 평생에 걸쳐서 해온 대일 과거청산투쟁에 대한 국가의 보답이라고 할 수 있다. 특히 그 과정에서 생산한 피해자들의 눈물 어린 기록, 방대한 수집 자료는 일제 강제동원 역사를 규명하는 데 있어 귀중한 사료로 평가되고 있다.

다음날인 12월 11일 김철홍金哲弘 국가인권위원회 광주인권사무소장이 국민훈장 전달을 위해 순천의 요양병원을 찾았다. '근로정신대할머니와함께하는시민모임'[1] 회원들도 축하 차 자리를 함께했다. 이금주는 훈장을 목에 걸었

---

1   2009년 3월 광주에서 결성된 시민단체로 여자 근로정신대 문제를 한국 사회에 알리는 데 노력해왔다. 2021년 4월 '사단법인 일제강제동원시민모임'으로 전환돼 활동하고 있다.

다. 문재인 대통령이 보낸 시계도 손목에 찼다. 회원들이 박수를 쳤다. 그는 훈장을 만지작거리며 엷은 미소를 지었다.

평생 이금주는 상과는 거리가 멀었다. 이금주가 걸어온 험난한 가시밭길을 생각하면 너무 늦은 훈장이었다.

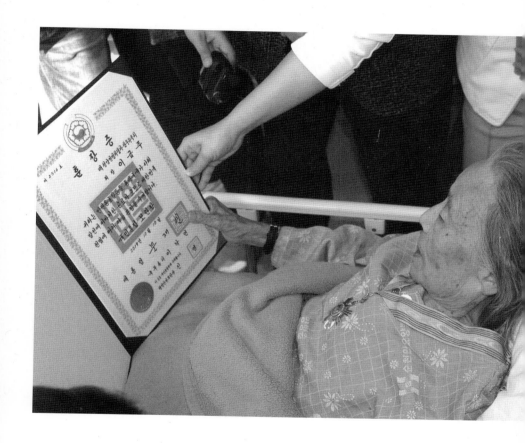

1장

사랑하는 내 남편을
돌려주시오!

이금주는 1920년 12월 9일 평안남도 순천에서 태어났다. 아버지 이재신과 어머니 김명자 사이에 6남매 중 맏딸로 태어나 온 집안의 사랑을 듬뿍 받으며 성장했다. 마을에서 몇 안 되는 기와집에서 살 만큼 경제적으로 넉넉한 가정이었다.

아버지가 평양에서 철도회사에 다녀 이금주도 아버지를 따라 평양에서 살았다. 증조부 때부터 기독교를 믿은 집안이어서 개방적이고 신학문을 빨리 받아들였다. 할아버지는 평양과 서울에서 활동하면서 교육의 중요성에 눈을 떴다. 계몽사상에 관심이 많았던 할아버지는 평소에 "지식은 그 나라의 힘이며 생존의 기본이다"라는 말씀을 자주 했다. 그 시절 이금주가 유치원을 다녔던 것도 교육의 힘을 믿었던 할아버지의 영향이 컸다.

1919년 3·1 운동이 일어나면서 일본 정부는 기존의 강압적 통치에서 회유적 통치로 통치 방식을 선회하면서 기초적인 초등 교육과 농업 교육이 확대되었다. 그래서 유치원이 세워졌다. 유치원 다니는 이금주는 동네에서 선망의 대상이었다. 유복한 환경에서 의식주 어려움을 모르고 자란 새침데기 철부지였지만, 평양 남산여자공립보통학교를 다니면서부터 나라 잃은 식민지 백성이라는 현실에 직면해야 했다.

1931년 일제는 만주 사변을 일으켰다. 일제는 중국 침략을 본격화하면서 한반도를 중국 진출의 전진기지로 삼았다. 이에 따라 1936년 '조선 사상범 보호 관찰령'[2] 등을 공포하여 사상 통제를 강화하였고 내선일체內鮮一体[3]를 내세웠다.

학교는 바로 이러한 일제의 황국신민화皇國臣民化 정책[4]을 구현하는 도구였다. 학교에서는 제국 신민 양성을 위해 일본어를 가르치고 한국어 사용을 금했다. 수업 중에 일본어로 대답하지 못하면 곤봉으로 머리를 때리는 일은 예사였다. "천황폐하를 위해 목숨을 바쳐 충성을 다해야 한다"라고 강요했다. 매일 아침 동쪽을 향해 45도의 엄숙한 경례를 강요당했고, 일본 국기 히노마루를 게양할 때도 경례를 했다. 4학년이 되면 교육칙어教育勅語[5]를 암송해야 했다. 외우지 못한 학생에게는 엄한 체벌을 했다. 학교에 가면 즐겁기보다는 답답하고 가슴이 터질 것 같은 때가 많았다. 그럴 때마다 할아버지의 당부를 떠올렸다.

공부를 열심히 하되 조선의 근본을 잊어서는 안 된다.

---

2   1936년에 일제가 반체제 운동을 탄압하기 위하여 만든 법. 이 법에 따라 치안 유지법을 위반하여 징역형을 선고받고 형기를 마친 사상범에게는 보호사를 두어 거주·여행·통신 등을 감시하도록 했다.

3   1937년 일제가 전쟁 협력 강요를 위해 취한 조선 통치 정책. 내지(內, 일본)와 조선(鮮)이 한 몸이라는 뜻을 담고 있다. 조선인의 민족 정체성을 사라지게 하여 일본으로 편입시키려 한 민족말살정책의 일환이다.

4   일제의 조선민족 말살정책의 하나로 조선인에게 대일본제국의 신민이 될 것과 더 나아가 일본 왕에게 충성을 강요한 정책. 이 정책의 일환으로 창씨개명과 신사참배, 황국신민서사 암송 강요 등이 추진되었고, 소학교의 명칭도 국민학교로 변경되었다. 1940년에는 한글 신문을 폐간시켰고, 관공서와 학교에서도 일본어 사용을 강요했다.

5   1890년 메이지 천황의 이름으로 발표한 일종의 교육 헌장으로 천황제 중심의 군국주의 정치 의지가 보수적인 교육 이론으로 표현된 것. 특히 대일본제국 헌법 시기 본토와 식민지 조선 소학교에서 이걸 외우게 시켜 천황에 대한 충성심을 기르도록 하였다.

보통학교를 졸업하고는 동생들과 이웃 아이들에게 읽기와 쓰기를 가르쳐주었다. 평양은 경치가 좋았다. 특히 조선 팔경의 하나로 손꼽히는 모란봉은 빼어난 풍경을 자랑했다. 모란봉에 갔을 때 총알에 맞은 소나무를 보았다. 아버지는 그 소나무가 러시아와 일본이 벌인 러일전쟁 당시 총알에 맞았다고 했다. 총알구멍이 난 소나무가 살아있는 것이 무척 신기했다. 여름이면 가족들이 대동강 하류에 있는 항구도시 진남포 우산장으로 피서를 갔다.

아버지가 서울 조선철도주식회사[6]로 발령을 받아 열아홉 살에 가족과 함께 서울 아현동으로 이사했다. 스물한 살이 되자 아버지 친구를 통해 혼담이 들어왔다. 신랑감 김도민金道敏은 평안북도 강계 출신이었다. 일찍 부모를 여의고 할아버지 밑에서 자란 그는 1932년 일본이 중국 둥베이지방에 세운 만주국의 수도 신경新京에서 운수업을 하는 사업가였다. 형과 함께 트럭을 50여 대 굴리는 신한공사를 운영했다. 이금주의 아버지는 그가 일찍 부모를 여의고, 집안이 내세울 것 없다는 이유로 탐탁지 않아 했다. 아버지 친구가 적극적으로 나섰다. 상당한 재력이 있고 무엇보다 건실한 사람이라고 했다. 이금주도 6남매의 맏이여서 동생들을 생각하면 결혼을 서둘러야 할 상황이었다. 서울 방이동 한식집에서 선을 봤다. 키가 크고 인물이 좋았다. 말끔하게 차려입은 양복이 잘 어울리는 사람이었다.

짧은 신혼시절, 영원한 이별

1940년 10월 10일 금구金区예식부에서 신식 결혼을 했다. 금구예식부는 만화당萬和堂예식부와 함께 1937년 서울에서 가장 먼저 문을 연 전문 예식장

---

6 1923년 9월 대규모 사설 철도회사의 합동으로 탄생한 당시 일본 제국권 혹은 조선 최대 규모의 사유 철도 회사. 철도사업을 주축으로 여객자동차, 화물자동차, 창고 업, 숙박업 등을 경영했다.

남편 김도민과의 결혼식 사진.

이었다. 예식비는 30원이었고, 기술이 좋다는 사진사를 불렀다. 근사한 턱시도 차림의 신랑은 27살, 바닥에 드리우는 긴 면사포를 두른 신부는 21살이었다. 신부가 아버지 손을 잡고 식장에 들어서는 순간 피아노 소리가 울리자 놀라 주저앉을 뻔했다. 사진사가 사진을 찍으면 펑 하고 불빛이 번쩍하면서 흰 연기가 나는 것도 큰 구경거리였다.

당시는 전시 체제였다. 1938년 4월 일제는 전시에 인적·물적 자원을 통제하고 총동원하기 위해 '국가총동원법'[7]을 공포하고 같은 해 7월 7일 국민정신총동원조선연맹[8]을 조직하면서 각종 연맹 산하에 10호 단위로 애국반을 만들었다. 총독부는 애국반[9]을 통해 가정주부를 비롯한 일반 국민을 설득과 동원의 대상으로 삼았다. 또한 '7·7금령법'이라 해서 7월 7일부터 여자들은 금반지를 끼지 말고, 고급 비로드 치마저고리 입지 말고, 여우 목도리 두르지 말라고 했다. 서양식으로 하는 결혼식도 규제하고 신사 앞에서 하라고 했다.

그런 상황에서도 예식장에서 신식 결혼을 한 이금주는 세상 부러운 것이 없었다. 주변 사람들도 부러워했다. 남편 고향 강계에서 다시 한번 구식 혼례를 치렀다. 신접살림은 강계에서 차렸다. 시아주버니는 남편에게 신혼생활을 원 없이 즐기라며 3년 휴가를 주면서 "제수씨는 서울에서 왔으니 시골 생활

---

7 1937년 중일전쟁을 일으킨 일본이 전쟁물자(인적·물적)를 효과적으로 동원하기 위해 만든 전시통제의 기본법. 1938년 4월 1일 공포.
8 1938년 민간 사회교화단체 대표자들이 총독부의 종용에 따라 조직한 친일단체.
9 일제강점기 전시체제하에서 조선인의 생활을 감시·통제하기 위해 만들어진 조직.

이 얼마나 답답하겠냐? 네가 한 달에 한두 번은 꼭 영화 구경시켜주고 잘해주어야 한다"라고 당부했다. 시조부 역시 둘째 손자며느리를 아꼈다.

강계에서 처음 맞는 겨울은 혹독하게 추웠다. 서울은 물론 고향 순천과도 달랐다. 눈이 내리면 쌓일 곳이 더는 없을 만큼 며칠씩 퍼부었다. 산세가 험하고 거칠었다. 남편은 눈 쌓인 산으로 멧돼지 사냥을 나갔다. 가끔 멧돼지를 잡아와 동네에서 잔치를 벌이곤 했다.

남편은 조용하면서도 다정다감한 사람이었다. 부모의 사랑을 받지 못한 남편은 아내에게 정을 쏟았다. 집안에 일하는 사람들이 있었기 때문에 아내가 손에 물도 못 대게 했다. 사람들 눈을 피해 밤에 업어주기도 했다. 당시 부부가 극장 구경 가는 것은 아주 드문 일이었지만 두 사람은 가끔 평양으로 외출을 나가 극장을 찾았다. 한번은 신파극[10]을 보면서 어찌 울었던지 다시는 영화를 보지 말자고 한 일도 있었다. 일주일에 한 번은 함께 산책하러 나갔다. 서울에서 멀리 떨어진 곳에 시집온 아내를 위한 배려였다. 약속은 반드시 지켰고, 아내를 귀하게 아끼고 많이 사랑했다. 이금주에게 남편은 우주와도 바꿀 수 없는 존재였다.

강계는 학교에 다니지 못하는 사람이 많아 마을에 야학이 있었다. 그곳에서 잠깐 교사를 했다. 야학에는 가난해서 학교에 못 가는 소녀부터 가정주부까지 연령 구분 없이 참여했다. 이들에게 읽기, 쓰기, 산수, 예의범절을 가르쳤다.

1942년 3월 4일 아들이 태어났다. 일가친척 모두 기뻐했다. 대대로 손이 귀한 집안이었던 터라 시조부와 남편의 기쁨은 하늘만큼 컸다. 아들 이름을 충길忠吉로 짓고, 교육보험까지 들었다. 숫제 아들 곁을 떠나지 않았다. 남편

---

10 창극의 형식과 전통에서 벗어나 당대의 세상 풍속과 사람들 사이의 슬픈 이야기 등을 소재로 하여 만든 통속적인 연극. 일본에서 들어와 1910년부터 1940년대까지 유행했다.

은 "빨리 자라서 '아버지'라고 부르는 목소리를 듣고 싶다"라며 하루에도 몇 번씩 "어서 커라, 어서 커라"라며 손 뼘으로 아들 키를 재보곤 했다. 시조부도 아이가 명주 바지에 오줌을 싸거나 수염을 잡아당겨도 마냥 귀여워했다.

아들이 태어난 지 백일이 채 되지 않아 열이 많이 올랐다. 아들은 잠을 못 자고 울며 보챘다. 남편은 늦은 밤 읍내까지 나가 의사를 데려왔고, 다행히 새벽이 되면서 열이 내렸다. 이금주는 잠든 아들 옆에서 깜박 잠이 들었다. 눈을 뜨자 남편이 아들을 지켜보고 있었다. 아들 기저귀를 갈기 위해 일어서자 남편은 아들 변을 손가락으로 찍어 맛을 보았다.

이제 괜찮아. 변에서 신맛이 나면 좋지 않다고 해서 확인해 보았어.

꿈같은 신혼생활에 이어 아들 키우는 재미에 빠져 살던 어느 날 날벼락이 떨어졌다. 남편에게 징용 영장이 날아온 것이다. 남편 나이 스물아홉, 군대에 가기는 늦은 나이였지만 징용 영장을 피해갈 수 없었다.

일제는 한국의 물자와 금전뿐 아니라 사람들도 전쟁에 끌어갔다. 중국 침략 전에는 조선의 값싼 노동력을 모집하여 일본의 토목공사장과 광산에서 집단노동을 하게 했으나, 중일전쟁 이후 1938년 4월 국가총동원법을 공포하고 국민 징용령을 내려 강제동원에 나섰다. 이 법은 일본 본토와 식민지, 점령지 등 모든 지배 지역의 사람과 물자, 자금을 총동원하여 전쟁에 투입하기 위해 일본 정부에 광범위한 권한을 위임한 전시통제 기본법이다. 다음 해인 1939년 7월에는 국민징용령[11]을 공포하고 여러 가지 동원 법령을 시행하여 조선인을 노무자 및 군무원으로 전쟁에 동원하였다. 또한, 1938년에는 육군특별지원

---

11 국가총동원법을 근거로 전쟁 수행에 필요한 인력을 강제로 징발하는 제도. 처음에는 반발을 우려해 '모집' 혹은 '관(官) 알선' 형식을 취했지만, 모집은 말뿐이었고 사실상 강제동원에 가까웠다. 일본이 다시 징용령을 선포한 1944년 8월부터는 그나마 '모집'이라는 형식마저 사라지고, 말 그대로 닥치는 대로 강제로 끌고 가는 모습으로 바뀐다.

병제, 1943년에는 해군특별지원병제를 도입하여 조선인을 군인으로 동원했다. '지원'이라는 이름을 붙였지만, 실제로는 강제적이었다. 1944년에는 징병령을 발동하여, 젊은 청년들을 전쟁터로 내몰았다.

청천벽력 같은 일이었다. 남편 없는 삶은 상상할 수도 없었다. 생각만 해도 눈물이 줄줄 흘렀다. 밥도 먹을 수 없었다. 사랑하는 처자식을 두고 남의 나라 전쟁에 끌려가는 남편의 고통은 생각하지 못하고 제 설움에 겨워 울기만 했다. 잠을 이루지 못하는 번민의 밤을 보낸 끝에 강계군청을 찾아가서 사정해 보았지만, 대일본제국 신민의 남아로 태어난 사람은 누구를 막론하고 가야 한다는 말에 맥이 풀려 돌아올 수밖에 없었다.

남편은 출정 전 국내 훈련을 받기 위해 한 달간 집을 떠났다. 남편이 없는 허전함을 어떻게 말로 다 표현할까? 하루가 10년처럼 길었고, 밤이면 무서워서 아이를 꼭 안은 채 잠도 제대로 이루지 못했다. 남편이 떠난 지 29일째 되던 날, 남편을 만난다는 설렘에 하루를 지루하게 보내던 그 날 저녁, 대문으로 들어서는 남편 품에 안겨 울고 또 웃었다.

출정 전 며칠간 휴가가 주어졌고, 남편은 아내와 아들을 서울 처가에 맡기기로 했다. 남편도 없는 시가에 있는 것보다는 친정에서 지내는 것이 좋겠다고 생각한 것이다. 남편과 함께 서울 길에 올라 같이 지낸 며칠은 불과 몇 시간처럼 짧았고, 시계 초침 소리는 두 사람에게 남겨진 시간을 갉아내는 듯했다. 남편은 자신도 괴로웠으면서도 아내를 위로하며 약속했다.

서로 일기를 교환하자. 1년이면 돌아온다. 늦으면 3년이 지나 더 늦게 되면 도망을 해서라도 기어이 돌아올 터이니 그때까지 건강해라. 혹시 내가 죽었다는 전사 통지서를 받더라도 믿지 마라. 지금 일본은 승승장구하고 있으니 죽지도 않겠지만, 죽은 사람 옷을 입고 도망쳐서라도 돌아올 것이다.

그런 약속도 이금주에게는 만분의 일도 위로가 되지 못하고 마냥 슬프기만 했다. 1942년 11월. 남편을 태우고 갈 야간열차 출발 시간이 어느새 코앞에 다가와 있었다.

8개월 된 아들은 곤히 잠들어 있었다. 충혈된 눈으로 말없이 아기만 들여다보던 남편은 마지막으로 아들 손목을 꼭 쥐었다. 고통을 참느라 이마에는 불끈 힘줄이 돋고 눈시울을 붉히면서 온 얼굴이 검붉어지던 남편의 모습은 가시처럼 아픈 생채기가 되었다. 집안의 부모형제들은 울음바다를 이루었지만, 이금주는 전신의 힘이 빠져 배웅도 나가지 못한 채 누워있었다. 손가락 하나 움직일 힘이 없었고, 청각만 활짝 열려 있었다. 초겨울 언 땅을 헤치고 가는 남편의 구둣발 소리가 비수처럼 가슴에 꽂혔다. 키 큰 남편의 뚜벅뚜벅, 발걸음 소리는 돌멩이로 가슴을 치는 듯했다. 10여 차례 들리다 뚝 끊어지는 그 순간, 안타까움에 애간장이 다 녹는 것 같았다.

서울에서 밤 11시 막차를 타면 이튿날 평양에 도착하고 평양에서 또 기차를 갈아타고 12시간을 가면 남편의 고향 강계에 도착한다. 그날 떠나가던 막차 기적소리는 왜 그렇게 요란했을까? 이금주의 가슴이 쇠망치로 맞은 듯 산산조각으로 부서져 내렸다.

남편은 강계로 가서 다른 사람들과 함께 다시 서울을 거쳐 훈련받을 곳으로 간다고 했다. 서울역에 20분 동안 열차가 정차하니 그때 다시 만나자고 했다. 그러나 이금주는 두 번의 이별을 도저히 버틸 수 없다고 생각했다. 집은 서울역까지 그리 멀지 않은 거리였기 때문에 기적 소리가 들렸다. 가려면 갈 수 있었다. 그러나 남편의 발걸음 소리가 사라질 때를 상상하면 걸음을 뗄 수 없었다. 결국 서울역에 가지 못했다. 다른 사람들은 모두 가족과의 이별을 아쉬워하고 있는데 남편은 혼자 정거장 구석에서 넋을 잃고 서 있었다는 말을 듣고 충격으로 자리에 눕고 말았다. 남편을 혼자 정거장에 세워둔 일은 평생 가슴에 후회로, 한으로 남았다.

남편이 떠나던 날의 구둣발 소리와 기적 소리는 이금주의 귓속에, 가슴속에 새겨졌다. 때때로 발걸음 소리, 기적 소리가 떠오르면 오열하다 정신을 잃곤 했다. 깨어나면 그 고통의 순간이 되살아났다. 밤이면 남편이 옆에 누워있는 듯 착각하고, 꿈에서나마 남편을 만나고 싶어 몸부림치곤 했다.

남편을 떠나보낸 후 기쁨도 없고 일이 손에 잡히지 않았다. 세월이 가는지 오는지 의식하지 못한 채 막막하기만 했다. 남편과 헤어진 지 한 달 만에 편지가 왔다. 헤어질 때 하루하루 일기를 교환하자고 약속했지만, 그 약속은 지켜지지 않았다. 이금주는 2~3일에 한 번씩 편지를 보냈지만, 답장은 겨우 한 달에 한 번 왔다.

편지를 받을 때마다 기쁨이 샘솟았다. 남편의 편지가 이금주에게는 세상 무엇과도 바꿀 수 없는 기쁨이요, 위로였다. 편지마다 겉봉에 어디라는 지명은 없이 '요코스카우편국橫須賀郵便局 氣付 80-8―'라는 식으로 적혀 있었다. 그 주소가 궁금해 어디 있으며, 무슨 일을 하느냐고 물었지만, 답변이 없었다. 그저 "어린놈 건강하냐?", "얼마나 컸냐?", "건강하라"라는 말뿐이었다. 어느 날은 아들 손바닥을 편지지에 그려서 보냈다. 아들이 조금 크자 연필로 장난을 시작했다. 그것도 당신 아들 낙서한 것이라고 보내면 행복하다고 답이 왔다. 돌을 맞아 돌잔치 한 사진도 보냈다.

명절이면 조상의 묘소를 찾는 풍속에 따라 남편 대신 시부모의 묘소를 찾기 위해 먼 길을 떠났다. 기차 여행을 하려면 2~3일간 줄을 서서 기다려야 겨우 기차표를 살 수 있었는데 군무원 가족증을 제시하니 금방 표를 주었다. 강계에 가려면 서울에서 10여 시간 거리인 평양에서 다시 기차를 갈아타고 10여 시간을 가야 하는 지루한 여정이었다. 얼굴도 모르는 시부모 묘소에서 아기를 내려놓고 얼마나 울었는지 모른다.

서울로 돌아오는 기차는 근로보국대勤勞報國隊[12]로서 만주국에 다녀오는 황

---

12 중일전쟁 후 조선인 노동력 수탈을 위해 일제가 강제동원하여 만든 조직. 1941년 '국민근로보국령'에 의해 편성되어 철도, 도로, 비행장 등의 공사에 주로 동원되었다.

색 작업복의 청장년들로 꽉 차 있었다. 몹시 고단했지만 앉을 자리가 없었다. 아기를 업고 한 손에는 핸드백, 또 한 손에는 큰 가방을 든 채 서 있었다. 기차가 갑자기 움직이자 얼떨결에 핸드백 든 팔로 차창을 짚었다. 순간 일본인이 눈을 부릅뜨고 "조센징, 기타나이더럽다!"라면서 이금주의 팔을 내쳤다. 팔 아픈 것은 나중 일이고 몹시 화가 치밀었다.

"이것이 내선일체냐? 천황한테 가자. 쓰러지려는 사람 부축은 못 해줄망정 이게 무슨 짓이냐? 당신이 먼저 깨끗하다는 것을 내놓고 나서 나의 더러운 점을 찾아내라"라고 항의했다. 그 사람은 무례한 행동을 하고는 할 말이 없으니까 고개를 숙이는 흉내만 내보였다. 무례한 일본인 한 사람 때문에 일본 전체가 밉고 원망스러웠다.

어린 시절에도 그런 일이 있었다. 이금주가 한복을 입었다는 이유로 시비를 거는 일본인이 있었다. 이금주는 "조선 사람이 조선옷 입는 것이 무슨 잘못이냐"라고 큰 소리로 맞섰다. 비록 식민지 백성으로 살았지만, 조선 사람을 이유 없이 무시하는 것에는 당당하게 항의했다.

해방 직전 시조부가 돌아가셨다는 연락이 왔다. 일찍 부모를 여읜 남편에게는 아버지 같은 할아버지였다. 친정아버지가 사위 돌아올 때까지 딸을 데리고 있겠다고 청하자 "우리 애기 좋을 대로 하거라. 네가 가고 싶으면 가고, 여기 오고 싶으면 오고, 심심풀이하듯 왔다 갔다 맘대로 하거라"고 허락할 만큼 자상하고 품이 넓었다. 이금주는 친정아버지와 함께 강계까지 가서 문상했다. 얼마 후 해방이 되고, 38선이 막혔다.

신문에 '건강어린이 심사대회'가 서울 적십자병원에서 열린다는 기사가 났다. 아버지가 참가해보라고 권유했다. 어린 아들을 업고 병원에 도착하니 벌써 심사가 시작되었다. 의사 지시대로 아기 옷을 벗겨 먼저 앉은키를 재고, 다음으로 키와 체중을 재고, 아기 건강기록 카드를 제시해야 했다. 아기와 아기 옷, 포대기, 기저귀 가방, 핸드백을 챙기는 것이 힘들었지만, 뒤에 계속 따라오는 엄마들 때문에 빨리빨리 옮겨가야 했다. 다른 사람들은 어떻게 하는가 하고 돌아보았다. 남편들이 와서 짐을 가지고 다니는 광경을 본 순간 한없이 부럽고 서러웠다.

아들은 최종 심사에서 '양良'으로 뽑혀 큰 상장 액자를 받았다. 액자를 받아들면서, "어서 아버지 소리가 듣고 싶다"던 남편 생각이 나서 눈물과 한숨이 나왔다. 친정아버지는 그 액자를 금은보화라도 되는 양 벽에 걸었다. 이금주는 액자를 볼 때마다 남편 생각이 날 것 같아 걸지 말자 했지만, 아버지는 "아비가 집에 오면 가장 먼저 보이는 곳에 걸어야 한다"라고 고집했다. 사위가 꼭 살아서 돌아올 것이라고 믿었던 아버지였다.

1943년 이금주에게 정신대挺身隊[13] 소집장이 전달되었다. 소집 장소는 서대문구 아현직업학교 교정이었다. 그곳에는 이금주처럼 남편이 군인이나 군무원으로 징집당해 생이별한 여성들이 모여 있었다. 잠시 후 군복 입은 젊은 남자가 나와 말했다.

> 우리는 황국신민이다. 너희 남편들은 지금 국가를 위해 싸우고 있다. 너희도 남편들과 같이 국가를 위하여 충성을 다해야 한다. 충성하는 길은 데이신 따이정신대에 지원하는 것이다.

몇 개월 동안 훈련을 받았다. 체조하거나 차렷, 바로, 앞으로 가 그런 것을 시켰다. 정신대는 군대 후방에서 대기하고 있다가 부상병이 오면 간호하는 일을 한다고 했다. 이금주는 정신대에 지원하면 남편을 만날 수 있겠다고 생각했다. 남편이 해군 군무원에 징용되었기 때문에 남편과 뜻을 함께한다는 마음도 있었다. 황민화 교육을 받았기 때문에 정신대 지원을 자연스럽게 생

---

13 '일본 국가(천황)를 위해 솔선해서 몸을 바치는 부대'라는 뜻. 마치 자신이 원해서 나선 것처럼 보이기 위해 일제가 만든 용어다. 성별이나 연령에 무관하게 '남녀노소, 모든 계층'에 '포괄적'이고 '상징적'으로 사용했다.

각했다.

아버지에게 "저 정신대 지원할 테니 충길이를 잘 키워주세요"라고 청했다. 어머니는 울기만 했고, 아버지는 "정신대가 뭐 하는 덴 줄 아느냐?" 나무랐다. 그래도 가고 싶다고 계속 졸랐다. 아버지는 "정녕 가려거든 부녀간의 연을 끊고 네 자식을 데리고 썩 나가라"고 호통을 쳤다.

이금주는 설움이 복받쳤다. 자신을 이해 못 하는 아버지가 서운했고, 남편 생각에 더욱더 슬퍼서 사흘간 밤낮으로 울었다. 어디에서 그 많은 눈물이 나왔을까? 남편이 불쌍하고 세상이 원망스러웠다. 아버지가 아니었으면 이금주는 그저 남편을 만나고 싶다는 생각에 정신대를 지원했을 것이다.

그 시절에는 결혼하지 않은 여성, 직업 없는 여성, 여학교에 가려다 낙방한 여성, 남편을 잃은 여성은 정신대로 끌려갔다. 그래서 정신대를 피하려고 마음에도 없는 결혼을 하는 여성이 많았다. 그때는 근로정신대나 일본군'위안부'를 통칭해서 정신대라고 했다. 이금주도 정신대에 가지 않으려면 취직을 해야 했다. 당시 조선철도회사 과장이었던 아버지 명함을 들고 서대문경찰서를 찾아갔다. 긴 일본도를 찬 40대 경찰관리자에게 상황을 설명했다. 이금주의 말을 들은 경찰관리자는 간단한 이력서를 제출하면 다음 날부터 출근할 수 있다고 했다. 이금주는 경리과에서 일했다. 필체가 좋아 상사들이 이금주가 쓴 장부를 들고 여기저기 다른 사무실을 다니며 보여주고 칭찬했다.

일을 마치고 피곤한 몸으로 집에 돌아오면 아들이 두 팔을 벌리고 서툰 걸음걸이로 "엄마~"하며 덥석 안겼다. 꼭 안으면 남편 생각에 눈물이 나고, 벽에 걸린 '양' 액자를 쳐다보았다. 친정어머니가 안 계시는 날이면 아들을 안고 슬픈 노래를 부르며 우는 것이 일과였다.

"귀여운 네가 내 눈을 보고/동글동글한 너/입술 몸을 만져 볼 때/엄마는 이 세상 근심도 고통도 아무것도 아니다/하지만 엄마는 눈물로 살아간다"라는 노래를 부르곤 했다. 슬픔과 그리움이 쌓이면 슬픈 영화나 연극을 보러 가

서 실컷 울었다. 극장을 나올 때면 부끄러웠지만, 마음이 가벼워지고 위로가
되었다.

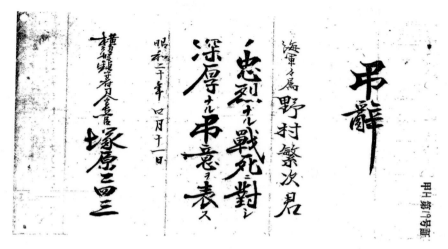

일본은 뒤늦게 해군 군속이었던 남편이 전투 중 사망했다는 소식을 전해왔다.

매달 오던 편지가 아홉 달 만에 뚝 끊어졌다. 한 달, 두 달 초조하게 기다
렸지만, 그것이 끝이었다. 신문에서 사이판섬 옥쇄 보도를 보고 그 때문에 편
지가 끊겼는가 불안과 공포에 떨었다. 계속 편지했지만, 종래 회답이 없었다.
어디에 물어볼 곳도 없었다. 1945년 4월, '유빙^{우편}' 소리가 들렸다. 이금주는
"틀림없는 남편 소식이다" 생각하며 맨발로 뛰어나갔다. 평소 남에게 맨발을
보이지 않지만, 너무나 기다리던 편지였기 때문에 맨발로 나갔다. 우편배달
부가 봉투를 쑥 내미는데 검은색 테두리가 보여 가슴이 철렁했다. 충격과 불
안으로 온몸이 얼어붙었다. 전사 통지서였다. '해군 군무원 노무라 시게지 군
의 충렬한 전사에 대해 심후한 조의를 표함'이라고 적혀 있었다. 1년 안에,
늦어도 3년 안에는 기어이 도망쳐온다던 사람, 우주와도 바꿀 수 없는 사람
이 전사 통지서로 돌아왔을 때 온 천지가 샛노랬다. 큰 충격을 받으면 눈앞이

노랗게 보인다는 옛말의 의미를 알게 되었다. 아이고, 아이고, 울어도 목소리만 나오고, 눈물은 한 방울도 나오지 않았다.

하지만 마음 한구석에는 남편이 살아있을 거라는 생각이 있었다. 남편은 전사 통지서가 오더라도 믿지 말라고 하지 않았던가. 어딘가 살아있을 것이고, 꼭 돌아올 것이라고 믿었다.

제2의 고향 광주

1945년 8월 15일 일본제국주의 지배에서 벗어나는 광복을 맞았다. 서울 곳곳, 아니 전국 방방곡곡이 만세 소리와 환호성으로 요란했지만 이금주의 마음은 딴 데 있었다. 징병, 징용으로 끌려간 사람들이 기차로, 배로 속속 귀국했다. 신문에 연일 기사가 났다. 이금주도 기차역과 방송국을 찾아 헤맸으나 종적을 알 수 없었다.

일본인 교사들이 일본으로 떠나면서 학교 교사가 부족했다. 이금주는 단기 과정을 수료하고 서대문구 가명학교[14]에서 교사로 근무했다. 오전에는 학교에서 학생들을 가르치고, 밤에는 학교 바로 앞에 있는 태평고무공장에서 열리는 야학에서 직공들을 가르쳤다. 교사로서 열심히 일했다고 서울시장으로부터 표창장도 받았다.

아들 잘 자라는 것이 유일한 낙이었다. 아들이 네 살 때였다. 같이 이야기하던 친구가 자기 아버지가 오는 것을 보고 "아버지"라고 부르며 반갑게 뛰어갔다. 아들이 그것을 보더니, 친구에게 "아버지가 뭐야, 할아버지라고 불러"라고 했다. 그 이야기를 듣고 집안이 울음바다가 됐다.

---

14 현 서울중림동성당의 전신인 약현성당(藥峴聖堂)이 1909년 한성에 설립했던 초등
    과정의 사립 학교. 1927년에는 가명유치원을 설립하여 오늘에 이르기까지 운영하
    고 있으나, 가명학교는 격심한 재정난으로 6·25전쟁 때 폐교되었다.

가명학교에는 유치원이 있었다. 이금주는 아들이 유치원 입학하는 것이 대학 입학하는 것만큼 기뻤다. 유치원 가방을 메고 경중경중 뛰는 아들 손을 꼭 잡고 출근하는 것이 큰 낙이었다.

가명학교 교사 시절 학생들과 소풍 때. (앞줄 맨 오른쪽)

아들에게는 아버지가 안 계신다는 이야기를 못 했다. "엄마, 난 왜 아버지가 없어?" 물을 때면 입술을 깨물며 "아버지는 네가 좋아하는 비행기와 말을 사러 먼 나라에 가셨다"라고 했다. 아들이 6학년이 되자 할아버지에게 물었다.

할아버지도 이가, 엄마도 이가, 이모·삼촌도 다 이간데 나는 왜 김가야?

친정아버지는 이야기해줄 때가 되었다며 아들에게 아버지가 징용에 끌려가 세상을 떠났다고 가르쳐주었다. 충격을 받은 아들은 "아버지!"라고 외치며 밖으로 뛰쳐나갔다. 그 모습을 보며 식구들은 또 울었다. 중학생이 된 아들은 아버지 증명사진을 꼭 수첩에 넣고 다녔다.

1948년 서울을 떠나 광주로 왔다. 스물아홉에 광주 땅을 처음 밟았다. 해방 직후 초대 교통부장관과 알음이 있던 친정아버지가 전남여객 전무취체역으로 일하게 되었다. 아버지는 호가 '남은'이어서 남쪽으로 가는 것을 운명처럼 받아들였다.

친정 식구가 모두 광주 계림동으로 이사했다. 이금주와 아들도 친정 식구들과 함께 광주로 왔다. 친정아버지는 홀로된 맏딸과 당연히 같이 살아야 한다고 생각했다. 광주에 온 지 얼마 되지 않아 6·25 전쟁이 발발했다. 여기저기서 친척들이 모여들었다. 부산으로 피난 가야 한다고들 했다. 여객 회사에 다니는 아버지가 버스를 한 대 구했다. 식구들과 친척들이 버스에 타고 피난길을 나섰다. 사람이 많이 타는 바람에 버스 밖으로 짐을 내던지기도 했다. 사람 목숨이 중요하다고 생각했기 때문에 짐 버리는 것은 당연했다.

순천을 지나 어느 마을에서 식량을 구하는 사이 국군이 버스를 징발했다. 이제는 먼 길을 걸어가야 했다. 광양 옥곡으로 접어들 무렵 올케가 잡곡을 구해와 밥을 했다. 그 잡곡밥이 어찌나 맛있었는지 금방이라도 살이 찔 듯했다. 더 갈 수 없었다. 이미 부산도 함락당했다는 소문이 돌았다. 부산에 도착한다 해도 연고도 없는 곳에서 살길이 막막했다. 다시 광주로 향했다.

한 달 만에 돌아왔지만, 광주집의 살림살이는 쓸만한 것이 하나도 남아있지 않았다. 전쟁은 이금주 가족에게 또 다른 아픔을 주었다. 남동생이 낙동강 금화작전에서 전사한 것이다. 전쟁이 할퀴고 간 상처가 컸지만 산 사람은 살아야 했다. 친정아버지는 많은 식구를 봉양하느라 동분서주했다.

이금주도 보고만 있을 수는 없었다. 북동성당에서 일을 시작했다. 집안이 대대로 개신교였지만 서울에 와서 가톨릭으로 개종했다. 광주에 와서는 성당에 열심히 다녔다. 서울에서 교사 생활했던 것이 큰 도움이 되었다. 성당에서 일하며 일머리 좋다고 인정받았다. 장성성당에서 교회 사업으로 유치원을 시작했다. 유치원 보모가 없다고 사람을 소개해달라고 했다. 이금주는 사람을 구하러 서울을 갔다. 친구와 아는 사람들을 만나서 도와달라고 해도 멀리 장성까지 가겠다는 사람이 없었다. 이금주는 어쩔 수 없이 직접 유치원 교사 강습을 받아 유치원에서 일했다. 나주유치원에서도 근무했다.

친정아버지는 광주 생활이 안정되자 맏딸에게 나주에 있는 과수원을 사주었다. 과수원이 있으면 딸이 나이 들어서도 돈 걱정 없이 살 수 있다고 생각했다. 농사지어 본 경험이 없는 이금주는 나무에 열리는 과일이나 따면 될 줄 알았다. 과수원 일은 그리 호락호락하지 않았다. 과일이 절로 열리는 것은 아니었다. 가을에 수확이 끝나면 바로 다음 해 준비를 시작해야 했다. 퇴비 주기, 가지치기, 풀 매기, 알 솎기 등등 1년 내내 일이 이어졌다. 평생 농사일을 해보지 않은 이금주에게 과수원 경영은 힘에 부쳤다. 몇 해 만에 과수원을 정리했다.

친정아버지가 세상을 떠났다. 일찍 홀로된 맏딸을 꽃송이처럼 귀하게 여기고 평생 품 안의 자식처럼 아껴주던 친정아버지가 회갑도 되기 전에 폐암으로 생을 마감했다. 든든한 울타리였던 친정아버지의 빈자리를 메꾸기 위해 성당 활동을 더욱 열심히 했다. 북동성당이 신자 수가 5,000명을 넘자 1964년 월산동성당, 계림동성당, 임동성당을 지어 나눴다. 이금주는 월산동성당으로 옮겨 갔다. 이곳에서 그는 재속프란치스코회 회원이 되었다.

'삶의 등대' 성 프란치스코

프란치스코회의 공식 명칭은 '작은 형제회'이다. '작음'과 '형제애'를 바탕으로 복음적 삶을 영위한다는 것이다. 이 작음의 정신은 가난과 겸손이라는 덕목을 포함한다. 작은 형제들은 가난하고 겸손한 그리스도의 제자로서의 삶을 본질적인 것으로 여긴다. 가난한 자들처럼 땀 흘려 일하고 소박하고 단순한 생활을 영위한다.

또한 형제애는 사랑과 순종을 전제로 한다. 프란치스코는 수도회 개념보다는 형제회 개념을 더 중시하였다. 우리는 모두 맏형인 그리스도 안에서 한 형제라는 것이다. 이 형제애는 어머니가 자식을 기르고 돌보는 이상으로 '형제들 상호 간에 기르고 돌보는 정신'이다. 이러한 형제애는 가난 안에서도 기쁨이 넘치는 공동체를 가능케 한다.

이 형제애는 모든 이에게로 확장된다. 선인이든 악인이든 크리스천이든 이교도이든 원수이든 강도이든 모든 이가 하느님의 자녀로서 받아들이도록 해준다. 이 형제애는 자연과 우주 만물에 대한 사랑으로 확장된다. 우주적인 형제애, 만인의 형제가 되는 것이 프란치스칸 형제애의 본질이다.

성 프란치스코는 복음을 글자 그대로 받아들임으로써 교회를 놀라게 하고 교회에 영감을 불어넣은 작고 가난한 사람이었다. 이금주에게 하느님과 프란치스코 성인은 삶의 나침반이었다. 그는 성 프란치스코의 가르침인 '작음'과 '형제애'를 평생 실천했다. 가톨릭과 어떠한 상황에서도 지지해준 친정 부모는 이금주의 두 버팀목이었다. 한 방송 인터뷰에서 그는 말했다.

> 저는 참말로 하느님께 감사합니다. 제가 종교를 몰랐더라면 어떤 모진 구렁텅이에 빠졌을지 모릅니다. 또 친정 부모님이 저를 꽃송이처럼 항상 위해 주고 사랑해 주셨기 때문에 버틸 수 있었지요.

1970년대 월산동성당은 아름다운 종교 공동체였다. 광주에 성당이 몇 개 안 되던 시절이었다. 도심에서 떨어져 언덕배기에 자리한 월산동성당 신자들은 주로 농사를 지었고 형편이 곤란했다. 물질적으로 빈곤했기에 더 애틋하고, 서로를 돌보고 의지했다.

성당 입구에 붉은 열매가 보석처럼 열리는 피라칸타가 줄지어 있었고, 아까시나무가 빙 둘러싸고 있었다. 약간 높은 지대에 자리하고 있어 새벽이면 안개 자욱한 풍경이 아름다운 곳이었다. 성당 구내의 신협 건물 안에 방 한 칸이 딸린 사무실이 있었다. 그 건물에서 이금주 가족이 살았다. 손녀들은 성당 마당에서 뛰어놀고 봄이면 아까시 흰 꽃을 따먹었다. 해가 뜨기 시작하면 금세 새벽안개가 걷혔다. 신협 직원으로 일하는 아들은 아침이면 성당 마당을 쓸었다. 이금주와 며느리는 뜨개질을 해서 수입을 충당했다. 두 사람 다 손재주가 좋았다. 사람들을 모아 일했고 만들어진 제품은 수출도 했지만, 근근이 살 정도였다.

월산동성당은 이금주의 삶의 터전이었다. 한복에 비녀 꽂은 차림새는 이금주의 트레이드 마크였다. 그곳에서 이금주는 신용협동조합을 키우고, 혈육만큼 가까운 교우들을 만났고, 이들과 평생 가는 인연을 만들었다.

이금주바울라와 최순덕구네군다, 김순배방지거, 최양기루시아는 '월산동성당 사총사'였다. 사총사 가운데 가장 연장자인 김순배는 재속프란치스코회장을 12년이나 맡아 여성 신자들이 식구처럼 지내도록 조율한 조용하면서도 자상한 맏언니였다. 둘째 최순덕은 1929년 광주여고보현 전남여고 '백지동맹白紙同盟'[15]을 주도한 광주학생운동의 주역으로 젊은 나이에 남편을 사별하고 7남 1녀를 훌륭하게 키워냈다. 셋째 최양기는 매사에 솔선수범하고 쾌활한 성격이었다. 막내 이금주는 세 언니를 의지하며 거친 세파를 헤쳐 나가는 힘을 얻었다.

사총사는 하루도 빼지 않고 만났다. 날마다 만나서 기도하고 활동하는 것은 숨 쉬는 것처럼 자연스러운 일이었다. 봉사 기금을 만들기 위해 2만 원씩 걷어 집에서 보리를 볶아 보리차를 만들고, 옥수수를 볶아 옥수수차를 만들어 매주 일요일 미사 후에 팔았다. 여름이면 국수, 겨울에는 가래떡과 떡국을

---

15 광주학생독립운동 사건으로 일제의 대규모 탄압이 진행되자 시험을 거부하며 답안지를 백지로 제출한 뒤, 전교생이 운동장에 모여 식민지교육 철폐와 구속된 학생들의 석방을 요구한 항일 시위. 3학년 급장으로 백지동맹 호소문을 직접 작성해 배포했던 최순덕은 이 사건으로 1930년 1월 강제 퇴학을 당했다.

팔았다. 시간이 지나면서 참기름, 화장지를 비롯한 생활필수품은 물론 교회 성물까지 판매했다. 나이 든 할머니들이 땀 흘리며 일하는 데 젊은이들이 가만있으면 안 된다며 온갖 일을 도와준 남궁부자로사, 조경례사비나, 송맹례소화데레사까지 하면 칠자매였다.

기금이 어느 정도 모이자 불우한 이웃을 찾아 나섰다. 신자 중 한 명은 아내가 반신불수인 데다 삶이 고달프다며 연탄가스 자살소동을 벌였다. 초등학생이었던 아들이 고교를 졸업하고 공장에 취직할 때까지 돌보아주었다. 그 아들은 명절이면 사총사를 찾아왔다.

허리가 기역자처럼 굽은 '기역자 할머니'는 산꼭대기 쓰러져가는 집에 살았다. 아들은 장애인이고 며느리가 혼자 벌어서 생활했다. 집 지붕이 샌다는 소식을 듣고 교우들이 지붕을 고쳐주었다. 기역자 할머니는 "청와대 부럽지 않은 집이 되었다"라며 기뻐했다. 기역자 할머니 손자가 학비가 없어 고등학교를 못 다니게 되자 사총사가 직접 학교를 찾아갔다. 교장 선생님께 사정을 말씀드려 손자가 무사히 졸업하고 서울의 대학에 진학하도록 해주었다.

걸식하며 살던 알코올 중독자의 두 아들이 중학교를 졸업하도록 도와주고, 큰아들은 서울에 일자리를 주선해주었다. 불편한 몸으로 혼자 살던 할머니를 오랫동안 돌보아주고, 거동을 할 수 없을 정도로 몸이 불편해지자 꽃동네로 보내드렸다. 형제애의 실천은 월산동성당 신자들에 그치지 않았다. 지체 부자유자들이 거주하는 광천동 '사랑의 선교회'가 설립될 당시 살림 도구와 이부자리까지 마련해주었고, 바로 옆에 시각장애인들이 생활하는 '평화의 집'은 워낙 많이 찾아다니다 보니 "월산동성당에서 왔어요" 하면 목소리만 듣고도 반갑게 사람들이 모여들곤 했다

교우가 임종을 맞으면 새벽 2시든, 3시든 즉각 달려갔다. 임종을 돕고, 운명하면 연도기도와 입관, 장례미사, 하관식까지 함께 치렀다. 이금주는 특히 연도회 일을 열심히 했다. 월산동성당 연도회 1대 회장을 맡아 임종부터 장

례, 탈상까지 적극적으로 도왔다. 임종하기 전에 먼저 찾아가 선종善終하도록 기도하고 죽은 자와 살아있는 자를 위해 끊임없이 기도했다. 장례를 치르는 과정에서 많은 사람이 참가하기 때문에 전교 활동을 하는 좋은 기회라고 생각하고 더욱 정성을 쏟았다. 김성용 신부는 신자들의 단합을 위해 반상회를 조직하고, 월산동신용협동조합을 창설했으며 재속프란치스코회 활동을 전폭적으로 지원했다.

1976년 백용수 신부가 부임했다. 이금주가 월산동성당에서 만나 평생 함께한 인연으로 가꾼 두 마태오 중 한 사람이 바로 백용수 신부였다.

백 신부는 월산동성당에 부임할 무렵부터 식도 기능 마비증으로 힘든 투병 생활을 하면서도 가난하고 헐벗은 이들과 함께했다. 사총사가 활동자금이 부족해 쩔쩔매면 슬그머니 생활비에서 떼어낸 돈을 보태주었다. 위 절제수술을 받아 미사를 집전하기에도 힘들만큼 병약했지만, 이웃사랑을 실천했던 성직자였다. 백 신부는 1981년 9월, 5년여 동안 몸담았던 월산동성당을 떠나면서 당시로서는 큰돈인 100만 원을 빈첸시오 기금으로 내놓았다. 거처할 방이 없는 사람이 방을 마련할 때나, 열심히 장사하겠다는 사람에게 손수레를 사줄 때 목돈을 쓰고, 이자는 활동비에 쓰라고 당부했다.

월산동성당 사총사는 백 신부가 2004년 선종할 때까지 계속 교류했다. 해마다 백 신부의 영명축일靈名祝日을 챙기고, 비아공소, 남평성당, 화순성당 등 부임지에 가서 축하하고, 은경축 행사, 회갑 행사, 은퇴 미사 등 행사가 있으면 꼭 참석했다. 월산동성당에서의 인연이 30년 동안 이어졌다.

또 한 사람의 마태오는 박상배朴相培 광주가톨릭대학 교수다. 박 교수는 1974년 월산동으로 이사 가면서 월산동성당을 다니게 됐다. 월산동성당에 다닌 지 얼마 되지 않아 어르신들이 보자고 했다. 할머니 22명과 할아버지 한 명이 기다리고 있었다. 이들은 프란치스코 제3회, '재속프란치스코회' 회원이었다. 제3회는 세속에서 수도회의 정신에 동참하는 사람들의 모임을 일

컫는다. 박 교수는 프란치스코 성인에 대해서는 잘 알고 있었지만, 그때까지
는 재속프란치스코 회원이 아니었다.

> 나는 이분들을 만나서 3회에 끌려 들어가게 되었어요. 할머니들이 나를
> 초대해서 책까지 주면서 교수님이니까 연구를 해서 우리에게 이야기해달
> 라고 해서 그거야 내가 해줄 수 있다고 허락해 내 인생이 완전히 달라졌지
> 요. 나는 세례 받으면서 한 번, 재속프란치스코 회원이 되면서 또 한 번 인
> 생이 달라졌어요. 그렇게 지금까지 살고 있습니다.

젊은 박 교수를 영입하면서 월산동성당 재속프란치스코회는 기복적, 개
인주의적 신앙에서 탈피하여 '신앙의 빛을 받고, 하느님의 말씀을 묵상함으
로써, 언제나 어디서나 하느님을 발견'하는 실천적인 삶을 지향하게 된다.
박 교수 또한 월산동성당에서의 활동을 기반으로 1984년부터 재속프란

월산동성당에서부터 함께 일을 도모했던 박상배 교수, 광주여고보 백지동맹 사건 주역 최순덕 선생과 함께.

치스코회 한국연합회 제6·7·9대 회장을 맡아 한국에서 프란치스칸 정신을 구현하는 데 앞장섰다. 특히 1987년 재속프란치스코 한국 진출 50주년을 맞아 50년사를 편찬하고 프란치스칸 서적을 발간했으며 기념대회를 개최하는 큰일을 해냈다. 이처럼 재속프란치스코회 가입은 그의 인생을 바꾸는 계기가 되었다. 외부적으로 보이는 것만이 아닌, 내부적인 변화도 함께 따랐다.

> 1974년에 월산신용협동조합이 만들어져서 초대 이사장을 맡게 되었어요. 예전에는 교회를 중심으로 신협 활동이 활발했어요. 월산동은 가난한 사람이 많아 신협이 필요했지만, 자산이 늘어나지 않았습니다. 누군가 도와주는 사람이 필요하다니까 최순덕·이금주 두 분이 도와주겠다고 나섰어요. '어떻게 도와줄 거냐' 물었더니 방문하겠다고 하더군요. 두 분이 날마다 신자들 집을 방문해 출자금 받아와서 입금했어요. 정말 놀라운 일이었지요.
> 한 번은 가난한 신자 집에 함께 가자고 해서 끌려갔어요. 성당에서 직선거리로 200m 정도인데 골목골목으로 가니까 멀게 느껴져서 뭐 이런 데까지 가나 싶었지요. 집이라고 하는데 집이 없어요. 지푸라기로 만든 무덤처럼 생긴 곳에서 할아버지 혼자 거처하는데, 두 분은 악취가 심하게 나는 데도 아무렇지도 않은 듯 치워주었습니다.
> 그 집을 방문한 후로 사람 보는 눈이 달라졌습니다. 나는 이론적으로는 프란치스코 성인이 그렇게 싫어하던 나병 환자를 만나서 키스했다는 이야기를 잘 알고 있었고, 그래야 성인의 길이 열린다고는 생각하고 있었지만, 막상 그런 집을 들어가기 싫었어요. 그 일이 있고부터 내 생각도 달라지기 시작했습니다.

박 교수가 처음 이금주를 보았을 때는 매우 강한 사람이라고 생각했다. 화가 나면 지독하게 상대를 무너뜨렸다. 강한 가운데서도 세상에서 가장 약한 사람들에게 먼저 다가가는 것을 보며 그를 다시 보게 되었다. 가난한 사람들이 대모代母를 청하면, 거절하지 않고 서주었다. 기댈 곳 없는 사람들의 어머니였다. 이금주는 교리 공부도 열심히 했다. 박 교수가 무엇을 읽어오라 숙제를 내면 가장 착실하게 읽어오는 사람이었고, 질문하면 제대로 대답하는 사람이었다.

　바울라는 정의로운 성품입니다. 프란치스칸은 평화를 사랑하지만, 그 평화는 바로 정의에서 생겨납니다. 정의에 대한 가르침을 많이 해서 프란치스칸들은 사회정의 문제에 관심이 많습니다. 세상 사람들은 정의는 폭력과 관련 있다고 생각하는데, 프란치스코 성인이 생각했던 정의는 평화에 기초한 정의였지요. 그렇게 일생을 산 사람이 바로 바울라입니다. 곧은 성격에, 가톨릭 신자이면서, 프란치스코 성인의 삶을 따라서 살고자 하는 재속프란치스코회원이었다는 것이 그분을 이렇게 살게 했다고 생각합니다.

　월산동성당 사총사는 박 교수와 만나 공부하는 것에 만족하지 않았다. 성당에서 만나는 것 말고 한 달에 한 번씩 따로 만나자 하여 1974년 '한마음회'를 만들었다. 한마음회는 '작은형제회' 코르도나의 성녀 이름을 따서 '마르가리따회'로 이름을 바꿨다. 신앙을 함께 나누고, 교리도 공부하고, 좋은 일도 하자는 취지였다. 매월 셋째 주 수요일 오후 2시에 어김없이 모였다. 이금주는 한마음회에서 서기를 맡았다. 이 모임은 40년 가까이 지속되었다. 회원 대부분이 60대가 넘었기 때문에 유명을 달리하는 사람이 계속 나왔다. 세상을 떠난 아내 대신 나오는 회원, 돌아가신 어머니 대신 나오는 회원이 공백을 메웠다.

　대개 사람들이 모이면 다른 사람의 흠을 찾아 이야기하기가 쉬운데 한마음회 회원들은 항상 다른 사람을 칭찬했다. 박 교수에게는 누이 같고, 어머니 같은 사람들이었다. 사실 이 모임이 40년 동안 지속된 것은 박 교수의 공이 크다. 교리 공부로 모임에 방향을 제시하고, 바쁜 가운데서도 이 모임만은 빠지지 않고 참석했다. 남성 회원은 없고 모두 여성들인 모임에 나간다고 주위에서 시샘을 받기도 했다.

　이금주는 2005년 6월 22일 자 일기에서 "오늘 마르가리따 모임이 있었다. 박 교수님의 은경축이었다. 지난 30년간 프란치스코회를 이끌어 왔고 그만큼 키우고 전국회장으로 9년간 서울 다니면서 봉사는 물론 수많은 전국단체를 대상으로 강의도 많이 하셨고, 또 다 늙은 우리 노인들 모임에 조금도 사양 없이 와주시는 박 교수님의 은경축에 영적 꽃다발을 드렸는데, 기쁘게 받아주셔서 고마웠다"라고 썼다.

몇십 년 모임을 했어도 박 교수는 한 번도 회계 장부를 본 적이 없었다. 이금주가 노환으로 병원에 입원하고, 더 모임을 못 하게 되자 대녀 김재림마리나에게 회계 장부를 보냈다. 그 장부를 본 박 교수는 깜짝 놀랐다.

내가 처음 3회에 가서 강의할 때부터 간략한 내용이 다 적혀 있었어요. 그때는 강의만 했지 3회에 가입하지도 않았을 때인데, 우리 수련장님이 오늘은 잠언 18장에 관해 이야기해주었다고 적혀 있더군요. 수련장이 뭐냐면 회원 가운데 임원이에요. 3회 회원이 되지도 않았는데, 그런 식으로 써놓은 거예요. 그걸 읽으면서 내가 할머니들 계략에 놀아났구나! 웃음이 나왔어요. 자기들끼리 다 말한 거예요. 저 양반 우리 회원 시켜서 수련장 만들면 우리 수련 제대로 할 수 있다고.

나도 3회 들어가서 전국회장을 세 번, 9년 동안 하면서 얼마나 전국을 돌아다녔는지 몰라요. 월산동성당은 가족적인 분위기였어요. 신자 수가 많지 않고, 낙후된 지역이었지만 참 좋게 살았어요. 내가 월산동성당으로 갔을 때 김성용 신부님이 거기 계셨지요. 그분이 나와 동창입니다. 그래서 내가 3회 들어가면 일이 더 잘될 것으로 생각했던 거 같아요. 가만히 보면 하느님의 섭리에 의해 이 세상이 돌아간다고 느껴요.

월산동성당 시절까지는 이사를 여러 차례 했다. 1988년 진월동 단독주택을 사서 이사하면서 온 가족이 안정적인 환경에서 살게 되었다. 며느리(김성업金聖業)가 손톱이 닳아지게 일해서 장만한 집이었다. 햇빛이 잘 들어 따뜻하고 전망도 좋았다.

아들은 진월동성당에서 사무장을 했다. 며느리는 법 없이 살 만큼 착하고 순했다. 아낌없이 주는 나무였다. 엄하고 강단진 시어머니에게 순종했다. 남들이 보기에 민망할 만큼 가차 없이 대해도 묵묵히 받아들였다. 얼굴 한 번 보지 못한 시아버지 제사 때면 며느리로서 온 정성을 다해 제사상을 차렸다.

며느리는 건강 체질이 아니었다. 허약한 데다 병치레를 자주 했다. 거기다 나이 들어가는 꼬장꼬장한 시어머니 수발도 만만치 않았다. 이금주의 2007년 1월 6일 자 일기다.

> 온종일 누워있었음. 몸이 몹시 괴로웠음. 폭설에 자부는 온갖 시중을 들어줌. 자기 몸도 늘 편치 못하는데 나까지 고생시키는데 딱하고 불쌍하게만 보임. 자부가 시중드는 것이 가장 편하다. 다른 집 며느리 10명과도 바꾸지 않을 며느리다.

속으로는 딱하고 불쌍하다고 생각했지만, 겉으로는 냉정하게 대했다. 그럴 수밖에 없었다. 일찍이 혼자되어 아들을 키우면서 겪은 어려움과 고통이 그를 그렇게 만들었다.

> 주변에서 재혼하라고 할 때 왜 맘이 없었겠어요. 그렇지만 끝까지 참았다는 것을 보면 보통 사람이 아니지요. 당신 아들이나 며느리에 대해 혹독하게 했지만, 마음속으로는 많이 울었을 거예요. 혼자 살면서 가족을 끌고 가려니 어쩔 수 없이 무섭게 대했지만, 쟤들은 내 핏줄이고 나를 지지해주는 유일한 집단이라고 생각했을 것입니다. 그분이 기도하는 모습을 보면 한 인간으로서 간절함이 있었어요. 강건한 성품이라 사람들은 독하다고 생각했겠지만, 속으로는 아주 애처롭고, 아팠을 거예요. 〈박상배〉

2장

대일 투쟁의 시작
– 태평양전쟁희생자광주유족회 출범

1973년 어느 날 신문 1면에서 '태평양전쟁 희생자 가족 모여라, 순천의 극장으로!'라는 기사를 보았다. 이금주는 눈이 번쩍 뜨였다. 그때까지만 해도 일본은 양심의 나라라고 믿었기 때문에, 간절히 기다렸던 일본으로부터 연락이 왔다고 생각했다. 흥분을 참을 수 없어 저녁내 잠을 설치고 다음 날 아침 일찍 순천으로 출발했다. 기쁜 마음에 터미널에 내려 극장까지 달려갔다.

　극장에는 500여 명 정도 되는 많은 사람이 모여 있었다. 많은 피해자와 유가족이 성명을 낭독했다. 집회에서 최종수崔鍾洙라는 사람이 "우리들은 일어나 싸워야 한다. 일본으로부터 여태까지 아무런 연락이 없다"라고 연설하자 참석자들 모두 눈물을 흘렸다. 최종수는 아주 씩씩한 인상이었다. 일제강점기 전쟁 피해의 실상에 관한 이야기가 오갔고 어떻게 해서라도 일본의 사죄와 배상을 얻어내기 위해 일어나야 한다는 결의를 했다. 그 자리에서 전국 각지에서 온 사람들과 명함을 주고받으며 연락할 것을 약속했다.

　그 집회는 1973년 4월 부산에서 발족한 '태평양전쟁전사자유족회' 주최로 열린 집회였다. 태평양전쟁전사자유족회는 발족과 더불어 전주·대전·광주·순천·대구·부산 등지를 순회하며 설명회를 열고 각 지역의 활동가를 규합하여 유족회 도지부 결성을 추진했다.

태평양전쟁전사자유족회가 결성된 것은 정부에서 일본에 강제 징용된 희생자에게 보상을 추진했기 때문이다. 박정희 정부는 1965년 한일 청구권 협정을 체결하고도 강제 징용자 보상에 소극적이었다. 1971년에 들어서서야 '대일 민간청구권 신고에 관한 법률'을 제정하고, 일제에 의해 강제로 징용·징병된 사람 중 사망자와 8·15 이전에 일본 정부가 발행한 국공채 소지자를 대상으로 1971년 5월부터 1972년 3월 20일까지 10개월간 보상신청 신고를 받았다. 이때 신고된 사망자 건수는 1만 1,787건이었다. 한일회담에서 한국 정부가 일본에 사망자 수로 제시했던 7만 7,603명에 크게 못 미치는 숫자였다. 정부의 홍보가 충분치 않은 데다 제출해야 할 서류를 갖추지 못한 유족도 많았다. 유족들 대부분이 대중매체를 접하기 힘든 지방에 살거나 문맹인 경우도 있었다.

이 과정에서 태평양전쟁 희생자 유족들이 '태평양전쟁전사자유족회'를 결성하고 정부의 움직임을 예의 주시하고 있었다. 정부가 결정한 인명 보상은 피 징용 사망자 1인당 30만 원이었다. 1인당 30만 원이라는 보상금은 보상 대상자들의 큰 반발을 낳았다. 태평양전쟁전사자유족회는 1974년 10월 집회를 열고 2차대전 당시 일본에 강제동원되어 숨진 군인·군무원·노무자·정신대 등 15만 명의 유족에게 국내 유자녀 연금법에 따라 전사자 1명당 628만 원의 보상금 지급과 도쿄 유텐지祐天寺에 보관된 유해 2,083구의 봉환, 미발굴 유해 10만 구의 발굴 봉환 등을 요구하는 4개 항의 결의문을 채택했다. 유족회 측은 30만 원 수령을 거부하자고 했으나 생활고에 시달리는 유족들은 그 돈이라도 받아야 했다.

정부는 1974년 '대일민간청구권 보상에 관한 법률'을 제정하고 신고를 받았다. 강제동원 희생자에 대해 1만 6,787건을 신고받아 이 가운데 심사를 통과한 사망자 8,552명에 대해 1인당 30만 원씩 총 25억 6,560만 원, 예금·채권 등 재산 7만 4,967건에 대하여 약 66억 2,000만 원 등 합계 91억 9,000

만 원 상당의 보상금을 지급하였다. 이렇듯 적은 숫자가 보상을 받은 것은 신고 기간이 짧은 데다 정부가 홍보를 적극적으로 하지 않아 피해자들이 보상을 받는다는 사실을 알 수 없었기 때문이다.

전사 보상금 거부 운동을 주도했던 최종수 제2대 유족회장과 몇몇 간부들은 "변변한 비석 하나 세울 비용도 못 되는 돈을 받아 무엇하냐"라며 강제동원 희생자 유골 송환을 추진했다. 최종수는 1975년 일본 규슈九州에 가서 무연고 묘지로 남아있거나 각 사찰에서 봉안 중이던 강제동원 희생자 유해 219구를 모아 국내로 들여오려 했으나 일본 정부는 "한국 정부 공식위임을 받지 못한 임의단체에는 인도해줄 수 없다"라며 거부해 무산되었다. 유해 219구는 재일거류민단과 일본인 이시하라 쇼이치의 주선으로 1976년 천안 망향의동산 준공기념 위령제 때 그곳에 묻혔고, 그 사실을 뒤늦게 알게 된 최종수는 충격으로 세상을 떠났다고 한다.

대일민간청구권 보상이 일단락되면서 유족회 활동은 소강상태에 들어갔다. 그런 가운데서도 이금주는 서울·부산·광주·대구·춘천·전주 등지의 회원 10여 명과 지속적으로 연락했다. 군부독재 시대에는 사람들 모이기가 쉽지 않았고 감시의 대상이 되었다. 한국 정부를 통해 일본 정부를 상대로 교섭하는 일은 생각조차 할 수 없었다.

1980년 광주민중항쟁으로 많은 광주 시민이 사망했고, 살아남은 사람들은 죄인처럼 살아야 했다. 그런 시대에 이금주 같은 태평양전쟁 희생자 가족이 할 수 있는 일은 없었다. 아무런 힘도 없고, 어떻게 하면 될지 전혀 알 수 없는 상태였다. 그런 상황에서도 유족회 회원들은 가끔 만나서 안부를 전하고 서로를 위로했다.

69세에 내디딘 대일투쟁의 첫걸음

1987년 6월항쟁 이후 민주화가 진행되면서 사회에 변화의 큰 물결이 일었다. 그동안 숨죽이고 있었던 사람들이 목소리를 내기 시작했다. 1988년 6월 9일 서울 풍전 호텔에서 '태평양전쟁희생자유족회' 발기인 총회가 열렸다. 그간의 산발적 활동을 마감하고 재 발기를 통해 본격적이고 체계적인 활동을 하기로 했다. 발기인은 김상원·김종한·배해원·이금주·양순임梁順任·용수택·한문수 등이었고 배해원이 중앙회 회장에 선출되었다. 이금주는 나이가 많다며 극구 사양했지만, 중앙유족회 이사 겸 광주지부장을 맡게 되었다.

그때 이금주의 나이 69세였다. 남들은 뒷방에 들어앉을 나이에 사회 활동을 시작했다. 아니, 기나긴 투쟁의 시작이었다. 광주와 전남 곳곳에 흩어져 사는 강제동원 피해자 유족들을 수소문했다. 생각 같아서는 신문에 광고라도 내고 싶었지만 넉넉하지 못한 형편에 엄두도 내지 못했다. 원호대상자나 국가유공자 등 여러 방면으로 수소문하여 50여 건의 피해자 주소를 파악하고 직접 찾아다녔다. 일제강점기에 징용이나 징병으로 끌려간 군인·군무원·노무자·여자근로정신대·일본군'위안부' 피해를 본 희생자 유가족과 생존자를 회원으로 가입시켰다. 열심히 발품을 팔자 점차 회원이 늘어나기 시작했다.

일제강점기 시절 겪었던 고통을 더 생각하기 싫다며 회원 가입을 거절하는 사람들도 있었다. 일본군'위안부', 정신대 피해자를 몇 번씩 설득해 겨우 약속을 잡고 만나러 갔다가도 얼굴도 못 보고 오는 일도 감당해야 했다.

이금주는 유족들을 만나 "이것은 민족운동입니다. 민족운동에는 아무 보수가 없지만, 같이 협조해 주십시오"라고 호소했다. 반응은 크게 세 가지였다.

나중에 원망 들을까 봐 못 하겠소.
무식해서 못 하겠소.
하고는 싶지만 바빠서 못 하겠소.

대부분이 거절했지만, 개중에는 "같이 해봅시다"라는 사람들도 있었다. 그들을 중심으로 조직을 꾸렸다. 1988년 태평양전쟁희생자유족회 출범 당시에는 광주지부로 시작했지만, 1991년 대일 소송을 계기로 '태평양전쟁희생자광주직할시유족회'이하 광주유족회로 독립했다. 광주유족회 산하에 47개 지부가 만들어졌고 이사, 감사, 고문 등 68명이 구성되어 틀을 갖췄다. 회원이 1,000여 명에 달하는 큰 조직이 형성되었다. 연회비는 10,000원으로 정했고 매달 10일 이사들이 참석하는 월례회를 열어 안건을 논의하기로 했다.

광주유족회 사무실로 대신한 광주시 남구 진월동 자신의 집에서 자료 정리에 애쓰고 있는 모습.

이금주는 회원들을 만나면서 그들의 이야기를 기록으로 남겨야겠다고 생각했다. 한 사람, 한 사람이 일제의 만행을 증거하는 산 역사였기 때문이었다. 강제동원 피해자가 사무실에 찾아오면 조그만 책상을 당겨 앉아 이야기를 들었다. 책상 한쪽에는 일본어 사전이, 한쪽에는 각종 서류가 수북이 쌓여 있었다. 피해자들의 인적사항과 강제동원 장소, 피해 내용을 번호를 붙여가며 꼼꼼하게 작성했다.

이금주는 기록의 달인이었다. 매일 일기를 작성했고, 성당에서 책임을 맡은 모임의 지출 장부도 상세하게 기록했다. 광주유족회를 맡은 후로는 매월 월례회, 이사회 내용을 기록하고 특히 지출명세서는 한 치 어긋남이 없이 완벽하게 작성했다. 필력도 좋았고, 기억력도 뛰어났다. 유족회가 결성되고 4년째에 접어든 1992년에 확인된 강제동원 피해자만 1,273명이었다. 대학노트 10권 분량의 기록이 모였다. 피해자를 지역별로, 연대별로, 피해 유형별로 다시 구분해 정리했다. 이 자료는 훗날 피해자들이 국가로부터 지원받을 때 귀중한 근거자료가 되었다.

이금주가 태평양전쟁희생자유족회 활동을 시작하면서는 아들과 며느리가 유족회 일을 도왔다. 아들은 타자를 치고 며느리는 매일 사무실을 찾아오는 회원들을 접대하고, 이런저런 잔심부름을 했다. 행사가 있을 때면 펼침막과 어깨띠를 만들었다. 한두 개가 아니라 수백 개를 만들었다. 행사가 끝나면 행사용품 정리하는 데만도 하루가 걸렸다.

광주유족회는 회원 숫자가 많았기 때문에 관리가 쉽지 않았다. 무슨 일이 있으면 회원들에게 수시로 공문을 보냈다. 사망하거나 주소 이전, 탈퇴한 회원을 제외하고는 항상 공문을 통해 소식을 전했다. 탈퇴 의사를 직접 밝힌 회원을 제외하고는 주소 불명이어도 기록은 반드시 남겨두었다. 그래서 반송되는 우편물이 많았다. 유족회 일이 늘어나면서 손녀들도 손을 보탰다. 유족회 일과 관련해 먼 곳이나 외국에서 사람들이 찾아오면 비싼 여관비 들이지 않으려고 집에서 재우고 먹이면 그 뒤치다꺼리도 가족의 몫이었다.

1990년대 초반만 해도 회원 대부분이 농사를 짓고 살았다. 농번기 때는 사람 동원하는 것이 힘들었다. 그런데도 광주유족회는 태평양전쟁희생자유족회 전국 행사가 있을 때면 가장 많은 숫자가, 가장 열심히 참여하는 유족회로 평가받았다.

1990년 5월 노태우 대통령 일본 방문을 반대하는 농성을 서울 일본대사관 앞에서 사흘간 했다. 1992년 미야자와 기이치宮澤喜一 일본 총리가 한국을 방문하여 노태우 대통령과 한일 정상회담을 한다는 내용이 보도되자 방한 반대 및 정신대 만행 공개 사죄·배상 등을 촉구하는 집회가 전국적으로 열렸다. 한국정신대문제대책협의회 회원 30여 명이 1월 8일 일본대사관 앞에서 시위한 것이 '수요시위'로 발전했다. 광주에서는 회원 387여 명이 1월 15일 오전 광주역 광장에서 일본군'위안부' 피해 보상 요구와 미야자와 총리 방한 반대 결의대회를 열었다. '방한 반대' 어깨띠를 두른 회원들은 대형 태극기와 펼침막을 앞세우고 평화적인 시위를 벌였다. 한편 1월 17일 오후 미야자와 총리가 여의도 국회의사당을 방문한 그 시각에 국회의사당 앞에서 시위하던 태평양전쟁희생자유족회 전남도지부 회원 주기성이 전경에 복부를 걷어차여 병원으로 옮기던 중 숨지는 사고가 있었다. 이금주는 전남도지부장에게 애도의 뜻을 표했다.

1992년은 한국은 물론 일본에서도 광주유족회의 존재감이 한껏 드러난 해였다. 2월 17일에는 1,100명 원고가 '광주천인소송'을 제기해 일본 사회가 출렁였고, 8월 25일에는 '우키시마호 소송'으로 또 한 번 충격을 던졌다. 이 두 소송은 한국 언론에서도 많은 관심을 보였다.

그해 12월 제14대 대통령 선거가 있었다. 광주유족회에서는 민주자유당 김영삼, 민주당 김대중, 국민통일당 정주영 후보에게 유족회 명부와 공약서, 대일배상 재판 제소 사진 등의 자료와 함께 도와 달라고 요청하는 의뢰서를 보냈다. 김대중 후보에게서만 답신이 왔다.

1993년 호소카와 모리히로細川護熙 총리가 방한하자 서울, 광주와 회담장인 경주에서 일본의 사죄와 배상을 요구하는 시위가 열렸다. 광주유족회는 11월 6일 광주역 광장에서 회원 322명이 참석한 가운데 집회를 열었다. 이날

아침부터 비가 내려 경찰서, 언론사에서 그대로 집회하느냐는 전화가 빗발쳤다. 회원들의 의지를 꺾을 수 없었다. '정신대 피해 배상 없이 한일회담 필요없다'라는 피켓을 들고 광천종합터미널까지 가두행진을 벌였다.

광주유족회의 저력을 잘 보여주는 것은 8·15 광복절에 서울 일본대사관 앞에서 개최한 집회다. 태평양전쟁희생자유족회는 1988년부터 매년 광복절에 일본의 죄과와 책임을 국내외에 알리기 위해 전국 시·도지부가 참가하는 집회를 열었다. 그러나 시·도지부 간 협조가 이뤄지지 않아 몇 년 동안 집회를 열지 못했다.

주한 일본대사관 측에 요망서를 전달하고 있는 이금주 회장. (1998.3.3.)

광주유족회는 1994년부터 독자적으로 일본대사관 앞 집회를 다시 열어 줄기차게 이어왔다. 많을 때는 400여 명까지 참여하여 일본의 만행을 규탄하고 각성을 촉구하는 이 집회는 일본 정부가 공식 사죄하고 배상할 때까지 이어간다는 각오로 진행했다. 전남 곳곳에 흩어져 사는 회원들이 서울까지 가서 집회하는 것은 대단한 에너지가 있어야 하는 일이지만 꿋꿋하게 해냈다. 이것이 바로 광주유족회만의 독특한 유전형질이었다. 1998년 8월 14일 서울 종묘공원에서 열린 광복절 집회 때는 비가 왔다. 전국에서 광주유족회만 유일하게 전후 처리 촉구 집회를 하고 일본대사관에 요망서를 전달했다. 쏟아지는 빗속에서 집회를 마치고 자정이 넘어서 귀가했다. 다음 날은 회원 4명이 온종일 비에 젖은 펼침막과 어깨띠, 태극기를 말리고 다림질했다. 이금주는 시시때때로 회원들을 독려했다.

> 앞으로 집회와 데모를 해야 하는데 아프다, 바쁘다, 갈 사람 없다, 일이 많다는 핑계는 하지 마시오. 누구든 데모하라고 시간이 따로 정해진 사람은 없습니다. 죽을 때도 나 바빠서 못 죽겠소 할 수 있습니까? 우리 일인데 핑계를 대면서 못 간다고 말해서는 안 됩니다. 자기 아버지, 자기 남편, 자기 형제들 일에 돈은 받겠다면서 다른 사람에게 의탁하려 하면 안 됩니다. 내 돈, 내 시간, 내 품, 내 몸 아까운 것은 누구나 같습니다. 꼭 같이 투쟁할 것을 회원들께 알려주시오. 〈1996년 2월 29일 지부장 회의〉

유족회는 회원들의 회비로 유지되는 단체지만 회비 걷는 일이 항상 문제였다. 1988년 발족 당시 연회비는 1만 원이었다. 회원 수는 1,200여 명인데도 회비 내는 회원은 절반 정도에 그쳤다. 더구나 발족 초기에 중앙회가 내부 분열되면서 광주지부에서 보낸 상당한 액수의 자금을 돌려받지 못해 재정이 악화되었다. 돈을 돌려받기는커녕 경찰 조사를 받았다.

서울에서 1990년 12월 전국 중앙이사회가 끝나기도 전에 40대 남성 4~5명이 찾아와 회계장부를 보자고 요구했다. 이후 전국 각 지부까지 회계장부를 가지고 서울 용산경찰서로 출두하라고 했다. 경찰서에 처음 가보는 데다 장부까지 지참하라는 것이 이상했지만, 무슨 영문인지 몰라 어리둥절했다. 용산경찰서에서 기다리다가 차례가 되어 들어갔다. 경찰은 앉으라고 자리를 권했다. 그는 물었다.

회원들에게 회비 받으면 집에다 잘 간직하고 쓰시지요?
아니오. 나는 공사를 구별하기 때문에 회비는 은행에 예탁하고 씁니다.

그럼, 지금까지 이자는 얼마나 받아졌나요?
나는 그 액수를 기억 못 하니 장부를 보고 합계를 내보시죠.

그 경찰은 "예, 실례하겠습니다" 하더니 1시간 남짓 주판으로 계산을 했다.

조금 전 오신 분은 은행에 예탁하고 쓴다기에 '지금까지 이자가 얼마나 되느냐?' 물었더니 '좀 기다리시오, 다시 올게요.' 하면서 자기네 장부를 들고 나갔는데, 회장님은 들어오실 때부터 달리 봤습니다. 회장님 첫 모습과 이 장부는 똑같습니다. 실례했습니다. 어두워지니 조심해 안녕히 가십시오.

그런데 "딴 지부는 다 잘 통과되었는데 광주지부만 통과가 못 되었다"라는 헛소문이 퍼졌다. 이것은 이후 광주유족회와 이금주가 겪어야만 했던 수난의 시작일 뿐이었다.

이금주는 성격이 칼처럼 분명했다. 더구나 성당 신협 활동을 오래 했던 터라 돈 문제는 10원짜리 하나도 허투루 넘어가지 않았다. 1,000원을 받건, 1만 원을 받건 반드시 영수증을 발급했다. 그리고 수입 지출은 물론 유족회와 관련된 모든 일을 꼼꼼하게 기록했다. 유족회 활동을 시작하면서는 날마다 일기를 썼다. 매달 10일 열리는 월례회는 물론 이사회, 긴급 모임에 관한 기록도 빼놓지 않았다.

초창기 광주유족회는 사무실이 따로 없었다. 이금주의 진월동 단독주택 1층 방 한 칸이 곧 사무실이었다. 사무실은 커녕 각종 소송과 관련된 업무에 꼭 필요한 사무용품조차 없었다. 좁은 방에 온갖 서류며 행사에 쓸 용품을 쌓아두었다. 1991년 4월 15일 팩시밀리를 처음으로 샀다. 광주유족회 소송을 본격적으로 준비하면서 꼭 필요한 사무용품이었다. 떨리는 마음으로 시험 삼아 일본으로 팩스를 보냈다. 즉시 잘 받았다는 회신이 왔다. 10년 묵은 체증이 내려간 것처럼 시원하고 기뻤다. 팩스가 온 후로는 서류 보내고 소통하는 일이 수월해졌다. 1년 후에는 타자기도 샀다.

1993년 6월 7일 열린 광주유족회 임시모임에서 사무실 문제가 제기되었다. 광주유족회가 6년째 접어들었는데도 사무실 한 칸 없는 것이 마음이 걸린다는 회원들이 많았다. 회원들은 그를 어머니라고 불렀다.

어머니가 봉사하면서 사무실까지 제공하는 것에 같은 유족으로 미안할 때가 한두 번이 아닙니다. 외부 손님이 오면 아들 며느리가 딴 데 가서 잠을 자고, 유족 손님들이 모일 때마다 점심은 매일 같이 사서 자십니다. 이것 모두 불안합니다.

정말 우리 유족 중에 누구 한 분이 방 하나를 사무실로 제공하면 좋을 것 같습니다. 돈은 없고 어머니께 미안은 하고 우리 유족들이 모이더라도 너무 좁고 여러모로 꼭 사무실을 구하면 좋겠습니다.

좋은 생각입니다. 나도 모임이 있을 때마다 미안했습니다. 그러나 방을 쓰라고 선뜻 내줄 사람은 없을 것이니 우리가 돈을 걷는 방향으로 해봅시다.

논의 끝에 사무실을 따로 얻는 것보다 진월동 주택 2층을 사무실로 하자는 데 의견이 모였다. 사무실을 따로 얻을 경우 상주할 직원도 있어야 하고, 각종 공공요금도 무시할 수 없었기 때문이다. 회원들이 먼저 사무실 문제를 논의하자 이금주는 감격해했다.

오늘까지 이 일은 내 일이라는 생각에서 힘 있는 데까지 열성적으로 오직 일본과 투쟁해서 우리의 염원을 이뤄볼 생각에 몰두해 왔습니다. 사무실이 없어 내 방을 쓰면서도 너무 좁아 여러분이 모일 때마다 많이 괴로웠지만, 말 한 마디 못했습니다. 일이 되든지 안 되든지 여러분이 내 마음을 알아주는 것에 속이 시원하고, 말만으로도 너무나 흡족합니다.

　회원들은 회비 납부를 서로 독려하고, 특별회비를 걷어 2,500만 원으로 진월동 집 2층을 사무실로 사용하도록 했다. 1993년 11월 3일 1층에서 2층으로 짐을 날랐다. 새로 장만한 책상과 문갑을 비치하고 서류를 정리했다. 좁은 방 한 칸에서 유족회 살림을 하다 회원들 도움으로 사무실을 얻게 되니, 감개무량하고 고맙기 그지없었다. 마음 같아서는 회원들을 모두 불러 모아 잔치를 열고 기쁨을 함께 나누고 싶었다. 회원들도 마음의 짐을 덜어 홀가분한 기분이었다.

자택 겸 광주유족회 사무실에서 회원들과 월례회 모임을 갖고 있는 모습. 한때는 회원들로 발 디딜 틈이 없었다. (2008.9.18.)

　사무실을 마련하면서 회비 문제도 논의되었다. 연회비 1만 원으로는 유족회 운영이 어려운 상황이라 회비를 올리자는 의견이 많았다. 당시 농촌에서 여성의 하루 품삯이 2만 원인만큼 마음만 먹으면 그 정도 회비는 낼 수 있다는 쪽으로 의견이 모여 1994년부터 연회비를 2만 원으로 정했다. 손녀 김보나의 말에서 이금주의 자세를 조금이나마 엿볼 수 있다.

> 할머니는 절대 불의와 타협하지 않고 남에게 쉽사리 굽히지 않는 분이었죠. 그러나 손안에 들어온 사람들은 귀한 줄 아셨고, 그래서 회원들이 내신 회비도 한 푼 허투루 쓰지 않으셨어요. 예를 들어 에어컨 같은 경우는 할머니가 반대하셔서 지부장님들이 따로 의견을 모아 강제집행하다시피 해서 들여놓았는데, 전기세 많이 나온다고 월례회 때나 한여름 회원들이 찾아오실 때 외에는 전혀 사용하지 않으셨어요. 아마 회원들은 여름에 사무실에 오면 에어컨을 트니까 늘 틀고 계셨던 줄 알았을 거예요.

사무실이 마련되고 재판이 진행되면서 사람들이 모여들었다. 월례회, 임원회의, 임시회의가 열리고 전국에서, 일본에서 방문하는 사람이 줄을 이었다. 사무실을 찾는 이들을 따뜻하게 대접하는 것은 가족의 몫이었다. 2005년부터 국무총리 소속 '일제강점하 강제동원 피해진상규명위원회'(나중에 '대일항쟁기 강제동원 피해 조사 및 국외 강제동원 희생자 등 지원위원회'로 바뀜)가 처음 설치되어 2015년 12월 문 닫을 때까지 11년간 실무를 담당했던 정혜경鄭惠瓊의 말이다.

> 임원 회의를 하면 으레 회장님 며느리가 밥을 해서 제공하는데, 간혹 임원들이 우리 단체 일인데 왜 며느님이 밥을 하느냐, 점심을 시켜 먹자 할 때도 있었다고 해요. 백반 5인분을 주문해서 어쩌다 밥이 남으면 '유족회 회비로 시킨 밥이니까 절대 우리가 손을 대면 안 된다'고 하셨네요. 보나 씨도, 자부님도 마찬가지 생각이었고. 밥이 남으면 싸서 드릴지언정 손을 대서는 안 된다고 할 정도로 공과 사를 엄격히 구분했고, 가족들 또한 그러한 회장님 뜻을 받들어 헌신적으로 보필했기 때문에 오랜 기간 동안 소신껏 일할 수 있었다고 생각합니다.

타라와 섬에서 쏟은 눈물

이금주가 남편 김도민의 전사 통지서를 받은 것은 1945년 4월이지만 남편은 1943년 11월 25일 세상을 떠났다. 강제로 끌려간 지 1년도 못 되어 머나먼 남태평양 낯선 섬 타라와에서 사망한 것이다. 그때 김도민은 나이 서른이었다.

1941년 12월 일본의 진주만 공습으로 시작된 미국과 일본의 태평양전쟁은 1942년 6월 미드웨이 해전을 계기로 미국으로 급격히 기울었다. 1943년 미군은 일본 본토 공격의 교두보를 마련하기 위해 당시 일본군이 점령했던 '타라와 섬'에 대규모 상륙작전을 펼쳤다.

타라와 섬.

하와이와 호주 중간에 위치한 타라와 섬은 중부 태평양 길버트 제도에 딸린 섬이다. 남북 29㎞, 최대 너비 21㎞의 초호(산호초 때문에 섬 둘레에 바닷물이 얕게 괸 곳)를 둘러싼 25개의 환초로 구성된 타라와 섬은 태평양의 관문으로 중요한 전략적 가치가 있었다. 미국 본토에서 호주로 이어지는 수송로로부터 가까울 뿐 아니라 마셜군도를 거쳐 일본군의 거점인 오키나와를 공격할 수 있는 전략적 주요 거점이었다.

미군은 1943년 11월 '갈바닉(충격)'이라는 암호명으로 타라와 섬 상륙작전을 계획했다. 상륙작전에 동원된 부대는 정예로 알려진 미국 제2해병사단이었다. 당시 타라와 섬에는 일본군 최정예로 손꼽히는 일본해군 특별육전대 2,619명을 포함해 해군 4,836명이 지키고 있었다.

타라와 섬은 여러 개의 환초로 이 환초에서 가장 큰 섬은 베티오 섬이다. 타라와 환초호 전투는 아래 왼쪽 베티오 섬에서 벌어졌다. 베티오 섬은 길이가 약 3㎞, 폭이 가장 넓은 곳은 겨우 800m밖에 되지 않는 삼각형의 작은 섬이다. 섬의 중앙에 일본군이 구축한 비행장 활주로가 있었다.

일본군도 이 섬의 전략적 의미를 잘 알고 있었다. 타라와 섬 북쪽의 마킨 섬을 일본군 60명이 수비하고 있었다. 미 해병들이 섬을 기습하여 일시 점령했다가 철수한 사건이 발생하자 일본은 이 섬들의 전략적 중요성에 눈을 떴다. 일본군은 마킨 섬에는 병력을 증파하고 타라와 섬을 거대한 콘크리트 요새로 만들었다. 이곳을 난공불락의 요새로 만들기 위해 일 년여 동안 수천 명의 민간인이 투입됐다.

타라와 환초 베티오 섬 일대에는 일본 육군은 없었고 해군만 정주하고 있었다. 제3특별근거지대 본대 902명, 제7특별육전대 1,669명, 제755항공대원 30명, 제111 건설대 1,247명과 제4함대 건설파견대 970명 등 총 4,836명이 체류하고 있었다. 제111 건설대와 제4함대 건설파견대 인력은 소수의 일본인 군무원과 중국인을 제외하면 징용으로 끌려온 조선인들이었다. 미군에 맞선 일본의 실제 방어 전투병력은 2,600여 명이고 나머지는 전투력 없는 무고한 양민이었다. 타라와에 끌려온 조선인은 1,200명~1,400명으로 추정된다. 김도민도 그중 한 명이었다.

　조선인들은 섬의 요새화 작업에 내몰렸다. 일본군은 섬을 둘러싸고 있는 산호초에서 해변까지 피라미드 모양의 콘크리트 구조물을 구축하고 바리케이드, 지뢰를 설치했다. 이 콘크리트 구조물은 철조망으로 연결했다. 남쪽 해안에는 콘크리트 구조물과 별도로 코코넛 나무를 잘라 만든 통나무를 격자 모양으로 연결한 바리케이드를 세웠다. 거의 전 해안선을 둘러싼 이 바리케이드에는 기관총좌나 보병용 토치카가 설치되었다. 적이 상륙할만한 물속에는 수중 장애물과 장벽을 설치하고 해안에는 지뢰를 묻었다. 섬 전체를 콘크리트 벙커와 교통호交通壕, 지하 갱도가 연결된 철벽 요새로 만든 것은 바로 조선인 노무자들이었다.

　타라와 총수비사령관 시바자키 케이지紫埼 惠次 소장小將은 조선인들이 피와 땀을 흘려서 완성된 방어 시설을 보고 말했다.

　　　이 섬을 점령하려면 100만 명의 적군이 100년은 걸려야 할 것이다.

　1943년 11월 10일, 미군 부대는 하와이 진주만을 출발해 19일에 타라와와 마킨을 동시에 공격했다. 약 3일간 타라와는 함포사격과 공중폭격을 받았다. 1평방 마일에 불과한 작은 섬에 3,000t의 함포 포탄과 항공 포탄을 투하했다.

　미군은 함포사격과 항공기 포탄 투하가 끝난 후 상륙작전을 펼쳤다. 이때 일본군은 엄청난 화력의 해안포 공격을 퍼부었다. 조수간만의 차이와 산호 암초 때문에 겨우 상륙한 미군들은 곳곳의 콘크리트 진지와 지하 갱도 속 일본군의 공격을 받았다. 그 결과 미군은 전사 1,009명, 부상 2,296명이라는 엄청난 피해를 본 끝에 겨우 섬을 점령할 수 있었다.

　베티오 섬의 일본군 수비대는 거의 전멸했다. 조선인 1,200명을 포함해

4,800여 명 병력 중 97%에 달하는 4,713명이 최종적으로 전사 또는 행방불명되었고 160명이 포로로 잡혔다. 일본군 수비대는 패색이 짙어지자 항복을 거부하고 자살적 공격으로 최후를 맞거나 집단 자살했다. 생존자는 군인 17명, 군무원 14명과 징용 조선인 129명뿐이었다.

타라와 전투는 1943년 11월 20일에서 23일까지 4일간 진행됐다. 미군의 승리로 끝났으나 3만 5,000명을 투입하여 4일간 치른 전투에서 전사자 1,696명을 포함한 4,000명의 사상자가 발생했다는 이유로 비난 여론이 빗발쳤다. 고향에서 수천㎞ 떨어진 적도 부근 섬에 끌려온 조선인 1,200명은 1년여 동안 밤낮으로 혹독한 강제노역에 시달리다가 막상 전투가 시작되자 일본의 총알받이가 되었다.

이금주는 언제나 가슴 한편에 남아 있는 남편에 대한 기억을 지울 수 없었다. 그가 받았던 '조사弔辭'에는 언제 어디서 어떻게 사망했는지 나와 있지 않았다. 어떻게 해서든지 남편의 죽음에 대해 명확한 사실을 알고 싶었다.

1971년 기독교수도회 도쿄본부에서 일하는 사람이 한국지부에 공무차 왔다. 이금주는 도쿄에 가면 남편에 대해 조사해 주도록 부탁했다. 얼마 후 일본 후생성厚生省 원호국장 이름으로 사망 증명서가 도착했다. 거기에는 남편이 1943년 11월 25일 길버트 제도의 타라와 섬에서 전사했다고 쓰여 있었다. 전사 통지를 받기 1년 반 전에 사망한 사실을 그제야 알게 되었다. 남편의 이름을 본 것만으로도 반가웠고, 궁금했던 남편의 전사 날짜와 지명을 알고 나니 서류 정리와 보관을 잘한 일본 정부에 감사한 마음마저 들었다.

그로부터 20년이 흐른 1991년 이금주는 키리바시 공화국을 방문했다. 키리바시 공화국은 남태평양상의 16개 섬으로 이루어진 도서국이다. 키리바시 수도인 타라와에서 열리는 조선인 징용자를 위한 위령제와 위령비 제막식에 참석하기 위해서였다. 일본 신문에 소개된 이금주의 기사를 읽은 일본 오사카교민회에서 참석할 것을 권유해 가게 되었다.

타라와까지는 먼 길이었다. 도쿄에서 피지까지 비행기로 8시간 걸렸다. 피지에서 타라와까지는 또다시 비행기로 7시간을 갔다. 지금도 이렇게 오래 걸리는데, 그 시절에 남편은 얼마나 힘들게 거기까지 갔을까 생각하니 먹먹해졌다.

태평양전쟁의 상흔은 섬 전체에 고스란히 남아 있었다. 조선인 노무자들이 피땀으로 세운 콘크리트 벙커, 기관총 진지, 함포가 당시의 상황을 웅변하고 있었다. 미군 상륙함, 추락한 비행기도 바닷가에 쓰러져 있었다. 남편이 세상을 떠난 바다를 보며 그저 가슴이 아플 뿐이었다. 스물세 살 꽃다운 나이에 헤어진 남편을 백발이 성성한 일흔세 살이 되어 찾으러 왔다고 생각하니 분노의 눈물, 감격의 눈물, 슬픔의 눈물이 흘렀다. 세 가지 감정이 뒤섞여 계속 울었다.

위령비 제막식에 참석하기 위해 1991년 11월 한국인 유족들과 함께 남편이 숨진 타라와 섬을 찾았다. 1942년 헤어진 뒤 49년 만에 만났다.

현장에 도착하니 더욱 기가 막혔다. 일본인 위령비, 일본인 유족 위령비, 미국인 위령비까지 있는데 한국인 위령비만 없었다. 남의 나라 전쟁에 끌려 가서 죽은 것만도 억울한데, 지금껏 혼령까지 차별받고 있다고 생각하니 마음이 갈기갈기 찢기는 듯했다. 한국인 해군 군무원이 주둔했던 자리에 촛불을 세워 술을 뿌리고 명복을 빌었다.

> 일본과 일본인들이여, 태평양전쟁 때 내선일체다, 황국신민이다, 천황의 적자赤子라는 미명 하에, 사할린에서부터 남태평양 방방곡곡까지 일본인들 과 똑같이 목숨을 바쳤는데, 죽은 혼마저도 차별대우가 웬 말입니까? 우리 한국인도 고귀한 생명을 가진 사람입니다. 인명은 지극히 고귀하며 삶은 누구에게나 소중한 것이요, 누구든지 자기 생명에 대해 애착이 있습니다.

위령비는 당시 징용자 중 극적으로 생환한 유희긍劉喜亘이 주도해서 세웠다. 유희긍은 1942년 12월 경상남도 충무에서 일본 해군에 징용돼 길버트 제도에 끌려가자마자 폭격으로 오른쪽 다리를 다쳐 후송되었다. 간신히 목숨을 건진 그는 일본 오사카에서 '타라와·마킨 섬 우리 동포 희생자 유족회' 를 구성하고 48년 만에 일제의 만행으로 숨진 동료들의 넋을 위로하는 관음 보살상과 위령비를 세웠다. 통일신라시대 불상을 본떠 만든 관음보살상과 위령비 건립은 당시 일본 오사카의 사찰 주지가 3천만 엔이라는 거금을 희사해 성사되었다. 11월 25일 타라와 섬 베시오에서 열린 위령비 제막식에 한국 유족 대표로 이금주와 김복만金福萬 제주전문대 교수가 참석했다. 한 손에 연꽃 을 든 관음보살상 앞 비석에는 "이 땅에 희생된 동포께 애도의 뜻을 표하며 명복을 소원합니다. 영혼들이여 평안히 잠드시라. 합장"이라는 문구가 적혀 있다.

이금주는 위령제 추도문 가운데 "전우들이여, 용서하소서. 그토록 목이 말라서 안타까워하던 때를 생각해서 물을 많이 사왔으니 흠뻑 마시라"라는 부분에서 숨이 턱턱 막혔다. 그 섬은 물이 부족해 빗물을 받아서 식수로 사용했다. 물이 먹고 싶어 바닷가에 나가면 총 맞아 죽고, 가만히 있으면 목이 타서 죽고, 배고파서 죽고, 폭격 맞아서 죽었을 사람들이 생각나 부끄러운 줄도 모르고 눈물이 흘러내렸다. 조선인들은 야자수 가지를 쳐서 무기 대신으로 사용했다는 것과 사흘간 전투에서 조선인과 일본인과 미국인 4,500여 명이 죽어 바다에 사체死體가 가득 찼다는 사실도 알게 되었다. 고귀한 인간으로 태어나 짐승처럼 잔인하게 죽임을 당하고, 나라를 되찾은 지 50년이 되도록 무관심 속에 방치된 전쟁희생자들의 존엄성이 회복되기만을 기원했다.

속상한 것이 한두 가지가 아니었다. 방문단을 환영하기 위해 모인 원주민들은 군국주의시대 일본 국가인 기미가요를 불렀다. 일본 국가를, 그것도 2절까지 부르는 것을 보며 울화증이 났다. 이곳저곳을 다니면서 국적 구별 없이 전사한 영혼들을 위해 촛불을 켜고, 소주를 부어 위로했다.

남편이 밟았을 땅, 나무 한 그루, 돌 하나 허투루 지나칠 수가 없었다. 남편이 소속되었던 제4 해군시설부가 주둔했던 곳에 가서는 남편의 발에 밟혔을 흙 한 줌을 작은 병에 담아 왔다. 발에 차이는 흰색 돌멩이 같은 것들이 사람 뼈라고 했지만, 누구 뼈인지도 모를 그것들 대신 흙 한 줌을 담아와 집안에 고이 간직했다.

3장

일본의 시간
- 조국이 우리를 먼저 버렸다

역사 청산 움직임이 가속화되면서 일본 정부를 상대로 과거청산소송이 본격적으로 추진되었다. 대일 과거청산소송 1호는 부산에서 일본으로 밀입국한 피폭자 손진두孫振斗가 일본에서 치료해달라고 요구하며 1972년 3월 7일 일본 후쿠오카지방재판소에 제소한 '손진두 수첩재판 피폭자 건강수첩 신청 각하 처분 취소 소송'이다. 그리고 사할린 잔류 한국인 관련 소송 3건이 있었다.

이 소송들이 개인적 차원의 소송이었던 것과 달리 단체를 중심으로 한 소송이 시작되었다. '태평양전쟁희생자유족회'와 '한국원폭피해자협회', '사할린 교포 법률구조를 위한 회' 3개 단체가 소송 준비에 나섰다. 한국원폭피해자협회는 일본변호사연합회를 비롯하여 '한국인 원폭피해자를 구원하는 시민의 회' 등 일본 민간단체의 지원을 받아 소송을 추진하고 '사할린 교포 법률구조를 위한 회'는 사할린 교포와 가족 및 그곳에서 사망한 사람들에 대한 보상청구 소송 준비에 나섰다.

한편 일본에서도 일본 정부를 상대로 소송을 제기하려는 움직임이 시작되었다. 가장 대표적인 인물이 재일한국인 차별 반대 운동을 펼쳐온 송두회宋斗會였다.

송두회는 1989년 5월 11일 자 주간지 아사히 저널에 '일본국은 조선과 조선인에게 공식으로 사죄하라.'라는 제목으로 전면 의견 광고를 냈다.

'조선과 조선인에게 공식 사죄를! 백인위원회'朝鮮と朝鮮人に公式謝罪を·百人委員会, 이하 백인회라는 단체 이름으로 게재된 의견광고는 "군 위안부로서 전쟁터에 투입되어 말할 수 없는 희생을 시켰으면서도… 한 푼의 보상도 안 하고 위로의 말한마디도 없이 40여 년이 지났다"라고 고발했다. 12월까지 격주로 15회에 걸쳐 낸 이 광고는 일본인을 대상으로 조선인에게 공식 사죄와 보상을 청구하는 첫 목소리였다.

백인회는 중의원 의원 이가라시 고조五十嵐廣三, 참의원 의원 덴 히데오田英夫, NHK 기자 하시모토 다이치로橋本大二郎, 히토쓰바시一橋대학 교수 다나카 히로시田中宏, 변호사 오노 노부유키小野誠之, 당시 변호사 수습 연수생이었던 야마모토 세이타山本晴太와 시민 100여 명으로 구성되었고 직업도 다양했다. 백인회 사무국장은 아오야기 아츠코青柳敦子가 맡았다. 한국에서 일본제국주의 희생자의 사죄와 배상을 요구하는 움직임이 일어나기를 기다렸던 송두회는 백인회를 '일본에 조선과 조선인에게 진사와 보상을 청구하는 재판을 추진시키는 회이하 추진회'로 이름을 바꾸고 구체적인 행동을 시작했다.

한국과 일본에서 동시에 변화가 시작된 것이다. 추진회는 태평양전쟁희생자유족회와 손잡고 1989년 11월부터 서울을 시작으로 전국 4개 도시에서 '전범자 일본을 국제재판에 회부하는 재판에 대한 설명회'를 개최했다. 추진회 사무국장 아오야기는 설명회 연사로 나서 일본에 군인·군무원·노무자로 연행되어 피해를 본 사람들, 혹은 그 유족들을 원고로 하여 공식 진사와 보상을 요구하는 소송을 제기할 것이라고 말했다.

3월 26일 서울 한국일보사 12층 송현클럽에서 열린 설명회에는 1,000여명이 참석해 분위기가 뜨거웠다. 정부에서 1975년 30만 원씩 보상한 이야기가 나오자 누군가 "개 한 마리 값이다!"라고 했다. 참석한 사람들은 모두 울분에 차 있었고, 분위기가 험악했다.

태평양전쟁희생자유족회 주최로 1990년 6월 15일 부산 일본영사관에서 출발해 7월 14일 서울 일본 대사관에 도착하기까지 한 달간 진행된 전국 도보 대행진.

　일본의 강제동원자 명단 존재 여부를 확인하기 위해 유족회와 추진회 대표단 4명은 4월 21일 일본 후생성을 방문하여 일본 관보에 게재된 태평양전쟁 한국인 희생자 24만 2,000명 명단을 요구했다.

　노태우 대통령의 일본 방문이 발표되자 유족회는 5월 11일부터 보름간 일본대사관 앞에서 태평양전쟁 희생자 문제 해결 전제 없는 노태우 대통령 방일 반대 집회와 철야 단식 농성을 펼쳤다. 이어 '전범자 일본의 종전 처리 촉구를 위한 희생자들의 전국 도보 대행진'을 6월 15일부터 한 달간 벌였다. 부산 일본영사관 앞에서 출발하여 서울 일본대사관까지 장장 5백여㎞에 달한 전국 도보 대행진에는 연인원 3,000여 명의 유족이 릴레이 형태로 참가했다. 일손이 달리는 농사철인 데다 연일 계속되는 장맛비와 사람들의 무관심 속에서도 일제 만행을 고발하는 대형 사진과 희생자 영정, 펼침막을 앞세우고 하루 8시간 20여㎞씩 강행군했다. 생활 형편이 어려운 농민이 대부분인 까닭에 각 지역 유족들의 집이나 값싼 여인숙에서 잠을 자고 식사도 그 지역 유족들이 제공하는 도시락이나 빵으로 때웠다. 광주유족회에서도 도보 대행진에 참여했다. 한 번은 숙소를 구하지 못해 한뎃잠을 자야 했다. 이금주는 그때 신문지 한 장이 따뜻한 이불이 된다는 사실을 알았다. 그는 당시의 기억을 이렇게 풀어 놓았다.

> 말로는 쉽지만, 실제로 하루에 60, 70리 걷는 것이 힘들었지. 비 오는 날 노지에서 빗물과 섞인 밥을 먹어야 했고, 걸어갈 때 태양빛은 뜨겁게 내리쪼이고, 바람 한 점 없어 턱턱 숨이 막히도록 거북했어. 가만히 걸어가는 것도 아니고, 노래 부르며 구호를 외치면서 다녔지. 하루는 산에 올라가 자야 했는데, 어디서 대학생들이 신문지를 한 뭉치 갖다주더라고. 그걸 덮고 자는데 신문지가 그렇게 따뜻한 줄 처음 알았어.

사회적인 압력이 거세지자 노태우 대통령은 1990년 8월 재한在韓 피폭자, 사할린 잔류 한국인 문제 해결, 나아가 강제동원 피해자 명부 제공 등을 요청했다. 이에 따라 일본 가이후 도시키海部俊樹 정권은 1990년 6월 노동성 지하 창고에서 발견된 6만 7,000명분의 명부를 포함해서 약 48만 명분의 강제동원자 명부를 제공했다. 또한, 한일정상회담 석상에서 재한 피폭자 문제는 '역사적 경위, 피해자의 특수성'을 이유로, 사할린 잔류 한국인 문제에 대해서는 '역사적, 인도적 책임'이라는 관점에서 인도적 지원을 할 의사를 밝히며 "이로써 과거에 기인하는 문제에 대해서는 일단락 짓고 싶다"라고 말했다.

8월 21일에는 서울 프레스센터에서 '대일 사죄 및 배상 청구 재판에 관한 한일 공동 설명회'를 개최했다. 설명회에서 오노 변호사는 이번 소송은 △일본 법원이 정부의 잘못을 인정, 배상 판결을 하게 하는 것 △재판 과정을 통해 일본 국내 여론을 고취하여 일본 정부의 사죄와 배상에 대한 입법을 이루는 것 △과거 일본이 식민 지배를 통해 저지른 만행의 진상을 밝히는 것에 의미가 있다고 말했다. 유족회는 이러한 작업과 함께 회원들을 대상으로 재판에 참여할 원고를 모집하고 이들로부터 소송위임장을 받아 1990년 10월 29일 일본 도쿄지방재판소에 일본 국가를 상대로 공식 사죄와 배상을 청구하는 소송을 제기했다. 원고는 태평양전쟁에 강제동원된 상이군인과 군무원, 징용공, BC급 전범 생환자, 구메지마久米島 조선인 학살사건 등의 생존자 15명, 유족 7명 등 22명이었다. 이금주를 비롯한 원고 10명이 이날 오전 10시 도쿄지방재판소에 직접 소장을 제출했다. 재판 청구를 위해 일본을 방문한 원고단은 1주일 동안 도쿄, 나고야, 오사카, 교토, 히로시마, 기타큐슈北九州 등지에서 열린 집회에서 피해자로서 증언했다.

이 소송은 일본 사회의 큰 관심을 끌었다. 송두회와 개인적 친분이 있던 기자 하시모토를 통해 일본 최대 공영방송 NHK가 이 문제를 다루자 아사히신문과 마이니치신문 등 일본의 주류 언론이 대대적으로 보도했기 때문이다. 비로소 한국인의 목소리가 일본 사회에 울려 퍼졌다.

재판이 시작되자 이금주는 마치 하늘이 열리는 것 같은 기대감과 희망으로 가득 찼다. 그러나 이 기대감은 오래가지 못했다. 이 소송은 태평양전쟁희생자유족회의 존재를 대내외에 알리는 계기가 되었지만 진행되지 못했다. 제소 후 송두회와 일부 원고 사이에 분열이 생겼다. 추진회 초청으로 원고단이 일본에 갔을 때 송두회가 소송을 자신에게 일임할 것을 요청하자 "이게 당신들 재판이냐"라는 반발이 나왔다. 송두회가 유족회를 이용해서 거액의 배상비를 챙기려 한다는 이야기도 나왔다. '송두회 선생과 추진회는 한국유족회에서 손을 떼라.'는 글을 써놓고 귀국한 사람도 있었다. 제소한 22명 원고 중 11명은 앞으로도 송두회와 함께하겠다고 했고, 나머지는 송두회와 갈라서겠다고 했다.

태평양전쟁희생자유족회는 소송을 취하하고 다른 재판 준비를 시작했다. 결국 나머지 사람들도 소송을 포기하게 되었다. 원고 중 김성수만 소송을 지속하기로 했다. 이 과정에서 이금주는 태평양전쟁희생자유족회 광주지부가 아닌 태평양전쟁희생자광주유족회로 독립하게 된다. 광주유족회 독립은 이후 태평양전쟁희생자유족회 광주지부·전남지부와 끊임없는 갈등의 불씨가 되었다. 광주유족회의 목적은 한국의 태평양전쟁 희생자와 유족에 대하여 일본에 공식 사죄와 정당한 배상을 요구하는 것이었다.

'진사와 배상 청구재판 추진회' 송두회와의 만남

광주유족회가 독자적인 행동에 나선 것은 추진회와 긴밀한 연관이 있다. 추진회와 태평양전쟁희생자유족회 간에 갈등이 생기면서 서로 불신의 벽이 높아졌다. 추진회는 광주유족회와 소송을 계속하겠다고 했고, 이금주는 거기에 동의했다. 송두회와 이금주는 서로를 신뢰했다. 신뢰하게 된 것은 소송하는 이유가 일치했기 때문이다. 이금주는 한 언론과의 인터뷰에서 다음과 같이 말했다.

> 서울 송현 클럽에서 열린 재판 설명회에서 일본에서 온 사람이 자신들은 일본인으로서 자신들의 일을 부끄럽게 생각하며 진심으로 한국인에게 사죄하고 일본인들에게도 바른 역사를 가르쳤으면 하는 마음으로 유족회를 적극적으로 돕겠다고 하더군요. 처음에는 도움을 준다는 추진회의 말을 반신반의半信半疑했어요. 그런데 그들의 말이 이 재판은 틀림없이 진다. 왜냐하면 1965년 한일협정 때 모두 끝난 이야기이고, 1952년 샌프란시스코 강화조약 때 다른 나라 국민에게는 배상을 하지 않기로 법을 정했기 때문이다. 그러나 이 사건을 최고재판소대법원까지 가져감으로써 여론을 환기해 새로운 법을 만드는 '신입법新立法'을 위해 싸워야 한다는 것이었어요. 저는 오히려 진다는 말을 들으니 왠지 신뢰감이 들었습니다.

'이긴다'가 아니라 '진다'는 말에 더 신뢰감을 가졌다는 이금주. 송두회 역시 같은 생각이었다. 한국인 유족들의 목소리를 일본 사회에 전하고 그것을 통해 조금이라도 일본 사회를 바꾸고자 했다.

송두회는 어떤 사람인가? 한마디로 정의하기 힘든 복합적 인물이다. 송두회는 1915년 경북 칠곡에서 태어나 네 살 때 아버지를 따라 일본으로 건너갔다. 얼마 후 근처 절에 맡겨진 그는 일본인 주지의 양자가 되어 일본인으로 자랐다. 양부가 사망하자 만주국 건국 다음 해인 1933년 만주로 가 다롄大連, 잉커우營口, 펑톈奉天. 지금의 선양 등에서 생활했다. 만주국에서 우파 아시아주의자들과 어울리던 그는 중국인 친구들이

송두회.

반일운동에 가담한 사실 때문에 1942년 헌병대에 체포되어 반년 동안 구금 생활을 한다.

베이징에서 일본 패전 소식을 접한 그는 1947년 나가사키長崎현 사세보佐世保로 귀환했다. 18세에 일본을 떠났다가 31세에 '밀입국자'로 일본에 돌아온 것이다. 일본 패전 후 일방적으로 일본 국적을 박탈당한 그는 1950년 8월 출입국 관리령 위반으로 체포된다. 혼카쿠지本覺寺[16] 주지의 보증으로 풀려나 이곳저곳을 유랑한다. 1964년 외국인등록법 위반으로 체포되어 징역 1년에 집행유예 1년의 판결을 받는다. 이때부터 '재류在留 특별허가' 심사 대상으로 1년마다 허가 갱신을 받아야 했다. 1년에 한 번 출입국관리국에서 강제로 하는 갱신 신청이 송두회에게는 대단히 굴욕적이었다. 그는 일본 정부가 '은혜'롭게 허가해 주는 것에, 일본에 거주하는 것을 '혜택'이라고 인정하는 처사에 정면으로 도전하기로 했다.

---

16 교토 교탄고시(京丹後市)에 있는 사찰.

송두회는 1969년 10월 교토지방재판소에 일본에서 자랐는데도 본인의 의사도 물어보지 않고 일본 국적과 모든 권리를 일방적으로 박탈당했다며 '일본 국적 확인 청구 소송'을 제기했다.

> 나는 교토에 살고 있습니다. 매일 비와코琵琶湖 물을 마시고 있어요. 비와코 물을 마시지 못하면 하루라도 살아갈 수 없어요. 그런데 누군가로부터 허가를 받아야 물을 마실 수 있나요? 아니면 나 자신의 고유 권리로 물을 마실 수 있는 것일까요? 나는 틀림없이 조선인입니다. 하지만 누군가의 허가를 받아야 비와코 물을 마실 수 있는 것은 아닙니다. 나는 허가 없이 물을 마실 수 있는 권리를 가지고 있어요. 이것이 내 국적 확인 소송입니다.
> 나는 조선인이라는 사실이 굴욕적이라고 생각해서 나를 일본인에 넣어 달라고 하는 게 아닙니다. 그런 생각은 해본 적도 없고 말한 적도 없어요. 요컨대 비와코 물을 마시는데 누군가한테 허가를 받아야 한다든지 인정을 받아야 한다든지 누가 그런 허가권을 가지고 있다든지, 그런 것들을 나는 인정하지 않겠다는 겁니다.[17]

송두회의 논리는 이렇다. 자신은 조선에서 태어난 '조선인'이지만, 당시 조선은 일본의 식민지였으니 태어난 시점의 국적은 당연히 '일본'이라는 것이다. 일본 국적을 지닌 일본인이기 때문에 외국인 등록령이나 출입국 관리령에 근거해 자신의 일본 거주를 일본 정부가 심사하는 것은 부당한 일이라고 주장했다. 재판이 진행되는 과정에서 송두회는 1973년 7월 17일 정오 도쿄의 일본 법무성 앞에서 재판의 지연을 항의하며 많은 사람이 지켜보는 가운데 자신의 외국인 등록증을 불태웠다. 조선인을 모욕하는 일본 야쿠자 조직원의 말에 격분, 야쿠자 간부 2명을 사살한 후 13명을 인질로 잡고 88시간 동안 경찰과 대치했던 재일교포 김희로金嬉老 사건 재판을 방청하고 돌아가는 길이었다.

외국인 등록증은 재일조선인을 포함한 재일외국인의 일시 거주를 일본

---

17 권혁태, 「일본인을 자처했던 조선인 송두회」, 『황해문화』 제85호, 2014.

정부가 '합법적'으로 증명하는 증서이다. 사진, 인적사항, 지문이 담긴 수첩 모양의 이 증서를 항상 휴대해야 했다. 외국인 등록증을 태운 송두회는 일본 총리와 법무부 장관에게 보내는 항의문을 읽었다.

> 과거에 일본 국적을 가지고 있었던 우리들의 일본 거주를 시혜적으로 허가하거나 출입국 관리령에 근거해 국외로 강제 퇴거시킬 권한은 일본 정부에 없다.

외국인 등록법에 따르면 외국인 등록 증명서를 분실하면 14일 이내에 재교부 신청을 해야 하고, 이 기간을 넘기면 형벌에 처한다. 송두회는 재교부 신청을 하지 않았고, 1974년 외국인 등록법 위반죄로 기소되었다. 1977년에도 외국인 등록 증명서의 변환 수속을 하지 않았다는 사유로 추가 기소되었다.

송두회가 제기한 국적 확인 소송의 판결은 1974년 4월 3일 교토지방재판소에서 내려졌다. 판결 내용은, 샌프란시스코 강화 조약은 조선인의 국적에 대해 명기하지 않았고, 샌프란시스코 강화조약 속의 조선 독립 승인은 조선인의 일본 국적 상실에 관한 규정이기도 하다고 보아야 하는 한편, 국적 비강제의 원칙은 국제 관습법으로서 아직 확립되지 않았고, 이 조약 속의 조선 독립 승인은 조선에 있어 민족 국가 형성을 예정하는 것이므로 조선인의 일본 국적 상실의 결과를 수반하더라도 이 원칙에 반하지 않는다며, 원고의 청구를 기각했다. 외국인 등록법 위반 사건도 1심에서 징역 4개월 집행유예 1년의 유죄판결을 받았다. 송두회와 검찰 모두 항소했으나 고법에서 쌍방의 항소를 기각해 결국 유죄가 되었다.

송두회의 국적 확인 소송은 일본 사회뿐 아니라 재일한국인 사회에도 파문을 던졌다. 자신의 뿌리를 공개적으로 밝히는 재일한국인은 "나는 한국인이다", 혹은 "나는 북조선 공화 국민이다"라고 했기 때문이다. 재일한국인은 민단이건 조총련이건 '민족'을 가장 우선순위에 두고 있었다. 따라서 "나는 일본인이다"라고 공공연하게 주장한 송두회는 매우 이질적이고 도발적인 존재였다. 그러나 송두회는 남들이 자신을 어떻게 생각하는가는 중요하지 않았다. 국적이나 혈통으로 사람을 구분하는 것은 무의미하다고 생각했다.

그는 평생 결혼하지 않았고 거처도 일정하지 않았다. 교토 카모가와 다리 밑에서 노숙하기도 했고, 나이 들어서는 교토대학 학생자치회가 자체 관리했던 기숙사 쿠마노료熊野寮의 한 방에서 살았다. 한국말을 거의 못 했고 배우려고도 하지 않았다. 카리스마 넘치는 스타일에 두뇌 회전이 빨랐고 화법이 직설적이었다. 아주 간결하지만 적절한 타이밍에 폐부를 찌르는 발언을 했다.

"나는 일본인이다"라며 소송을 하고 외국인 등록증을 불태웠지만, 그는 일본제국주의 전쟁과 식민지 지배의 책임을 묻는 일에 평생을 바쳤다. 1955년 시즈오카현 트럭화물 취급소 마루쇼 운송점에서 여주인이 사망한 '마루쇼 사건' 범인으로 몰려 무기징역을 받은 재일교포 이득현 석방 요구, '조선 정벌' 등의 기술에 대한 시정 요구 등에 관여했으며, 특히 많은 대일 과거청산 소송을 주도했다.

송두회가 처음 관심을 가진 것은 사할린에 잔류한 한국인 문제였다. 일제의 국가동원령에 의해 사할린에 강제 징용되었다가 제2차 세계대전이 끝난 후 일본이 귀환 대상에서 제외해 소련령 영토에 남게 된 조선인 문제 해결을 요구하면서, 등록증 소각 사건 직후인 1973년 8월 보름간 단식 농성을 했다. 1974년 1월 16일에는 도쿄지방재판소에 사할린 억류 조선인 귀환 청구 소송을 제기했다.

일본 패전 당시 사할린에는 강제동원 등에 의해 4만 3,000명의 조선인이 있었다. 송두회를 비롯한 재일한국인, 일본인 6명은 이 문제를 세상에 호소하기 위해 스스로 원고가 되어, 사할린에 내버려진 조선인과 가족에 관한 조사, 일본 또는 한국 귀환 희망자의 귀환 절차, 귀환 비용 부담, 정신적 물질적 손해에 관한 조사 및 배상 의무 확인을 요구하며 제소했다. 이 소송은 원고들에게 당사자 적격이 없다고 각하되었다. 송두회는 포기하지 않고 사할린 잔류 한국인 4명에게 위임장을 받아 사할린 잔류자 귀환 청구 소송을 제기했다. 다카기 겐이치高木健一 변호사가 맡은 이 소송은 15년 동안 진행되면서 사할린 잔류 한국인 문제 해결의 실마리가 되었고, 다카기 변호사는 그로부터 30여 년 동안 대일 과거청산소송을 주도하게 된다.

1980년 들어 일본 사회도 변화의 움직임이 시작되었다. 일본의 주요 일간지가 재한 피폭자 문제, 사할린 조선인 문제, 재일조선인의 법적 지위 등을 보도하기 시작했다. 송두회는 일본의 식민지 시기 강제동원 정책이 재일조선인, 사할린 미귀환 조선인, 군인·군무원, 조선인 BC급 전범 등 많은 문제를 야기했고, 종전 후에도 일본 정부가 문제 해결을 회피하여 각종 과제를 남기게 되었다고 생각했다. 이 같은 인식의 토대 위에서 그는 일본 정부를 상대로 소송을 제기한다. 송두회의 활동은 대일 과거청산소송의 효시가 되어 그 후에 제기된 다수의 재판으로 확대되었다고 할 수 있다.

이금주가 송두회를 처음 만났을 때 듬성듬성한 흰머리에 앙상한 몰골, 초라한 옷차림이 영락없는 시골 할아버지였다. 한 가지 특이한 것은 그 사람의 눈빛이었다. 그 눈빛은 다른 모든 것을 충분히 상쇄하고도 남을 만큼 매섭고 깊이가 있었다. 송두회로부터 우키시마호 폭침 사건을 비롯한 여러 이야기를 들으며 이금주는 우리 민족의 아픔을 절절하게 느꼈다. 이금주는 국가나 민족에 구애받지 않았지만, 일본제국주의의 책임 추궁에 평생을 바친 송두회의 인품과 철학에 공감하고 신뢰하고 존경했다.

> 송두회 선생님은 일본에서 외롭게 사시면서 조국의 비참한 역사를 바로 잡으려고 무진 애를 썼지요. 송 선생님이 나를 만나 일본 정부를 상대로 재판을 해야 한다고 강력하게 제기했어요. 그런 연유로 재판이 시작됐고, 일본에서 모든 일을 도맡아 해주셨지요. 또한, 인품도 뛰어나 만나는 사람마다 그분을 존경하게 되었어요.[18]

---

18 『사람일보』, 2010년 4월 10일 자.

송두회 역시 마찬가지였다. 이금주와 손잡고 대일 과거청산소송을 하기로 했다. 이후 펼쳐지는 모든 소송은 두 사람의 합작품이다.

기나긴 싸움의 시작 '광주천인소송'

두 사람의 첫 합작품은 '광주천인소송光州千人訴訟'이다. '천인소송'은 원고가 1,000명이 넘는다고 하여 붙여진 이름이다. 1차 원고가 1,089명, 2차 원고가 184명으로 총 1,273명에 이르는 대규모 집단소송이다. 송두회는 이금주가 이끄는 광주유족회 회원을 모두 원고로 삼아 소를 제기하자고 제안했다.

천인소송은 대일 과거청산소송 사상 초유의 일이었다. 서류 접수하는 데만 약 1시간 이상이 걸렸다. 이렇듯 방대한 규모의 소송을 준비하는 것은 상상을 초월하는 노력과 시간이 필요한 일이었다. 그야말로 사람을 갈아 넣어야 가능한 일이었다.

한국에서는 이금주가, 일본에서는 추진회 사무국장 아오야기가 그 일을 해냈다. 아오야기는 1952년 일본 후쿠오카현 출신이다. 규슈대학 약학부를 졸업하고 의사와 결혼했다. 1985년 막내를 출산하기 위해 병원에 입원할 준비를 했다. 출산 후에 무료할 것에 대비해 이것저것 읽을거리를 챙겼다. 마쓰시타 류이치라는 사람이 '쿠사노네통신草の根通信' 정기 팸플릿을 발행했는데 그 책자도 짐 속에 넣었다. 그 책자

광주 남구 진월동 자택 담벼락에 크게 내건 간판 앞에 선 이금주.

에 강제동원된 재일조선인의 '일본 국적 확인 소송'에 관한 내용이 담겨 있었다. 김종갑金鐘甲이란 사람이었다. 그는 일본 동북지방에 강제동원된 뒤 일본의 패전과 함께 수용소에서 빈손으로 풀려나왔다. 고철 줍기로 연명하던 중일본인의 고철을 장물인 줄 모르고 맡았다가 절도 혐의로 1년 2개월 실형을 살았다. 교도소에서 출소하면서 이번에는 한국으로의 강제 송환자를 수용하는 오무라大村 수용소에 보내졌다. 해방 전에는 일본 국적이었으나 1952년 샌프란시스코 강화조약에 따라 그의 국적이 '조선'이 되었기 때문이다. 출입국관리법에 따르면 1년 이상 실형을 받은 외국인은 강제 송환하도록 되어 있어그는 형기 만료와 함께 국외 추방의 처지에 놓이게 되었다. 당시 한국은 재일조선인 국적 문제에 관한 명확한 기준을 설정하지 않은 가운데 김종갑 같은강제송환자 접수를 거부했기 때문에 특별체류 허가를 얻어 일본에 살게 되었다. 정기적인 체류 연장 허가 신청도 무시당했고 강제퇴거 처분─가방면假放免을 되풀이하는 삶을 살아야 했다. 1975년 "이제 출입국관리소와의 지긋지긋한 악연을 끊겠다"라며 송두회가 그랬던 것처럼 국적 확인 소송을 제기한 내용에 관한 광고가 팸플릿에 게재되었다.

이 책자를 보고 아오야기는 난생처음 재일조선인 문제에 대해 생각하게되었다. 당시 그를 포함해 대부분의 일본인은 일본군 내에 동원된 조선인이있었다는 사실조차 모르고 있을 때였다. 김종갑의 주치의였던 가네사키 히카루兼崎 暉는 소송을 후원하고 있었다. 아오야기도 약간의 성금을 보냈다. 그 돈이 송두회에게 전달되었는지 어느 날 그로부터 감사 편지가 날아왔다. 그것이 송두회와의 첫 인연이었다.

그전에 송두회의 글을 볼 때면 엄하고 무서운 사람이라고 생각했는데, 행간에 인간미가 묻어나는 편지를 받고 놀랐다. 아오야기가 답장을 하고 송두회가 그동안 발행한 팸플릿이나 특정 사안에 관한 서신을 보내주면서 점차사회문제에 눈을 뜨게 되었다. 송두회를 만나지 않았으면 전업주부로서 평범

하면서도 편안한 생활을 했을 아오야기는 송두회와 함께 추진회를 결성하여 그림자처럼 행보를 같이했다. 이금주는 아오야기를 처음 만났을 때의 느낌을 일기에 남겼다.

> 그날 나는 보았다. 아오야기의 옷차림과 떨어진 스타킹! 우리 한국에서는 의사 부인이면 최고급 옷을 입을 것인데 일본인 아오야기는 초라한 옷차림이었다. 우리 유족들을 돕기 위해서 그처럼 검소한 생활을 하는데 놀라지 않을 수 없다. 정말 고마움을 느꼈다. 정영혜 강사도 검소한 옷차림에 언제나 운동화 신발이며, 자기도 월급을 받으면 얼마씩 떼서 저축을 한다고 한다. 〈1991년 2월 10일〉

일본 정부를 상대로 일본 법원에서 소송을 진행하려면 세 가지가 갖춰져야 한다. 첫 번째는 피해 당사자와 유족들로 구성되는 원고단, 두 번째는 실제 소송을 진행하는 일본 쪽 변호단, 세 번째는 그 비용을 부담하고 후원하는 지원모임이다.

대일 소송은 지원 단체의 도움 없이는 이뤄질 수 없다. 소송에 필요한 원고 진술서와 소송대리인에 대한 위임장, 재판에 필요한 각종 증빙 자료 등 엄청난 양의 서류를 모아 번역해야 한다. 한국 변호사는 일본에서 소송대리권이 없기 때문에 반드시 일본 변호사로 구성된 변호단이 필요하다. 대일 소송 대부분이 변호단의 무료 변론으로 이뤄진다고는 하나, 변호단이 소송에 필요한 자료를 찾고, 원고를 만나 증언을 청취하기 위해 한국을 오가는 비용도 적지 않다. 더군다나 원고들의 본인 신문과 증언 등을 위해 여러 차례 일본을 방문할 때 드는 항공료와 체류비를 부담할 능력이 있는 원고는 거의 없다. 지원 단체에서는 재판에 필요한 변호사를 선임하고, 소송에 드는 비용을 부담하고, 재판이 열리면 방청하면서 원고들을 격려하고, 재판의 진행 과정을 언론과 사회에 알려 여론화하는 작업을 한다. 그래서 대부분의 대일 소송은 후원회가 결성되어야 진행될 수 있다.

변호단도 구성되었다. 야마모토 세이타를 중심으로 변호사들이 모이기 시작했다. 야마모토는 1953년 고베神戶시에서 태어나 규슈대학 사학과에서 일본 현대사를 전공했다. 당시 한국에서 동아일보 백지광고 사건이 일어나 학생 몇 명이 모여 동아일보를 구독했다. 한국에서 오는 신문을 읽기 위해 한국·조선어사전을 구입해 한국어를 공부했다. 대학 재학 시절부터 한국인 피폭자 손진두 지원 운동과 함께 고쿠라小倉의 최창화崔昌華 목사가 자기 이름을 일본어로 읽은 NHK를 상대로 제소한 인격권 소송을 도왔다. 그 시기에 송두회와 알게 됐다. 야마모토도 아오야기처럼 송두회와 만나게 되면서 재일조선인과 단단하게 얽히게 된다.

야마모토는 1990년 사법시험에 합격해 사법연수소 수습생이 되었다. 당시 일본최고재판소가 운영하는 사법연수소에서는 사법시험 합격자가 입소하기에 앞서 한국적, 조선적 합격자와 학생운동 때문에 체포경력이 있는 합격자들을 미리 법원에 호출하여, '법률을 지키겠다.'라는 서약서를 받거나, 법률 관계자의 신원보증인을 요구하는 등 차별을 했다. 야마모토는 사법연수소 입소 후 차별을 철폐시키기 위한 서명 운동을 했다. 수습생 90% 이상이 서명에 응했고, 결국 외국적 합격자에 대한 서약서는 철폐되었다.

야마모토는 이후 서약서 철폐 서명 운동을 하면서 동조하는 친구들과 함께 연구회를 만들었다. 야마모토는 연수 중에도 점심시간이나 방과 후에 동료들과 모여 송두회가 추진하는 소송의 소장 초안을 검토했다. 이러한 경험이 있었기 때문에 1992년 변호사로 등록한 그해부터 전후보상 재판에 바로 참여할 수 있었다. 그는 송두회의 생각을 법적으로 풀어내는 매개자였다. 광주천인소송을 시작으로 송두회가 주도하는 거의 모든 대일 과거청산소송에 원고 측 변호사로 활동하면서 '일본의 양심 변호사'로 불리게 된다.

원고가 1,000명이 넘는 천인소송은 가시밭길의 연속이었다. 먼저 원고단 구성이 큰일이었다. 광주유족회 이사회를 열어 재판의 필요성을 설명했다.

그리고 원고 모집에 들어갔다. 하루에 십여 명씩 유족을 만나 피해 상황을 들었다. 아버지, 어머니, 남편을 잃고 고난의 길을 걸어온 유족들의 이야기를 들으며 몇 번이고 눈물을 흘리지 않으려고 입술을 깨물어야 했다. 일본인의 만행에 두 주먹을 불끈 쥔 적도 부지기수였다. 이금주 자신만 힘든 세월을 보낸 줄 알았는데, 그보다 더한 고통을 겪은 사람이 많다는 것을 새삼 실감하고, 그들과 공감하면서 많은 위로를 받았다.

원고가 정해지면 먼저 진술서가 필요했다. 원고 한 명당 A4 용지 2~3장 정도의 진술서를 작성하고, 원고의 신분을 증명하는 호적등본, 주민등록등본 등 관련 서류를 첨부해야 한다. 그 모든 일을 이금주가 해냈다. 회원을 만나면 이야기를 듣고 진술서를 작성했다. 항상 책상에 앉아 한쪽에는 사전을, 한쪽에는 각종 서류를 쌓아놓고 강제동원 피해자들의 사연을 정리했다. 먼저 한국어로 작성하고 다시 일본어로 옮겼다. 소송에 필요한 관련 서류를 받았다. 자료가 모이면 며칠마다 한 번씩 일본에 특급 우편으로 보냈다. 그 작업이 1년여 동안 계속되었다. 그때는 컴퓨터나 인터넷이 활성화되지 않아 팩스로 의견과 정보를 교환했다. 하루에도 몇 번씩 이금주와 아오야기 사이에 팩스가 오갔다.

관련 서류를 번역하는 일은 이와하시 하루미岩橋春美가 맡았다. 이와하시도 학생운동을 하다가 1989년 송두회를 알게 되면서 추진회 회원이 되었다. 하루미는 거의 독학으로 한국말을 공부했다. 1970년대 일본에서 한국의 이미지는 군부독재의 인상이 너무 강해 마치 암흑의 땅처럼 여겨졌다. 이와하시는 정말 한국이 그런 곳인지 알아보기 위해 한국어를 공부했다. 그는 서류 번역 작업과 함께 추진회 관계자가 한국을 방문하거나 광주유족회 회원들이 일본을 방문하면 통역을 맡았다.

1992년 2월 14일 광주역 광장에 광주유족회 회원 50여 명이 모였다. 이들은 대일 재판을 알리는 펼침막을 앞세우고 고속터미널까지 도보 행진을 했

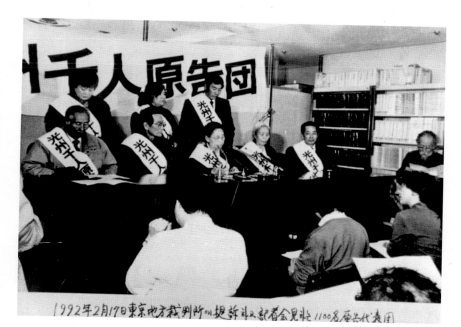

1992年2月17日東京地方裁判所에 提訴하고 記者会見하는 1100名 原告代表団

도쿄지방재판소에 제소 후 기자회견을 갖고 있는 광주천인소송원고단. (1992.2.17.)

다. 대표단 8명이 부산을 거쳐 일본에 도착했다. 2월 17일 오전 10시 도쿄지
방재판소에 원고 1,089명의 소장과 증거서류를 제출했다.

광주천인소송의 시작이었다. 6,600여 장에 달하는 서류를 접수하는 데
만 1시간 이상 걸렸다. 원고는 일제 당시 노무자·군무원으로 강제 동원됐다
가 돌아온 생환자 800여 명과 근로정신대 및 징병 희생자 유족 300여 명으
로 일본 정부에 대해 진사와 손해배상의 의무 확인을 요구했다. 변호단은 야
마모토 세이타, 도쿠나가 료오지德永亮二, 마쓰모토 야스유키松本康之, 미즈노 아
키코水野彰子, 야마자키 요시오山崎吉男, 요시노 지즈코吉野千津子, 이박성李博盛, 후쿠
시마 다케지福島武司, 후지타 마사토藤田正人 등 9명으로 꾸려졌고 이듬해 이우해
李宇海가 합류했다. 천인소송 변호단은 모두 야마모토와 같은 1년차였다. 당시
만 해도 전후보상 재판을 맡으려는 변호사가 없었다.

태평양전쟁희생자유족회 중앙회가 1991년 12월 6일 도쿄지방재판소에 아시아태평양전쟁 한국인 희생자 보상청구 소송을 제기했지만 원고 숫자는 40명이었고, 광주유족회 천인소송 원고는 1차 제소 때 1,089명, 1992년 8월 14일 2차로 제소한 184명을 합쳐 1,273명이었다. 이 소송의 목적은 분명했다. 일본 정부가 대한민국과 국민에 대해 '통석痛惜의 염念'이 아닌 '진사陳謝'를 하도록 하는 것이었다. 여기서 '진사'는 일본이 그동안의 죄과에 대해 '무릎 꿇고' 진실로 참회하고, 또 이에 따른 모든 물질·정신적인 배상까지 해주는 것을 의미한다. 원고 1,000명이 넘는 초유의 이 소송은 언론에서 많은 관심을 보였다. 소장 제출 후 바로 기자회견이 열렸다. 회견에서 이금주는 이렇게 말했다.

> 50년의 슬픔과 가슴의 상처였다. 1,100명의 원고 실태 조사를 하는 가운데서 또 다른 분노와 슬픔을 맛보았다. 한국인은 동물이 아니다. 당신들과 똑같은 귀하고 값진 존재다. 남의 눈에 눈물을 내게 하면 자기 눈에서는 피가 나온다. 하늘도 용서할 수 없다. 속히 진사와 배상을 안 할 테면 내 남편을 살려내라.

이금주는 일본 정부가 '통석의 염' 수준을 넘어선 진정한 사죄 및 충분한 손해배상에 대해 분명한 입장을 밝힐 것을 촉구했다. 기자회견이 끝나고 변호단과 회의를 했다. 변호단의 입장은 다음과 같았다.

△우리는 여러분께 재판비용을 요구하지 않겠다 △계속 원고를 보내라 △세계에서 가장 많은 집단소송이 미국에서 300명이었는데 광주 1,100여 명은 엄청난 집단소송이다. 하지만 앞으로 계속 원고를 보내준다면 재판에 힘이 생기겠다.

2월 17일 저녁 원고단과 변호단, 추진회가 만났다. 그때 이박성 변호사가 이금주에게 가만히 와서 "할머니, 저는 한국 사람입니다"라고 말했다. 이금주는 가슴이 벅찼다. "내가 참말로 울고 싶더라고. 이 가운데 우리 한국 사람이 하나 있어서 진짜 아들 같고, 손자 같고 그러더라고"

1992년 5월 16일 이금주는 일본 도쿄 NHK 방송국 기자와 인터뷰를 했다.

이제까지 가만있다가 어떻게 해서 이제야 제소를 하는가?

이제까지 모르고 있다가 전 세계는 이만큼 변해왔다. 각 강대국에서 자기 나라 속국이었던 약소국에 사죄와 보상을 해주고 있기 때문에 우리도 했다.

재판을 어떻게 생각하고 있나?

일본은 강대국이요, 양심국이요, 그렇기 때문에 자국의 잘못을 필히 알고 있으리라고 생각한다.

광주유족회에서 무슨 사업이나 계획 세운 것 있는가?

재판해 보고 그 결과에 따라서 행동할 계획이다. 아직 계획 세운 것은 없다.

1,100명 중에 특별히 인상 깊은 사람은 없느냐? 왜 1,100명을 같이 했나?

1,100명의 실태를 살필 때 다 같이 피해를 받았기에 군인·군무원과 노무자, 근로정신대를 똑같이 했다.

그중에서도 더욱 뚜렷이 인상 깊은 것은 없고 똑같은가?

더 상처를 받은 자 즉, 실명자, 다리 절단한 자, 팔 한쪽 절단한 자 등 정신이상자, 매 맞아 죽은 자 정말 가슴 아픈 일이다.

5월 30일 일본 변호사 7명과 통역 5명이 광주를 방문했다. 천인소송과 함께 진행되는 우키시마호 소송에 관해 설명하고 원고들의 증언을 듣기 위한 방문이었다. 대동고 체육관에서 이틀간 열린 설명회에는 무려 800여 명의 회원이 참석하여 대성황을 이뤘다. 첫날은 변호사들이 천인소송과 우키시마호 소송에 관해 설명했고, 다음날은 원고 20여 명의 증언을 들었다. 설명회에서 야마모토 변호사가 말했다.

일본 변호사들이 참여한 가운데 광주 대동고등학교 체육관에서 열린 광주 천인소송 및 우키시마 소송 설명회. (1990.5.30.)

　　　　이 재판은 이길 수 없다.

　　여기저기서 사람들이 일어나고 술렁였다. 회원들은 대부분 이길 것으로 기대하고 있었기 때문이다. 야마모토는 이 재판은 이기기 위해서 하는 재판이 아니라, 일본의 진정한 사과를 받아내고 정당한 배상을 받아내기 위한 '신입법' 제정에 목적이 있다고 설명했다.

　　행사가 끝나고 저녁 식사 자리에서 일본 변호사들은 "부끄럽다. 일본은 잘못했다. 너무 딱했다" 등의 말을 했다. 잘해 보겠다는 다짐과 약속이 오갔다.

　　설명회에 참석한 원고부터 위임장을 받았다. 위임장 작성에도 시간이 걸렸다. 일본 변호사들이 '신입법'을 위해서 책임지고 재판한다는 위임장에 서명하고 도장 받는 것만도 몇 달이 걸렸다. 원고 숫자가 많은 데다 광주·전남뿐 아니라 전국 각지에 흩어져 사는 원고들에게 일일이 연락하는 일이 쉽지 않았다. 불가피한 경우 서명은 대리할 수 있지만, 도장은 반드시 본인이 찍어야 했다. 위임장에 도장이 빠지면 개인 재판으로 하게 되고, 그러면 막대한 재판 비용을 내야 한다. 위임장을 끝내 제출하지 않는 사람도 있었다. 소송을 포기한 사람인데도 재판부에서는 개인 소송이므로 수입인지를 첨부해야 재판을 할 수 있다고 했다. 변호단은 위임장을 쓰지 않은 사람은 빼고, 제출한 사람만 재판하자고 했으나 재판부는 계속 안 된다고 했다. 하는 수없이 2차 위임장을 네 차례에 나눠 모두 보냈다. 원고 200여 명의 위임장이 잘못되어 다시 전화나 우편으로 알려주고 확인하느라 바쁜 나날이었다.

광주천인소송은 더디게 진행되었다. 우선 원고가 1,000명이 넘는 재판은 일본 건국 이래 초유의 일이어서 재판부 구성이 쉽지 않았다. 도쿄지방재판소 소속 재판관들이 이 재판을 맡는 것을 꺼린다는 이야기도 흘러나왔다. 처음 소송 서류를 제출할 때는 진사 배상 의무를 확인하라고 제목을 작성했으나 제목이 어렵다는 지적에 '소장訴狀'이라고 고쳤다. 또한 처음에는 구체적인 배상액을 명시하지 않았으나 사망자 5,000만 엔, 생존자 3,000만 엔의 배상액을 청구하기로 했다. 1인당 5,000만 엔을 청구할 경우 청구액의 100분의 1 정도에 해당하는 수입인지를 붙여야 했다. 인지대만도 320만 원이어서 원고들이 감당할 수 없는 액수였다.

변호단은 인지대 부담이 없이 재판을 받을 수 있도록 소송 구조를 요청했다. 소송 구조는 소송비용을 지출할 능력이 부족한 사람에 대해 법원이 당사자의 신청 또는 직권으로 재판에 필요한 비용의 납입을 유예하는 제도이다. 소송 구조를 받기 위해서는 증명 서류가 필요했다. 필요한 서류는 납세 소득 증명, 미과세 증명, 생활보장 대상 증명 등이었다. 일본에서 보내준 양식에 따라 소득증명을 작성해야 했다. 힘든 작업 끝에 소송 구조를 받아 재판을 하게 됐다.

재판이 늦어지면서 별의별 소문이 돌았다. '광주유족회는 노인네가 하다가 흐지부지 곧 없어진다.', '백지에다 도장 찍으면 큰일 난다.', '광주 이금주 한테 입회한 사람은 전부 이금주한테 속았다.', '이금주는 일본 송두회한테 속았다.', 'ㅇㅇㅇ 교수를 따라라. 거기가 참이요. 모든 것을 알 수가 있다.', '일본에 보낸 서류 도로 찾아오면 2,700만 원 줄 터이니 찾아와라.' 등등이었 다. 다른 유족회에서 소송 소장을 달라는 요구도 있었다. 그러나 이금주의 태 도는 단호했다.

> 우리 1,100명의 재판 원고를 쓰기 시작해서 올 2월 17일 도쿄지방재판 소에 제소하기까지 꼭 11개월 걸렸습니다. 그동안 무지에서 나오는 모략 과 질투, 명예 훼손 등은 어처구니가 없고 구역질이 났고 구더기가 득실거 리는 것 같았습니다. 그러나 나는 우리의 목적지만을 바라보고 백절불굴百 折不屈의 의지와 강한 결심으로써 다른 지부에서 안 하는 일을 했습니다.…
> 나는 소장 사본을 함부로 아무에게나 줄 수는 없습니다. 그러나 궁금한 회 원들은 다른 지부 회원일지라도 보고 싶다면 사무실에 항상 비치되어 있 고 또 개방했으니 언제든지 와서 보시면 됩니다. 개인한테 줄 수 없는 이 유는 이 사본 속에는 여러분 부모들의 한과 피와 땀과 넋이 섞여 있기 때 문이고, 여러 회원의 힘이요 정신즉 민족운동이 듬뿍 담긴 우리 유족회 보화 소장이기 때문입니다. 내 목에 칼을 대도 못 줍니다. 하지만 언제든지 와 서는 보세요. 〈1992년 6월 10일 월례회〉

이금주는 한 원고당 네 번의 일을 해야 했다. 회원 가입 신청, 소장 작성, 위임장 작성, 소득증명 서류 작성 등 4,400가지 일로 밤낮이 없었다. 자신을 믿고 도와주는 회원 2명과 며느리까지 네 사람이 이 일을 해냈다. 수술받은 환자로 건강이 좋지 않은 데도 불구하고 한 번 두 번 다니다 보니 도저히 끊 을 수 없어서 계속 도와준 오병익 총무, 모르는 척하면 죄로 갈 것 같다며 매 일 같이 출퇴근한 노정희 회원의 헌신적인 도움이 컸다. 그런데도 '도둑놈의 소굴'이라는 의심을 하고, 모략을 하고, 심지어는 집에 찾아와 소리소리 지르 는 사람도 있었다. 또한, 다른 유족회는 보상액을 청구하는 재판인 데 반해

자신이 거처하고 있는 곳을 광주유족회 사무실로 쓰면서 일본에서 요청해 온 각종 소송 서류 준비와 유족회 회원들과의 전화 연락에 분주한 모습. (1992.7.20.)

광주유족회는 일본 측의 잘못을 인정하라는 재판이라는 점에서 불만을 느끼는 회원도 적지 않았다. 그렇지만 이금주는 생각이 달랐다.

지금 진행되는 재판 중 어느 것이 잘 되고 어느 것이 안 되는 것이 아닙니다. 오직 우리 국민이 100년 가까이 일본에서 받은 피해를 다루는 민족재판입니다. 광주가 이기든 지든, 다른 재판이 이기든 지든 똑같습니다.

한이 맺힌 우리 유족들이 한풀이라도 해보자는 하나의 민족운동입니다. 우리 조상들, 빼앗긴 나라를 찾고자 일본 놈과 경찰의 눈을 피하다가 일생을 감옥살이로 끝난 사람, 옥중에서 영양실조에 걸려 병들어 죽어간 사람, 모진 매를 맞고 불구자가 된 사람, 더 나아가서는 피땀을 흘리고 목숨까지 바친 그분들의 얼을 이어받은 가장 큰 민족운동이요, 또는 사죄와 피해 배상을 받고자 하는 것입니다. 하루아침에 몽땅 뭉칫돈이 나올 것이라는 오산을 하고, 또 잘 되어가는 데 배를 앓고 명예훼손으로 헐뜯고 훼방 놓자고 모의나 하고, 도둑으로 짐작 판단하는 언행과 망동에는 지금까지는 참았으나 더 못 참을 것이며, 끝까지 투쟁할 것입니다. 〈1992년 6월 10일 월례회〉

천인소송 재판은 이런저런 우여곡절을 거쳐 1993년 6월 30일 시작되었다. 총 원고 1,273명이 일본 정부를 상대로 헌법 전문, 대 일본제국 헌법의 손실 보상, 안전 배려 의무, 입법 부작위, 국제 관습법 위반 등에 의해 조선인의 전쟁 동원에 관한 자료의 공개, 조사, 사죄 광고, 사망자 5,000만 엔, 생존자 3,000만 엔의 배상을 청구했다.

재판이 진행되면서도 진통은 계속되었다. 고소장과 위임장, 납세 소득증명 등 원고의 형편에 맞는 서류를 갖춰 보낸 후에도 다른 유족회에서 진행하는 소송에 또다시 소장을 내는 사람도 있었다. 그동안 여러 가지 이유로 재판이 늦어진 것에 대해 이금주는 회원들을 설득했다.

재판을 먼저 했다고 해서 승소하는 것이 아니고 나중에 했다고 해서 지는 것도 아닙니다. 우리 재판이 이기면 다른 유족회 재판도 이길 것이고, 그들 재판이 지게 되면 우리도 질 것이니 여하간 좌절하지 말고 끝까지 우리는 싸워야 합니다. 이 재판은 국가 차원에서 하는 것이 아니니 신빙성이 없다든가, 돈이 속히 안 나오니 시시하다든가, 속았다든가 따위의 말에 현혹되어서는 안 됩니다. 우리의 아버지, 내 남편, 내 형제의 억울한 죽음의 한풀이입니다.
민주화운동의 선봉자이자 일치단결이 잘 되는 광주와 전남을 다른 유족회에서 부러워하고 두려워한답니다. 하여간 나는 지금도 머리를 써야 하고 손발을 움직여야 하고 행동해야 하고 참으로 일이 많습니다. 우리가 일심단결이 돼서 심적으로나 말로라도 도와준다면 가벼운 맘으로 계속할 것입니다. 〈1993년 7월 5일 추진위원·분회장 모임〉

1994년 3월 4일 첫 공판이 있었다. 광주유족회 회원들은 일본인 변호사와 추진회에만 재판을 맡겨 놓고 나 몰라라 하는 것은 예의가 아니라며 재판

방청을 해야 한다는 의견이 많았다. 그렇지만 일본까지 가는 교통비와 숙식비 70여만 원이 문제였다. 누가 일본에 갈 것인가? 지역 지부장이 가야 하는가, 일반 회원이 가야 더 느끼는 것이 많을까? 간다면 경비는 자비로 할 것인가, 회비에서 일부를 보조해 줄 것인가? 숙소는 어디로 정할 것인가? 몇 차례 회의를 열어 의논한 끝에 원고 10명이 일본에 가게 되었다.

재판정에는 재판관 두 명과 일본 정부 측 수습생들, 변호단과 방청인이 있었다. 송두회와 아오야기도 참관했다. 이금주는 다른 원고 한 사람과 함께 당일 본인 진술을 했다. "막상 재판소에 들어갈 생각을 하니 긴장되어 점심도 못 먹었다. 우리 가문에 없었던 일이고, 우리 국내도 아니고 내 나이 80이 가까워서 강대국 일본 법정에 서는 마음 필설로는 못다 말한다"라고 할 만큼 긴장했지만, 통역의 도움을 받아 하루아침에 남편을 잃고 살아온 50여 년의 슬픔과 억울함, 천인소송을 하게 된 이유를 진술했다.

일본은 세계 어느 나라보다도 강대국이고 정확하고 옳고 양심적인 나라라는 교육을 받아온 우리는 태평양전쟁에 일본을 위해 목숨 바친 사람들에게 마땅한 전후 처리가 있을 것을 고대해 왔습니다. 그러나 반세기가 가깝도록 아무런 조치가 없기에 우리 피해자들은 소멸하지 않는 전쟁 피해 청구권에 기인하여 진사와 배상 청구 재판을 도쿄지방재판소에 제소했습니다. 일본은 전범국의 의무와 책임으로 양심에 따라서 적절한 보상 대책이 있을 것으로 믿는 바입니다.…… 1965년에 보상이 끝났다 하지만 우리 피해자들에게는 아직 끝나지 않았습니다. 진사 배상한다 해도 아까운 젊은 나이의 죽음이 어찌 보상되겠습니까? 그러나 그마저도 이런저런 구실로 거부하고 있으니, 진사 배상하지 않으려거든 그 무엇과도 바꿀 수 없는 사랑하는 내 남편을 돌려주시오!

재판관이 4월 15일 피고의 답변서 제출이 있다는 말과 더불어 재판이 끝났다. 재판이 끝나고 변호단과 함께한 자리에서 송두회가 말했다.

한일합병은 조선인들에게는 부당하다고 해도 당시 국제적으로 인정되었다. 식민지 지배 자체는 부당하지만, 당연히 일본 국민으로 불려 나갔으니 당연한 청구다. 싸움 없이 민주화가 될 수 없듯이 한국인이 싸우지 않으면 안 된다. 그러니까 싸우자.

어렵게 일본에 와서 재판을 직접 방청한 회원들의 감회도 남달랐다.

회원들은 누구나 한 번씩 일본에 가봐야겠다. 그래 가지고 결사적인 것을 보여줘야 한다. 외적 단합이 더 필요하다. 우리의 단합이 아쉽다. 재판 때는 인원수를 항상 채워서 우리의 각오를 보여주자.

일본 법정에 선 것만 해도 대성공이다. 재판은 민족운동이고 한풀이다. 보상해 주면 더욱더 좋겠지만, 어쨌든 우리가 뭉쳐 나가자. 이제 싹이 보이기 시작한다. 손잡고 나가자.

승소할 때까지, 열심히 하는 데까지 하자.
각 지부에 알리고 많이들 가자. 갈 사람들을 찾아보자. 각 지부 윤번제로 하자.

12월 9일 열린 4차 재판에서도 광주유족회의 단합된 힘을 보여주었다. 1994년 11월 6일 지부장 임시 모임을 열고 일본 방문 일정을 상의했다. 재판 전날인 12월 8일은 태평양전쟁이 일어난 날이었다. 8일에는 일본 국회의사당 앞에서 시위하고 9일 재판을 참관하기로 했다.

우리는 어떤 권력기관도 아니오, 행정기관도 아닌 순수한 민간 임의단체입니다. 누구를 막론하고 내 시간과 내 돈 아까운 것은 마찬가지입니다만. 이 일은 결코 남의 일이 아닙니다. 누구든 돈이 많이 있어서가 아닙니다. 우리 일에 우리가 앞장서 나가지 않으면 누가 할 것입니까? 되도록 많이 참석하되 각 지부장님이 선발대로 나서 주기 바랍니다.

자그마치 40명이 일본행에 나섰다. 12월 8일 오전 일본 사회당 당사에 들어가서 일본인들의 민간 모금 반대 단체와 합세해서 일본 총리의 발언과 시책을 문제 삼은 후 기자회견을 했다. 오후에는 국회의사당 앞에서 일본인들과 함께 집회했다. 집회에서는 집회 취지문 낭송에 이어 '일본과 일본인들에게 외치는 글'을 읽고 결의문을 낭독했다. 우렁차게 '대한민국 만세' 삼창을 하고 함께 부르는 아리랑이 확성기를 통해 크게 울려 퍼졌다. 집회장 주변에서는 유인물 2,500매를 일본인에게 배포하여 재판의 필요성을 널리 알렸다. 집회가 끝나고 밤 9시까지 일본인들과 시가행진했다.

12월 9일 공판일 오전에는 일본 중의원 도이 다카코土井多賀子 의장에게 "하루속히 진사와 배상하라, 그렇지 않으면 아시아가 하나 되어 투쟁할 것이다"라는 내용이 담긴 '우리들의 요망서'를 전달했다. 요망서를 받는 도이 의장 눈에서 두 줄기 눈물이 흘렀다.

오후 3시 법정으로 들어갔다. 진술은 오병권·윤경석 2명이 1,100여 명 원고를 대표하여 진술했다. 오병권은 만주 신경에 징용 가서 말을 타다 크게 다치면서 두 눈을 실명했고, 윤경석은 나고야에 끌려가서 폭탄에 맞아 왼쪽 다리를 절단한 피해자였다.

1995년 3월 6일 열린 광주천인소송 제7차 재판에서는 서면 공방이 펼쳐졌다. 피고 측은 서면 답변에서 일본 천황이나 역대 수상이 몇 번이고 진사·사죄·반성한다고 했는데 어떻게 몇 번을 더해야 되느냐고 했다. 변호단은 피고 측이 한국에 건너가서 피해자들을 일일이 만나 그들이 과거에 당한 서러움, 괴로움, 아픔을 조사해보고, 거기에 대한 사과문을 작성해서 한국의 4개 신문과 일본 4개 신문에 보도하라고 요구했다.

재판이 진행되는 과정에서 광주만이라도 유족회를 통합하자, 광주유족회 재판에 늦게라도 합류하고 싶다는 말이 나왔다. 이금주는 아오야기에게 팩스를 세 번이나 보내 사정을 말했다. 아오야기는 결정하기 힘든 일이고, 변호사들에게 또 부탁하기는 어렵다고 난색을 보였다. 유족회 통합 문제도 서로 입장이 달라 결렬되었다. 이금주는 1995년 5월 10일 월례회에서 회원들에게 재판 상황을 알리고 이해시켜 줄 것을 당부했다.

> 주변에서 다음과 같은 질문을 많이 할 것입니다. '텔레비전 보니까 안 줄 것 같다', '언제 끝날 것인가, 너무 지루하다', '속았다. 포기하자' 등등입니다. 우리 대답은 '안 줄 것 같으니까 계속 투쟁하자'는 것입니다. 줄 것 같으면 왜 우리가 싸울 것입니까? 이 재판이 지방재판소에서 끝나면 고등재판소로 가고, 고등재판소에서 끝나면 일본최고재판소까지 가서 투쟁한다고 하시오. 일본 변호단은 우리 1,100명이 인지대도 내지 않고 무료 재판을 하는 것부터 시작하여 지금까지 일본 정부와 싸우고 있는데, 우리 원고 피해자들이 재판 걸어놓고 물러서거나 포기한다면 부끄러운 일이라는 것을 설득시키시오.

1996년에는 원고 본인 신문이 진행될 예정이었다. 변호단에서는 원고 54명이 일본에서 증언하기를 원했으나 건강·비용·시간 때문에 갈 형편이 못되는 사람이 많아 20명이 하기로 했다. 20명이 일본에 가려면 개인 여비만도 1인당 60만 원에, 통역비도 따로 필요했다. 한차례 재판에 두 명씩 신문한다 해도 통역비만도 매차례 4~5만 엔을 내야 했다. 추진회에서 통역비 절반을 부담하기로 했다. 게다가 신문차 일본에 갈 원고들이 일본 지리도 모르고 변호사도 누구인지도 모르고 해서 자신들만 갈 수 없다며 이금주가 반드시 동행할 것을 원했다. 이금주 경비만도 열 차례에 600만 원이 필요했다. 이금주의 고민이 깊어졌다. 연회비 1만 원도 안내는 회원이 대부분이고, 걷은 회비는 바닥을 보이는 시점이었다. 이사들이 통역비라도 모금을 하자고 했다.

신문에 응할 20명에게 증거 신청서를 공문으로 보내고, 각자 진술서를 작성해서 보내 달라고 했다. 10월 25일 마감 날까지도 3명이 진술서를 보내지 않아 본인 신문은 1997년으로 넘어가게 되었다. 20명은 진술서를 작성해서 보내고, 본인 신문은 10명이 하는 것으로 결정되었다. 재판은 원고들의 편의를 위해 도쿄가 아닌 후쿠오카지방재판소에서 열리게 됐다. 3월 25일 아오야기 사무국장한테서 팩스가 왔다.

8월 25·26·27일 사흘간 변호사와 같이 신문 연습하고 28·29일은 재판소에서 재판관 앞에 서게 됩니다. 그러니까 8월 24일에 오십시오. 여러분의 숙박은 교회나 아니면 민박을 해보려고 야마모토 변호사가 준비 중입니다. 재판관 4명이 여러분 편의를 봐서 이틀간 도쿄지방재판소에서 할 것을 후쿠오카재판소를 빌려서 하는데 그 비용 36만 엔을 여러분 쪽에서 힘닿는 데까지 좀 협조해 주십시오. 도쿄에서 후쿠시마·가쓰다·이우해 변호사와 오사카에서 마쓰모토·마쓰에(松江)·미즈노 변호사가 오게 되는데 변호사들 출장비는 우리가 부담하겠습니다.

이 편지를 받은 이금주는 혼자서 궁리하고 계산하고 걱정을 하다 5일 만에 겨우 회답을 보냈다.

우리가 8월 24일 후쿠오카에 가겠습니다. 원고 대다수가 꼭 일본 재판소에 가서 과거사를 진술하고 싶어 하지만, 건강이 안 좋아서 또는 돈이 없어 못 가는 분도 있고, 돈이 있어도 아까워서 외면하는 사람도 있습니다. 숙박에 관해서는 정말 감사합니다. 교회나 빈집이 있으면 우리가 쌀과 반찬거리를 준비해 가서 지어먹으면 절약도 되고 남을 괴롭히지도 않을 것이니 좀 힘써 주시되, 무리한 요청이면 되는대로 적당히 해주십시오. 재판관이나 변호사나 통역비는 우리 일이니까 당연히 우리가 부담해야 하지만 이 돈 문제가 나한테는 난관입니다.
작년 7월 4일 당신 편지에 통역비가 2인당 5만 엔이라고 해서 그때부터 모금을 시작했는데 지금까지 겨우 106만 원을 은행에 예금했습니다. 돈을 모금한다는 것은 나한테는 너무나 괴로운 일이지만, 당신이 물심양면으로 우리를 여기까지 이끌고 온 것을 생각하면 내 피를 팔아서라도, 또 어떻게 해서라도 해야 할 우리 일이니만큼 한 번 더 힘을 내서 모금해 보겠소. 우리한테는 독지가도 없고, 자진해서 기부하는 사람도 없고, 회원들이 회비 내

101

는 성적은 해마다 약해지고 있습니다. 나도 걱정이지만. 당신한테까지 걱정 끼치는 것이 나로서는 괴롭고 부끄러울 따름입니다.

그날 즉시 아오야기의 회신이 왔다.

한국인 스스로 힘이 없는 일을 받들어주는 사람이 없다는 것이 문제 해결에 닿지 못하는 큰 원인이라고 생각합니다. 섭섭한 일입니다. 그렇지만 지금까지 잘 견뎌오지 않았습니까? 돈 문제는 너무 무리하지 마십시오. 일본에서는 지금 한국처럼 400명 모이는 집회는 할 수 없습니다.

추진회에서 재판관 3명, 변호사 6명, 통역 1명이 후쿠오카로 가는 교통비와 숙식비 80만 엔을 지원했다. 광주유족회에서도 성의를 보여야 했고, 통역비도 필요해 본인 신문차 일본에 가는 원고들이 10만 원씩을 더 내기로 했다. 도쿄에서 재판이 열리면 비용이 60만 원인데 후쿠오카에서 열리기 때문에

후쿠오카 지방재판소에서 열린 출장 재판에 증인으로 참석한 광주천인소송 10명의 원고와 변호단. 맨 뒷줄 왼쪽 첫 번째가 야마모토 변호사. (1997.8.29.)

20만 원 정도면 가능한 터라 10만 원을 더 내는 방식으로 경비 문제를 해결했다.

1997년 8월 29일 후쿠오카 지방재판소에서 출장 재판이 열렸다. 501호 법정에서는 재판장과 배석 판사 2명, 일본 측 검사 7명 및 변호사들이 정장을 하고 원고들을 기다리고 있었다. 이금주는 그 모습이 어쩐지 엄숙하고 자랑스럽고 흐뭇해서 보기만 해도 만족스러웠다. 방청석에서 아오야기, 후쿠오카 관부재판지원회 회원들, 기타큐슈의 의사 가네사키 히카루 등 많은 사람이 지켜보았다.

한 사람씩 앞에 나가서 선서하고 증언을 했다. 하루 다섯 명씩 이틀간 열 명의 본인 신문이 진행됐다. 증언 중 감정이 복받쳐 "내 남편 내놓아라", "내 아버지가 보고 싶다"라고 대성통곡을 하는 원고들도 있었다. 조용하던 법정이 소용돌이치는 순간이었다. 많은 방청인이 함께 울었다.

9월 8일 아오야기가 편지를 보내왔다.

재판 준비와 진술서 작성과 법정 증언과 일본에 오느라고 피곤하겠습니다. 관부재판지원회와 변호사들이 많은 준비를 했기 때문에 저는 마치 손님 같았습니다. 여러분이 도쿄에서 재판하면 하루에 두 명, 또 며칠 뒤에 두 명 부르는 식으로 시간도 오래 걸리고 뉴스도 안 될 것인데 후쿠오카에서 10명이 진술했기 때문에 기사화가 된 것이 너무나 잘됐다고 생각합니다. 재판에 이길 수는 없지만 충분한 뉴스가 됐고, 이금주 씨와 여러분의 비통함을 일본 사회에 전하고 싶었습니다.

한국에서도 여러분의 고통은 잘 이해하지 못하리라 생각합니다. 한국·한국인에 있어 이웃 나라인 일본과의 관계는 중요합니다. 전쟁에 동원되고, 전후에는 버림받은 채 일본과 대등한 관계를 가질 수 없습니다. 이 문제를 해결하는 일은 한국인에 있어서는 대단히 중요한, 인간으로서의 긍지와 존엄을 거는 일이라고 생각합니다. 저나 이금주 씨도 힘이 약해서 이 현실을 움직이기에는 곤란합니다만, 이제부터라도 할 수 있는 데까지 해야 한다고 생각합니다.

1998년은 조사표를 만드는 것이 큰일이었다. 원고 1,100명이 일본 법정에 가서 증언하는 것은 시간상으로나 경제적으로 힘든 일이기 때문에 원고 각자가 문항에 답을 하는 조사표로 대신하기로 했다. 3월 30일 일본에서 조사표가 도착하자 이금주는 1,100명 조사표 작성 일정표를 만들어 각 지부장에게 우송했다. 조사표가 작성되는 대로 일본으로 보냈다. 아오야기 사무국장이 "회원 몇 분의 조사표만 읽어보아도 여러분의 피해와 억울함이 충분히 납득이 간다"라며 힘내라는 팩스를 보내왔다. 한 명이라도 더 조사표를 작성하기 위해 병석에 누워 있는 회원, 전쟁 당시 양쪽 눈을 실명한 회원을 직접 찾아가 표를 작성했다. 5월 말까지 눈코 뜰 새 없이 작업했지만, 겨우 420명분의 서류를 특급으로 우송했다.

1998년 12월 21일 열리는 광주천인소송 도쿄지방재판소 1심 선고 참관 차 이금주를 비롯한 집행부 4명이 일본에 갔다. 판결 결과는 기각이었다. 일본국 헌법 전문은 구체적 권리의 근거로 볼 수 없고, 법률의 규정이 없는 한 일본제국 헌법상의 손실 보상을 청구할 수 없다는 것이다.

○ 헌법 전문이 침략전쟁과 식민지배 피해자에 대한 실태조사와 사죄 및 배상을 하는 것과 같은 개별·구체적인 의무를 국가에 부과하고 있다고 해석할 수 없다.

○ 메이지 헌법과 현행 헌법은 역사적·사회적 배경을 달리하고 또 헌법 전체 구조도 크게 틀리며 기본권 전체의 보장 수준도 명백히 달리하고 있다. 메이지 헌법 27조에 대해 현행 헌법 29조의 해석을 근거로 직접 손실보상 청구권을 인정해야 한다는 주장은 받아들일 수 없다.

○ 전쟁 중 군인·군무원·노동자로 소집·징용된 자들에 대하여 한국 내에서 실시된 보상 조치가 사망자에 한정된 것 등의 사정을 고려하면, 일본 국회에서 직접적 보상 조치의 검토가 이뤄지는 것이 바람직하지만, 보상 입법 조치를 강구하지 않는 것이 입법부의 정치적 재량의 범위를 일탈하고 있다고까지 평가할 수 없다. 원고들을 대상으로 하는 보상 입법을 하지 않고 있다는 국회나 국회의원들의 부작위는 헌법상 명백한 입법 의무를 위반하는 것으로 해석할 수 없다.

예상했지만 결코 수긍할 수 없는 결과였다. 이금주는 '물에 빠진 사람이 지푸라기라도 잡아보려는 심정'으로 광주천인소송을 이끌었다. 일본에서 재판·회의·집회·증언·진술에 필요하다고 부를 때마다 단 한 번도 빠지지 않고 다녀왔다. 재판 준비에서부터 1심 판결까지 총 38번 일본을 오갔다. 재판 과정에서 일본 총리와 국회의장, 법무대신, 한국의 김영삼·김대중 대통령과 외무장관, 각 정당에 항의문·진정서·결의문을 제출하고 많은 언론사에도 보도 의뢰서를 보냈다. 1998년에는 김대중 대통령에게 청원서를 제출하고, 대통령과 외무장관에 면담 요청문을 냈으나 아무런 소식이 없었다.

변호단은 그날 바로 도쿄고등재판소에 항소했다. 기각될 것으로 예상했기 때문에 변호단은 미리 고등재판소에 항소할 위임장 소송구조 368명분을 작성해 보내라고 했다. 그런데 문제가 생겼다. 한국에서 '미과세 증명'이 '사실 증명'으로 이름이 바뀜에 따라 일본 법정에서 인정할 수 없다는 것이었다. 세법전稅法典을 사서 변호사에게 보냈으나 해결이 되지 않았다. 다행히 모 세무사가 1997년 3월 1일 자로 미과세 증명을 사실 증명으로 사용한다는 설명서를 일본 법원에 통보하면서 문제가 해결되었다. 그러나 원고들의 비협조로 겨우 189명분만 작성해서 우송했다.

항소심은 1심과 달리 빨리 진행되었다. 이금주와 원고 1명이 1999년 6월 29일 도쿄고등재판소에서 모두 의견 진술을 하게 되었다. 추진회에서 도쿄에 오는 원고들의 일본 체류비를 부담하겠다는 연락이 와서 항공료만 들여 다녀올 수 있었다. 이금주는 모두 의견 진술에서 다음과 같이 주장했다.

① 일본은 100만 명 이상의 조선인을 굶기다시피 하고, 구타를 가하고, 학대하면서 일을 시킨 피눈물 나는 노동의 임금과, 그 가족들의 정신적, 육체적인 피투성이로 얼룩진 고통의 대가로 오늘날 부국이 되었다.
② 김종필과 오히라大平 두 사람의 회담으로 한국과 한국민에 보상이 끝났다고 하지만, 우리는 한일협정이 완전 파기되었음을 주장한다.

③ 3억 달러라는 돈은 일제 시 예금, 보험, 채권 등이었고, 국가 대 국가 간 경제협력이었다. 보상은 아니다.

④ 우리는 일본에 구제금을 요청한 것이 아니다. 태평양전쟁에 끌려갔을 때 많은 귀한 목숨을 잃었고, 병들고 불구자가 된 전쟁 피해에 대한 정당한 보상청구다.

⑤ 일본은 가해국인 만큼 법적으로나 인도적으로나 양심적으로나 책임이 있고 의무가 있다는 것을 알라.

⑥ 어디까지나 일본의 양심을 기다린다.

이금주는 "역사는 쓰레기가 아니다"라고 모두 의견 진술을 마쳤다.

1999년 12월 21일 도쿄고등재판소에서도 1심과 같은 이유로 기각 판결이 내려졌다.

○ 일본의 전후 보상 입법에 국적 요건이 설정되어 일본 국적을 가지는 군인·군무원과 샌프란시스코 강화조약에 의해 일본 국적을 잃은 조선반도 출신의 군인·군무원의 취급에 차별이 있다 하더라도, 헌법 14조 1항에 위반한다고 할 수 없다. 따라서 일본의 입법기관에 이를 시정하는 입법을 해야 할 '작위作爲' 의무가 헌법상 존재한다고는 할 수 없다.

○ 전후 배상, 전후 보상의 일환으로 취급되어야 할 문제는 입법부·행정부의 재량 아래 있으며, 그 구제를 목적으로 하는 특별법 제정이 일본 헌법상 의무화되어 있다고 인정할수 없다.

○ 강제동원 등의 사실이 국제노동기구 강제노동조약ILO 제29호 조약의 취지에 위반한다고 하더라도, 개인이 가해국에 대하여 직접 손해배상, 사죄 등을 요구할 수 있는 근거가 되는 것은 아니다.

기각 당일 최고재판소에 준비한 서류를 제출하고 상고했다. 지방재판소와 고등재판소 재판은 소송구조를 받아 수입인지를 한 장도 부치지 않고 재판을 했지만, 최고재판소는 달랐다. 상고 제기 수수료로 14일 이내에 수입인지 367만 9,200엔을 납부하고 우편료 6,400엔을 예납하라고 했다. 광주유족회로서는 시간적으로나 경제적으로 도저히 불가능한 일이었다. 결국 2000년 2월 8일 도쿄 최고재판소에서 각하됨으로써 광주천인소송은 막을 내렸다.

재판 준비에서부터 대법원 판결까지 10년의 세월이 흘렀다. 이금주는 그 10년 세월 동안 느낀 것을 1999년 12월 12일 지부장 회의에서 털어놓았다.

> 고소장만 넣으면 저절로 재판이 되는 줄만 알았던 나로서는 너무 벅찬 나날이었습니다. 그중 가장 괴로웠던 점은 정부에서나 정치인들이 외면하기 때문에 외로운 투쟁이었다는 것과, 한국의 유족회가 일치단결이 되지 않아 일본에 가서까지 싸워서 수치스러운 면을 보인 것이었습니다. 우리 회원들은 '일본에서 돈을 받아다가 내 회비 제하고 나머지 내주시오', '내가 회비는 안 냈지만 이름은 지우지 마시오' 등등 무리한 요구를 하고, 서류 제출할 때나 진술할 때 일본 변호사들이 요청하는 대로 따라주지 않는 것이 아쉬웠습니다.
>
> 더욱더 답답했던 것은 미과세 증명이 사실 증명으로 바뀌었는데 일본 법정에서는 인정하지 않을 때였습니다. 고등재판소 항소 시에도 서류를 준비하지 못하거나, 무엇인지 몰라서 응하지 못해 1,200명 중에서 겨우 189명만 서류 제출한 것이 큰 아쉬움입니다.

사실 이금주는 재판이 이길 것으로 생각하지 않았다. 그리고 월례회 때마다 그 점을 강조해서 이야기하곤 했다.

> 우리 유족회는 다른 유족회와 달리 100번 재판을 해도 진다는 것입니다. 그 이유는 정부 대 정부 협상이 1965년에 끝나고,[19] 일본 헌법상 외국인한테는 보상법이 없으며, 일본이 아무리 잘못했지만, 일본 강대국의 한 사람인 재판관이 '우리 잘못했소'라고 일본을 대표해서 사죄할 사람들이 아닙니다. 이 세 가지로 절대 승소할 수 없으니 우리는 집단으로 달려들

---

19 한일회담에서 일제 피해자 문제가 어떻게 처리되었는지 정확한 실상을 알 수 없었던 상태에서 당시의 피해자들이 가졌던 인식의 한계를 확인할 수 있다. 그러나 이금주 회장은 이 상황에서도 일본의 가해 책임을 이슈화시키기 위해 운동을 통해 돌파해야 한다고 주장하고 있다.

고, 지면 또 달려들고 계속함으로써 여론화시켜서 새로운 법을 만드는 것입니다. 〈1992년 12월 10일 월례회〉

광주천인소송은 이후 전개된 대일 과거청산소송의 디딤돌이 되었다. 천인소송을 진행하면서 확보한 자료는 이후 진행된 다른 소송은 물론 국가에서 시행한 피해자 보상의 귀중한 근거가 되었다. 국가 차원의 지원이 일절 없는 상황에서 이금주 개인이 일궈낸 엄청난 성과였다. 국가가 나서서 해야 할 일을 한 사람이 해낸 것이다. 문서 작성만이 아니다. 행사가 있을 때마다 사진이나 비디오 촬영을 해서 기록을 남겼고, 그 자료들을 일본에 보냈다. 정혜경은 이금주의 헌신으로 이뤄진 방대한 자료의 중요성을 매우 높게 평가한다.

광주천인소송이 얼마나 고생스러웠는지 일반인은 이해하기 힘들 것입니다. 한국에서도 2000년부터 일본 기업을 상대로 소송을 하는데, 변호사 한 사람이 담당할 수 있는 의뢰인이 3명이라는 거예요. 천인소송이라면 변호사가 300명이 넘게 있어야 가능하다는 계산이 나옵니다. 근데 몇 명 안 되는 변호사로 할 수 있었던 것은 변호사들도 헌신적으로 했지만, 이금주 회장님이 진술서 초안을 다 만든 것이거든요. 물론 일본에서 번역을 맡은 분도 있었지만, 초기 자료는 거의 회장님이 번역한 것으로 알고 있어요. 변호사가 300명 넘게 필요한 재판의 그 많은 자료 정리를 어르신 혼자서 감당했다는 것이지요.

이금주와 송두회는 승소보다는 여론의 변화에 방점을 두었다. 무모해 보이는 도전이지만 빗물이 바위를 뚫듯이 지속적인 도전을 통해 사회 인식을 변화시키고 새로운 보상법 제정을 이끌어내겠다는 전략이었다. "100번 해도 진다"라는 재판에 광주·전남 지역민 1,200여 명이 뜻을 모았다. 두 사람의 표현대로 광주천인소송은 곧 민족운동이었다. 그리고 졌지만, 이긴 재판이었다.

'부분 승소' 끌어낸 우키시마호 폭침사건 소송

제2차 세계대전이 끝나고 열흘이 지난 1945년 8월 24일 오후 5시 20분께 일본 교토부 마이즈루舞鶴만 안으로 일본 국적 우키시마호浮島丸가 천천히 들어오고 있었다. 해안에서 3백 미터쯤 떨어진 시모사바가下佐波賀 앞바다에 이르렀다. 잠시 뒤 "쾅, 쾅쾅!" 하는 폭발음이 울렸고, 배는 순식간에 두 쪽으로 꺾였다. 처음 ∧자 모양이었던 배는 차츰 ∨자 모양이 되었다가 결국 바닷속으로 사라졌다. 배에는 홋카이도北海島와 마주 보고 있는 아오모리青森현 시모키타 반도下北半島에서 일하던 수천 명의 조선인 강제동원 노무자들이 타고 있었다.

1945년 8월 15일 일본의 항복으로 전쟁은 막을 내렸으나 일본 본토, 사할린, 쿠릴열도 등지에는 강제동원된 조선인 노무자, 군무원이 잔류하고 있었다. 일본 북방 경비의 중추 역할을 맡은 혼슈本州 섬 최북단 아오모리현에

의문의 폭발로 교토 마이즈루항 인근에서 침몰한 귀국선 우키시마호. 선체가 모두 가라앉고 상단만 겨우 남아 있는 모습.

약 2만 1,000명이 있었고 시모키타 반도에만도 수천 명이 있었다. 시모키타 반도는 산악지대로 해협이 산기슭까지 접근하여 낭떠러지를 이룬 지형이었고, 오미나토大湊해군경비부가 있었다. 오미나토경비부는 쓰가루해협 이북 지역인 홋카이도, 쿠릴, 남사할린 등의 방위 임무를 맡고 있었다. 이곳에서 조선인들은 비행장 격납고와 탄약 지하 저장고, 활주로 공사, 항구의 석탄과 목재 하역작업, 교량과 터널 공사, 항만 건설과 수리 작업에 동원되었다.

태평양전쟁 초기 승승장구하던 일본은 전세가 불리해지면서 미군의 본토 상륙에 대비하여 1945년 1월 본토 결전 체제를 지령한다. 당시 오미나토에는 5만여 명의 해군 병력이 주둔하고 있었다. 이들은 외부에서 보급을 전혀 받지 않은 상태에서 3개월을 버틸 수 있는 무기와 탄약, 식량, 의약품을 비축한다는 계획에 따라 일본 각지에서 오미나토로 각종 군수물자를 수송했다. 이와 함께 군수물자를 비축할 지하터널 공사, 1만 톤 급 배가 접안할 수 있는 부두, 해군 비행장 건설공사를 서둘렀다. 이 공사에 투입된 조선인들은 매서운 추위에도 담요 한 장으로 버텨야 했다. 반찬은 단무지가 고작이었고 배고픈 이들은 허기를 달래기 위해 돼지 죽통을 훑기도 했다. 중노동과 구타, 굶주림으로 점철된 나날이었다. 군무원 외에도 상당수 민간회사 노무자들도 있었다.

전쟁이 끝나고 8월 19일 오미나토경비부 사령관 명의로 조선인에 대한 승선 명령이 내려졌다. 조선인 군무원과 노무자를 조선으로 귀환시키라는 명령이었다. 일본이 패망을 선언한 지 불과 나흘 후였다. 군무원의 징용 해제는 8월 15일 오미나토경비부에 전해졌고 소속 장관에 의한 조선인 귀환은 8월 20일 통달되었다. 그러나 일본 전역에서 조선인의 귀환은 9월 들어서도 본격적으로 추진되지 못했다. 심지어 관부 연락선도 기뢰 때문에 9월 1일에도 운행되지 못했다.

그런데 오미나토경비부 참모장은 8월 18일 운수본부 총무과장에게 조선인의 귀환을 위해 우키시마호 사용 허가를 청구하는 전보를 보냈다. 19일 우키시마호 사용에 장애가 없다는 회신이 오자 오미나토경비부의 조선인 군무원과 민간 조선인 노무자에게도 우키시마호 승선 명령이 떨어졌다. 오미나토경비부는 왜 이렇게 빠른 시기에 조선인을 귀환시키려고 했을까? 그것은 언제 누가 결정한 것일까? 목적지는 정말 조선, 부산이었을까?

일본 정부가 강제동원된 조선인들이 연합군의 진주에 호응해 폭동을 일으킬 것을 염려해 급하게 귀환시키려고 했다는 주장이 있다. 우키시마호 함장은 오미나토경비부 사령부로부터 8월 18일 부산으로의 출항을 지시받았다. 함장과 승조원은 직업 군인이 아니었다. 승조원들은 전쟁이 끝나면 고향으로 돌아가리라고 생각했다. 항해 과정에서 기뢰에 부딪힐 위험이 있고, 조선에는 소련군이 들어와 있어 포로가 될 수도 있다는 소문이 돌았다. 하사관을 중심으로 출항에 반대하는 분위기가 고조되었다. 통신과 분대는 전원이 배에서 내리겠다고 주장했고, 탈주자도 있었다. 우키시마호 함장인 초카이 중령도 출항이 무리라는 취지의 보고를 했으나 경비부의 승인을 얻지 못했고, 경비부 참모가 승조원을 집합시켜 협박조로 설득했다.

오미나토항에는 조선인들이 몰려들기 시작했다. 시모키타 반도는 물론 북해도에 있던 조선인까지 불러들였다. 승선하지 않는 조선인에게는 배급을 주지 않겠다고 했고, 앞으로는 귀국선이 없을 것이라는 이야기도 있었다. 꿈에 그리던 조국으로 돌아간다는 기쁨에 들뜬 조선인들로 항구는 장사진을 이뤘다.

우키시마호는 '바다에 떠 있는 섬浮島'이라는 이름처럼 총 4,321t, 전장 114.8m, 높이 9.7m 크기의 초대형 선박이었다. 일본 오사카상선이 1937년에 만들어 남서제도 항로에 사용되었다가, 1941년 해군이 징발하여 해군 특설 운송선으로 아오모리와 홋카이도 간 항로를 오갔다. 배가 커서 해안에 정박할 수 없기 때문에 네 척의 거룻배[20]로 사람들을 온종일 실어 날랐다. 처음에는 건설회사 조선인 관리자들이 승선 명단을 제출하고 명단 확인을 거쳐 배에 올랐으나, 사람들이 몰려들면서 신원 확인을 하지 않은 채 태웠다.

전장 114.8m의 거대한 크기인 우키시마호.

장영도張永道는 그때 열세 살이었다. 아버지는 결혼 직후 일찍이 일본에 건너가 토목 하청업을 했다. 아버지, 어머니, 형, 누나, 여동생 등 일가족 6명이 배를 탔다. 남자들은 배 위에 타게 하고, 여자나 어린이는 배 아래에 타라고 했다. 장영도는 어머니, 누나, 여동생과 함께 배 밑에 있었다. 승선 인원은 4,000명~8,000명으로 추정된다. 승선이 완료되고도 하루가 지난 8월 22일 오후 10시 우키시마호는 오미나토항을 출항했다.

바로 그날 오후 오미나토경비부 사령관에게 '8월 24일 18시 이후 현재 항행 중인 선박 이외에 모든 함선은 운항을 금지함'이라는 항행 금지 명령이 전달되었다. 또한, 운수본부장으로부터 우키시마호 함장에게 "24일 오후 18시 이후 100톤 이상의 선박은 항행을 금지한다. 이 시각까지 목적지에 도착하도록 노력하고, 도착 가능성이 없는 함선은 이 시각까지 가장 가까운 군항이나 항만에 입항하라"는 명령이 도달했다. 22일 오후 10시에

20　근해에서 배에 물건을 싣거나 내리는 데 사용되는 작은 배

오미나토를 출항하여 24일 오후 6시까지 부산에 도착하는 것은 불가능했다. 항행 금지 명령에도 불구하고 왜 사령관은 우키시마호를 출항시켰을까? 왜 함장과 승조원은 그 명령에 따랐을까?

우키시마호 이동 항로.

우키시마호는 일본 연해안을 따라 시속 12노트로 남하를 계속했다. 부산을 향해 가던 배는 8월 24일 식수를 보충해야 한다며 진로를 변경하여 교토부 마이즈루만으로 들어섰다. 오후 5시쯤 배는 해군기지 마이즈루항 인근에 이르렀다.

장영도는 육지가 보인다는 소리에 갑판으로 올라갔다. 어머니가 "위험하니 나가지 마라"고 말렸다. 따라오겠다는 여동생을 뿌리치고 갑판으로 갔다. 결국 그 말이 어머니의 유언이 되었다. 잠시 후에 "쾅, 쾅쾅!"하는 소리와 함께 배가 폭발했다. 천지를 뒤흔들 정도의 굉음이었다. 폭발의 충격이 얼마나 컸는지 갑판에 있던 사람들이 공중으로 튀어 올라 나가떨어졌다. 장영도도 순간 정신을 잃었다.

선실 바닥에 있는 사람들은 폭발과 함께 바닷속으로 빨려 들어갔다. 선체 중심이 한쪽으로 기울면서 갑판에 있던 사람들이 뒤엉켰다. 점점 배가 기울자 너도나도 바다로 뛰어들었다. 장영도가 뛰어들려는 순간 아버지가 목덜미를 잡았다. 폭발과 함께 까만 기름띠가 유출돼 바다는 온통 기름 범벅이었다. 바다에 뛰어든 사람들은 기름을 둘러쓰고 허우적거렸다. 배에 남은 사람들은 "아이고, 아이고"라고 울부짖었다.

차마 눈 뜨고 볼 수 없는 생지옥이었다. 배가 폭발한 지점은 마이즈루만의 작은 어촌인 시모사바가 마을 앞바다였다. 해안에서 겨우 300m밖에 안 되는 가까운 거리였다. 폭음에 놀란 시모사바가 마을 주민이 노를 젓는 나룻배 20여 척을 끌고 왔다. 남자들은 전쟁에 나가고 대부분 여성이었다. 그들은 마을과 배를 오가며 사람들을 실어 날랐다. 마이즈루만 주변은 산이 병풍처럼 둘러 있고 골이 깊어서 해안에서 가깝다고 해도 수심이 깊어서 인명 피해가 클 수밖에 없었다. 바다를 덮은 기름 때문에 손이 미끄러워 더욱 구조가 힘들었다. 선체 주변과 배 앞머리 갑판에 있던 사람들이 차례로 구조되었다. 배는 오후 11시 무렵 완전히 침몰했고, 마스트배 갑판에 세워진 기둥 2개만 수면에 남겨졌다.

구조된 사람들은 타이라해병단으로 수용되었다. 사람들은 공포와 불안에 지친 몸으로 해병단까지 해안도로를 따라 줄지어서 걸어갔다. 해안가로 시체가 밀려오기 시작했다. 시체들은 물에 퉁퉁 불어 있었다. 장영도는 어머니와 누나, 여동생 셋을 잃었다. 아버지가 시체를 뒤적였지만 찾을 수 없었다. 해군 당국은 189구의 시체를 수습했다. 29구는 가족 또는 지인이 유골을 가져갔고, 남은 153구는 마이즈루해병단 임시매장지에 묻었다.

생존자들은 타이라해병단에서 보름쯤 머물렀다. 그 가운데 900여 명은 특별열차로 야마구치山口현 센자키항仙崎港으로 가서 배를 타고 9월 16일 부산에 도착했다. 2,000여 명의 생존자는 여러 가지 이유로 일본에 잔류했다. 장영도의 아버지 장종식張鍾植은 아내와 딸 둘을 잃었고 재산도 모두 바닷속으로 사라졌다. 남은 것은 일본과 일본인에 대한 원한뿐이었다. 장종식은 이것을 우발적인 사고로 생각하지 않았다.

장종식은 부산에 도착하자마자 부산일보를 찾아 이 사실을 알렸다. 부산일보는 1945년 9월 18일 자 '음모인가, 과실인가, 귀국동포선 폭발, 일본인은 사전에 하선 상륙'이라는 제하의 기사에서 승선자 8,000명, 사망자 5,000명이라고 보도했다. 이것이 우키시마호 관련 첫 보도였다. 장종식은 조선미군사령부에도 이 사건을 고발했다.

사건 발생 1주일 후 오미나토 해군사령부는 일본인 승조원 255명, 조선인 3,735명징용공 2,838명, 민간인 897명 가운데 한국인 524명, 승조원 25명이 사망했다고 밝혔다. 침몰 원인은 촉뢰에 의한 폭파, 즉 미군이 부설한 기뢰에 접촉해 일어난 사고라는 것이었다. 2차대전 이후 일본을 통치했던 연합국최고사령부GHQ는 제대로 조사도 안 한 채 사건을 마무리해 버렸다. 그해 12월 7일 재일조선인연맹 아오모리지부 손일 위원장이 GHQ에 일본 정부를 상대로 제소했으나, '사건 발생 증거 불충분'이라며 소를 기각했다.

폭발 원인과 관련된 여러 소문이 나돌았다. 조선인들을 부산으로 호송한 후 조선인들에게 붙들려 다시 일본으로 돌아오지 못할 것에 두려움을 느낀 승조원들이 배를 폭파했다는 폭파공작설, 출항 전에 군이 폭뢰 장치를 설치해서 일본해 어디에서 폭파할 예정이었다는 자침설自沈設 등이 그것이다. 그러나 일본 정부는 정확한 조사를 하지 않고 일관되게 미군 부설 기뢰에 의한 침몰만을 주장했다.

우키시마호는 침몰당한 상태로 방치돼 있다가 선박의 고철 회수를 목적으로 주식회사 이노중공업에 의해 인양작업이 이뤄졌다. 1차 인양작업은 1950년 3월 개시되어 유골 103구가 수습되었다. 이 유골들은 사고 당시 현장에서 수습하여 마이즈루해병단 부지에 가매장되었던 사체 유골 153구

수년간 방치돼 있다가 뒤늦게 인양된 선체에서 발견된 승선자 유골.

와 함께 화장하였다. 1954년 1월 2차 인양작업에서도 유골 245구_{340여 구라는 설도 있음}가 수습되었다. 이 유골들은 사망자 524명 숫자에 맞춰 분골되었다. 일본 정부는 유골을 후생성 인양원호국 지하실에 보관하고 있다가 1971년과 1974년 두 차례에 걸쳐 도쿄 유텐지에 안치했다. 인양작업이 진행되면서 일본 언론에 우키시마호에 관한 내용이 보도되었다.

촉뢰였다면 안쪽으로 향하는 구멍이 있어야 했지만, 그러나 실제로는 바깥으로 향해있었으며, 그것으로 선내船內에서 폭발이 있었던 것으로 추측할 수도 있다.
생존자들은 침몰 직전에 3번의 폭발음을 들었다고 한다. 그러나 촉뢰였다면, 그런 일은 없었을 것이다.

1954년 4월 14일 제1회 우키시마호 순난자추도위령제殉難者追悼慰靈祭가 열린 것을 시작으로 1965년부터는 매년 8월 24일 추도식이 거행되고 있다. 마이즈루 시민이 중심이 된 '우키시마호 순난자추도 실행위원회'는 사고 발생 33주년인 1978년 8월 24일 사건 발생 지점이 내려다보이는 해안가 언덕 위에 희생자들을 추도하는 위령비를 세우고 그 주변에 공원을 조성했다. 이들은 이 사건의 진상규명 운동이 바로 진정한 평화운동이라는 시각에서 진상규명 사업의 일환으로 1989년 8월 24일 '우키시마호 사건의 기록'을 발행했으며, 일본 정부의 사죄와 배상을 촉구하고 있다.

송두회는 강제동원 피해자를 망라한 총론적이고 선언적 소송인 광주천인소송에 이어, 우키시마호 사건, BC급 전범 문제, 제암리 학살사건, 민간징용, 군인·군무원 등 각론적인 소송을 하나하나 제기할 계획이었다. 이금주는 우키시마호 사건을 자세히 알지 못했다. 천인소송 제소 준비를 하면서 수집한 피해자들의 소송 자료 가운데 우키시마호 피해자 10여 명이 있었다. 송두회는 우키시마호 피해자가 있는 것을 파악하고 따로 소송할 계획을 세웠다.

1992년 1월 추진회에서 우키시마호 생환자를 초청했다. 광주유족회 회원 이부홍과 영동신문發行人 신재식에서 주선한 김동천金東天 두 사람이 가기로 했다. 이부홍은 날짜를 착각하여 약속장소에 나오지 않아 이금주, 박금용朴捦容 영동신문 기자, 김동천 세 사람이 1월 21일 교토에 도착했다. 곳곳에 '우키시마호 생환자의 목소리를 들어 본다'라는 벽보가 붙어 있었다. 김동천은 47년 만에 마이즈루를 방문하여 '우키시마호순난자추도비'에 준비해간 감과 밤, 꽃다발을 놓고 묵념했다. 그는 구사일생으로 살아난 바다를 보며 "이 야만인 놈들아!"라고 울부짖었다. 이금주는 그 당시 상황이 떠올라 흥분하고, 고통스러워하는 김동천이 안타까웠다. 1월 25일 80여 명이 모인 가운데 교토부립근로회관에서 열린 '우키시마호 사건 생존자의 증언' 집회에서 김동천이 증언했다. 그는 "사죄도 보상도 아무것도 없었다"라며 진상규명을 요구했다. 그 내용이 교토신문, 아사히신문에 보도되었다.

1992년 2월 17일 송두회는 이금주와 박금용에게 '우키시마호 사건의 기록'이라는 책자를 건넸다. 우키시마호 44주년 추도식에 맞춰 펴낸 이 책을 보고 이금주는 놀라지 않을 수 없었다. 한국에서는 제대로 알려지지도 않은 이 사건을 일본에서는 해마다 추도식을 하고, 책으로 출판했다는 사실이 놀랍고 부끄럽기도 했다. 송두회는 "우키시마호 사건을 천인소송에서 빼내 따로 제소하여 한국과 일본은 물론 전 세계에 여론화를 시켜야 한다. 재판에 부칠 테니 될 수 있는 대로 피해자를 많이 찾아라. 피해자가 많을수록 재판에 유리하다"라고 했다. 그 책자에는 일본 오미나토 해군시설부가 작성한 '우키시마호 사몰자死沒者 명부'가 수록돼 있었다. 이 명부에는 징용피해자 362명, 일반 노무자 48명 등 조선인 희생자 410명의 이름과 직종 및 본적지가 기록되어 있었다. 출신지별로는 충남이 103명, 전남 89명, 충북 84명, 전북 57명, 경남 44명 등이었다.

이금주는 귀국하자마자 각 언론사에 우키시마호 사몰자사망자 명부를 입수했으며, 일본 정부를 상대로 소송을 제기할 계획임을 알렸다. 광주일보는 '우키시마호 사건 희생자명부 공개, 유족을 찾아 4월경에 제소'라는 제목으로 보도하고 전남지역 출신자 89명의 명단을 게재했다. 영동신문에서도 1992년 2월 3일 자에 영동 출신 희생자 명부를 1면에 게재하고 '가족과 연락처를 아는 분은 본사로 연락해주십시오.'라고 기사화했다.

피해자를 찾기 위해 광주유족회 회원 1,000여 명에게 공문을 발송했다. 어느 날 전승렬全承烈이라는 사람이 신문을 보았다며 이금주를 찾아왔다. 전주에 사는 전승렬은 우키시마호 사건으로 아버지를 잃었다. 아버지는 전주에서 제법 큰 청주공장을 운영했다. 공장을 운영하면서 경찰서나 면사무소와 갈등이 있었는지 36세에 징용으로 일본에 끌려갔다. 전승렬이 20개월 되었을 때다. 아버지 없는 공장은 남에게 넘어가고 할머니는 아들의 사망통지서를 받고 정신착란 증세를 보였다. 어머니는 시장에서 장사하고 전승렬은 초등학교 2학년 때 학교를 그만두어야 했다. 그 뒤 떡장수, 구두닦이, 신문 배달 등 안 해본 일이 없었다. 그는 군 제대 후 30세부터 농협에 근무하면서 안정된 생활을 할 수 있었다.

이금주는 한 피해자로부터 전북 진안에 가면 피해자들이 있다는 말을 듣고 진안까지 가서 16명을 찾았다. 바람이 매서운 날씨였지만, 금은보화라도 얻은 양 기뻤다. 광주와 충북 영동을 중심으로 피해자가 모여들었다. 피해자 중에는 "정부 차원에서 하는 것이 아니라 신빙성이 없으니 재판할 필요 없다", "슬픔과 괴로움을 잊을 만하니까 왜 끄집어내는가? 하지 않겠다", "이제 와서 무엇을 할 것인가? 아무 필요 없다"라는 사람들도 있었다.

1992년 4월 일본 규슈 고쿠라에서 우키시마호 소송과 관련된 회의가 열렸다. 이 자리에서 △재판 착수금으로 1인당 10만 원씩 낼 것 △10만 원을 내기 힘든 극빈자는 동사무소에서 영세민 증명 발급받기 △유해를 못 받은 원고는 유해 찾을 때 호적 등본 제출 △청구액은 사망자는 5,000만 엔, 생환자는 2,000만 엔 등 몇 가지 사항을 정했고 8월 중에 교토지방재판소에 제소하기로 했다.

송두회는 "원고가 많이 안 나와도 1명이라도 하고자 하는 정신을 가지고 나서라. 돈 냈다고 흐지부지하면 안 된다. 배상금을 청구하지만, 꼭 승소해서 이 돈을 받는다는 생각은 하지 말 것을 원고들한테 잘 전해 달라"고 당부했다.

4월 15일 우키시마호 원고 첫 모임을 했다. 모두 23명이 참석했다. 이금주는 광주유족회가 지금까지 걸어온 길과 소송을 해야 하는 이유를 설명하고 고쿠라 모임에서 결정된 사항을 전달했다.

"소송 청구액은 유족은 5,000만 엔, 생환자는 2,000만 엔이다. 그러나 승소해서 꼭 그 돈을 받을 수 있다는 것은 아니다. 내 아버지, 내 할아버지의 뼈를 찾고 선조들의 한을 풀며 바른 역사를 증거함으로써 피해자들이 일심동

체가 되어 투쟁한다는 정신이 필요하다. 돈 10만 원 냈다고 흐지부지하면 안
된다"라는 이금주의 말에 참석자들은 "여기는 누구누구 할 것 없이 다 똑같
은 입장이고 똑같은 처지인 만큼, 똑같이 착수금을 내고 같이 투쟁하기로 하
자"라고 뜻을 모았다. 시간이 흐르면서 관련자들이 모여들었다. 열세 살 때
가족과 함께 배를 탔다가 살아난 장영도도 뜻을 함께했다. 광주유족회가 주
축이 되어 광주·전남에서 28명, 영동신문 측이 충남·북에서 28명을 찾았다.

우키시마호 폭침 사건 소송 원고들. (맨 왼쪽 이금주 회장, 세번째가 전승렬 씨, 맨 오른쪽이 장영도 씨)

　　1992년 8월 25일 교토지방재판소에 우키시마호 소송을 제기했다. 원고
는 우키시마호 희생자 중 유가족 20명, 생존자 30명으로 총 50명이었다. 원
고 측은 우키시마호 침몰의 원인 규명이 적극적으로 이뤄지지 않았고, 의도
적인 자폭^{학살}이며, 희생자는 524명보다 훨씬 많다는 설도 있다고 전제했다.
이에 따라 국가배상법 유추 적용, 안전 배려 의무 위반, 손실 보상 책임 등을

근거로 자폭^{학살}이었는지 촉뢰 사고인지를 불문하고 국가에 배상 의무가 있다며 유가족 5,000만 엔, 생존자 2,000만 엔의 배상, 공식 사죄, 유텐지 보관 유골 반환을 청구했다. 1993년 8월 23일 유가족 12명, 생존자 15명 등 원고 27명이 2차 제소한 데 이어, 1994년 8월 24일 원고 5명이 3차 제소해 원고는 총 82명이 되었다.

도쿄가 아닌 교토를 택한 것은 다분히 전략적인 결정이었다. 도쿄는 큰 도시인 데다 메가톤급 사건이 많아 재판해도 매스컴의 주목을 받기 힘들지만, 교토는 송두회와 친분 있는 언론사가 많고 기자들도 작은 사건이라도 열심히 취재하기 때문에 교토에서 소송을 제기하게 됐다. 변호단은 오노 마사유키, 호리 카즈유키_{堀和幸}, 야마모토 세이타, 마쓰모토 야스유키_{松本康之}, 김경부_{金京富}, 다케다 노부히로_{武田信裕}, 이케가미 테츠로_{池上哲朗}로 꾸려졌고, 나카타 마사요시_{中田政義}, 신타니 마사토시_{新谷正敏}가 합류했다.

사실 변호단 구성도 쉽지 않았다. 무슨 법의 몇 조로 싸울 것인가? 조금이라도 승소를 기대할 수 있을까? 변호사들은 대리인이 되기를 망설였다. 아무도 나서지 않는다면 본인소송이라도 할 수밖에 없었다. 송두회의 표현에 따르면 "속이는 양, 협박하는 양"이었다. 이를테면 야마모토 변호사에게는 "교토에서는 숙련된 오노 변호사가 맡겠다고 하고 있으니 안심하고 맡겨라"라고 하고, 오노 변호사에게는 "신인 변호사인 야마모토가 맡아서 도쿄사무소에서 온다고 한다. 교토 변호사들은 부끄럽지 않으냐"라고 말했다. 재판이 시작된 뒤에 야마모토와 오노 변호사가 서로 속은 것을 알아차리고 크게 웃었다고 한다.

오노 변호사는 일본 도쿄대를 졸업하고 변호사 개업한 직후, 일본에서 강제퇴거 조치를 받고 오무라 수용소에 갇혔다가 풀려난 한국인 김종갑을 통해 일본 식민지 지배로 많은 한국인이 그늘 속에서 한을 품고 살고 있다는 사실을 알게 되었다. 그 후 20여 년간 재일한국인의 국적 회복, 강제송환 불복 소송 등을 맡으면서 지문날인제 철폐에 앞장서 왔다. 이 과정에서 송두회와 인연을 맺었고, 우키시마호 소송을 맡게 되었다. 오노 변호사는 "송 씨가 연로해 이 일이 끝나기 전에 세상을 떠나거나 재판비용이 떨어진다 해도 한번 책임을 진 이상 최후까지 싸우겠다"라고 다짐할 만큼 책임감이 강했다.

소송 제기를 위해 광주에서 11명, 충북에서 12명 등 원고 23명이 일본을 방문했다. 어깨띠를 두른 원고들은 '우키시마호 폭침 사건 원고대표단'이라고 쓰인 대형 펼침막을 앞세우고 교토지방재판소 주위를 도는 무언의 시위를 한 후 줄지어 교토지방재판소에 들어섰다. 많은 언론사가 취재에 나섰다. 야마모토 변호사가 원고단을 대표해 소장을 제출하고 원고단과 변호단 합동 기자회견을 했다. 이어 유골 봉안소 유텐지와 일본 후생성 원호국을 찾아가서 유골 반환을 요청했다.

우키시마호가 침몰한 교토 마이즈루 시모사바가 해안에서 유족들이 꽃을 바다로 던지며 통곡하고 있는 모습. 맨 왼쪽은 원고 전승렬 씨.

그 전날 원고들은 마이즈루 시모사바가에서 열린 순난추모제에 참가했다. 생존자와 유족들이 47년 만에 처음으로 비극의 현장을 찾은 것이다. 배를 타고 바다에서 이들은 "아버지", "아버지"를 부르며 통곡했다. 추모제에서 오병춘 유족대표가 "47년 동안의 세월은 아픔의 시간이었다. 아버지의 넋을 위로하기 위해서라도 일본 정부는 사건의 진상을 규명해야 한다. 해마다 추모제를 지내고, 폭침 당시 인명 구출에 힘쓴 현지 주민에게 감사한다"라고 말했다.

원고단은 추모비 주변에 무궁화 네 그루를 심고 물을 주었다. 무궁화는 이금주가 그해 1월 한국에서 가져다준 무궁화를 삽목해서 뿌리내린 것이었다. 이금주는 마음이 뿌듯하고 흐뭇했다. 한국에서 가져온 무궁화가 뿌리를 잘 내리고, 또 직접 삽질까지 해서 심으니 감회가 새로웠다. 추모제가 끝나고 우키시마호가 침몰했을 때 구조 작업에 나서 조선인들을 구해준 현지 주민 7명을 만났다. 원고들은 먼저 구해준 것에 감사를 드리고 당시 이야기를 들었다.

아기를 안고 서 있는데, 난생처음 보는 큰 배가 들어왔어요. 쾅 하고 터지기에 아, 기뢰에 부딪혔다고 생각했습니다.

우리 바다 사람들은 일본인이고 조선인이고 따로 없습니다. 조난당한 사람을 보면 구하는 것이 당연한 일이니까 모두 배를 내놓았습니다.

'아이고', '아이고'였습니다. 지금도 생각납니다. 작은 배여서 배가 가라앉기에 많이는 싣지 못하고 여러 번 왕복했습니다. 힘을 다 내어 건졌는데도 많은 사람이 죽었습니다.

여자와 아이들도 많았습니다. 손을 내밀어 구하려 해도 눈앞에서 시커먼 바다에 잠겨버렸어요.

3장 | 일본의 시간 – 조국이 우리를 먼저 버렸다

돈 묶음이 떠 있었어요. 돈 벌어 고향에 가지고 돌아가려고 했을 텐데, 일본을 위해 일했을 텐데….

다음 날에는 기타큐슈 시 와카마쓰若松의 오다야마小田山 묘지 한구석에 세워진 '조선인조난자위령비' 앞에서 열린 위령제에 참석했다. 1945년 9월 중순 고국에 돌아가려는 일념으로 출항을 강행했다가 초특급 마쿠라자키枕崎 태풍[21]에 침몰해 희생된 조선인들의 위령비였다. 일본 곳곳에 조선인들의 피와 눈물이 얼룩져있음을 다시 한번 실감했다.

우키시마호 소송 제기는 매스컴을 통해 일본 전역에 알려졌다. 교토신문은 '우키시마호 사건의 규명에 전력을'이라는 사설을 게재했고 NHK교토지국도 '47년 만의 제소-우키시마호 사건'이라는 제목으로 특집 보도했다. NHK 교토지국은 그해 5월 31일~6월 1일 광주 대동고에서 열린 재판 설명회도 취재해서 '아시아 먼슬리Asia monthly' 프로그램에서 보도했다. 특히, 광주유족회가 그해 2월 17일 천인소송을 제기한 데 이어 8월 25일 우키시마호 소송을 제기하면서 일본 사회에 광주유족회를 확실히 각인시켰다.

변호사들이 몇 차례 한국을 방문하여 원고들을 만나 증언을 듣고, 자료를 모았다. 변호사들은 "잘 사는 사람이나 가난한 사람이나 자고 먹는 숙식을 같이하고 싶다"라고 했다. 첫 공판에서 진술할 원고를 광주 지역에서 2명, 충청 지역에서 2명을 각각 선정했다.

1993년 3월 2일 교토지방재판소 제15호 법정에서 첫 공판이 열렸다. 중앙에는 재판관이, 우측에는 피고 소송대리인, 좌측에는 원고 소송대리인 4명과 통역이 좌정했다. 이날 전승렬이 구두 진술했다.

---

21 1945년(쇼와 20년) 9월 17일 14시경, 가고시마현 마쿠라자키 근처에 상륙해 일본을 종단한 태풍. 무로토 태풍(1934년), 이세만 태풍(1959년 태풍 베라)과 함께 쇼와 시대 3대 태풍으로 꼽힌다. 피해자는 사망 2,473명, 실종 1,283명, 부상 2,452명. 2차 대전 종전 직후여서 기상 정보가 부족했고, 방재 체제도 허술했기 때문에 각지에서 큰 피해가 발생했다.

나는 아버지의 얼굴을 알지 못합니다. 아버지는 내가 세 살 때인 1945년 8월 24일 우키시마호 폭침 사건으로 돌아가셨습니다. 연세가 많았던 할머니는 아버지의 사망통지서를 받아들고 정신착란을 일으켰습니다. 할머니는 매일같이 아버지의 이름을 부르며 거리를 헤맸고, 어머니는 그 뒤를 따라다니며 할머니를 찾아다녔습니다. 아버지를 잃은 저는 학교에도 갈 수 없게 되었고, 책가방 대신 떡 모판을 어깨에 메고, 때로는 구두닦이나 신문 배달을 하면서 고통스러워하는 할머니와 어머니를 곁에서 지켜보아야 했습니다.

비나 눈이 오는 날은 남의 집 처마 밑에 쪼그려 앉아 마음속으로 몇 번이나 아버지를 부르고 눈물을 흘렸는지 모릅니다. 아버지는 대답이 없었습니다. 10여 년을 사람들에게 미치광이라고 놀림받았던 할머니는 아버지의 이름을 부르며 한 많은 인생을 마감했습니다. 당시 열다섯 살이었던 저는 제 손으로 할머니 눈을 감겨드리면서 '할머니, 내가 크면 일본 천황을 죽이고 할머니, 아버지, 가족의 한을 풀겠습니다. 편안히 눈 감으시고 아버지의 영혼을 찾아가십시오.'라며 울었습니다. 지금도 내게 천황을 죽일 기회가 있다면 50여 년간의 고통과 시련의 한을 풀기 위해 나의 목숨을 바치겠습니다.

개나 돼지, 짐승이라 해도 어떻게 이럴 수 있습니까? 전쟁 중 강제동원돼 일본을 위해 싸운 인간을, 더구나 전쟁도 아닌 종전 후 귀국길에 오른 수천 명의 목숨을 그렇게 잔혹하게 죽일 수 있습니까? 살인마들! 일본 천황의 명령이 아니었으면 누가 감히 수천 명의 목숨을 한꺼번에 빼앗아 갈 수 있겠습니까?

나는 보상을 바라는 것이 아닙니다. 얼마의 돈으로 돌아가신 아버지의 영혼을 더럽히고 싶지 않습니다. 일본 정부는 지금이라도 역사적 사실을 인정하고 우키시마호 폭발로 목숨을 잃은 한국인 명부를 숨김없이 밝혀야 합니다. 또한 위령비를 우리나라 땅에 건립하고 천황은 일본의 양심으로 돌아서서 무릎을 꿇고 천 번 만 번 사죄하지 않으면 안 됩니다. 만약 그렇지 않고 계속 사실을 은폐하려고 하면 일본은 세계적으로 비인도非人道 국가라는 오명을 씻을 수 없을 것이고, 일본 국민 또한 자자손손에 걸쳐 죄의식에 시달릴 것입니다.

말 못 하는 짐승도 제 새끼를 낳으면 먹을 것을 주고 자기 품에 안고 사랑하면서 기르는 법입니다. 아버지는 할머니, 어머니, 그리고 세 살밖에 안 되는 어린 저를 남기고 얼마나 마음이 아팠을 것입니까? 아버지…

전승렬이 피맺힌 사연을 말하자 법정은 눈물바다가 되었다. 재판에 동행했던 한 원고는 전승렬이 "아버지~"를 부르며 절규하자 일본 재판관까지 눈시울을 적셨다고 회고했다. 다음날 일본 신문은 "솜털이 돋아날 정도였다"라고 표현했다.

18세에 끌려가 수모, 학대, 굶주림 등 모진 고통을 1년 7개월 당하고 해방되어 귀국선을 타고 오다 구사일생으로 살아났다. 이제 와서 생각하면 살아온 것이 좋은 일인지도 알 수 없다. 결혼했으나 후유증으로 자식도 못 낳았다. 보상을 바라는 것은 아니다. 보상을 받는다고 해도 나의 지나간 고된 인생은 되찾을 수 없다. 진상규명하고 사죄하라. 〈서봉구(徐鳳求)〉

남의 나라에서는 전쟁 포로들도 전쟁이 끝나면 고이 돌려보내 주는데, 일본에서는 우리를 끌어다가 실컷 부려 먹고 죽이려고 한 생각을 하면 치가 떨린다. 무슨 죄가 있기에 노임도 안 주고 죽이려고까지 했느냐? 빌어라. 〈김동천〉

마이즈루순난비 앞에서 위령제를 지내고 있는 우키시마호 폭침 사건 유족들.

법정에서는 변호인과 피고 측 간의 치열한 법리 논쟁이 펼쳐지는 가운데 법정 밖에서도 의미 있는 일들이 진행되었다.

1993년 8월 23일에는 원고 27명이 2차 소장을 제출하고 다음날 마이즈루 순난비 앞에서 200여 명이 모인 가운데 위령제를 지냈다. 추진회에서 전세 낸 배를 타고 사고 해역으로 갔다. 억울하게 희생당한 지점에 도착하자 "아버지~" 울부짖는 소리가 터져 나왔다. 배에 탄 사람들 모두가 함께 펑펑 울었다.

1994년 8월 24일에는 마이즈루순난비 앞에서 50년 만에 유교식 제사와 위령제가 열렸다. 강제로 끌려와서 머나먼 이국땅에서 억울하게 세상을 떠난 부모형제를 추모하는 일인만큼 원고들은 합심하여 준비했다. 한국에서 제사에 필요한 각종 물품을 준비하여 13명이 출발했다. 먼저 사고 당시 해안 기슭에 밀려 나온 시체를 수습해 태운 해병단 소각장에서 헌화하고 위령제를 지냈다. 위패가 놓은 제사상이 차려지고 전통 복장을 갖춘 제관과 집사가 경건하게 의식을 진행했다. 열세 살 때 죽음의 바다에서 살아나 육십 세 살이 되어 이곳에 온 장영도가 제문祭文을 읽었다.

> 지옥을 보아 버린 그날 이후 살아난 우리 또한 지옥이었소.
> 부모형제 다 잃고 삼천리 민들레 홀씨처럼 떠돌며 이 악물었소.
> 다시 돌아오리라.
> 언젠가는 다시 와 지워진 역사를 찾으리라.
>
> 그로부터 50년 만이오.
> 마침내 다시 찾은, 여기는 어딥니까?
> 땅을 치며 묻고 묻고 싶은 마이즈루항
> 역사의 현장 시모사바가 앞바다 보이는 해안 기슭에 세워진 순난비.
> ......
> 누군가는 어머니를, 형을, 남편을,
> 아아, 가엾은 아이고 내 새끼야를,
> 찢어지는 가슴을 시모사바가 앞바다는 아는지.
> 터지는 통곡 속에

저 바닷물을 다 끌어와도 못다 끌 활화산같은 노여움이 하나씩
가슴 가슴 속에서 불끈불끈 솟는 것을 보는지
……

원고들이 생각하는 사건의 가장 큰 쟁점은 침몰의 직접적 원인이었다. 그렇지만 야마모토를 비롯한 변호단이 생각하는 우키시마호 소송의 목적은 의도적 '폭침'인가 아니면 '촉뢰'인가 하는 문제를 밝히는 것이 아니었다. '촉뢰'로 인해 우키시마호가 침몰하였다고 해도, 중요한 사실은 일본 해군에 징용된 선박에 조선인을 태우고 이들을 고향으로 돌려보내는 과정에서 다수의 사망자가 발생했다는 점이다. 따라서 '촉뢰이기 때문에, 뜻밖의 사고이기 때문에 일본 정부에게는 책임이 없다.'라는 식으로 말할 수는 없다는 것이 변호단의 입장이었다. 그래서 "의도적 폭침이라면 당연히 불법행위이므로 손해배상을 하고, 촉뢰라고 해도 그러한 위험한 상황으로 사람들을 몰아넣어 이들을 안전하게 돌려보내지 못했으므로 손해배상을 하라"고 소장을 작성했다.

이렇게 한 또 한 가지 이유는 의도적 폭침임을 입증할 자료가 부족했기 때문이다. 가령 의도적 폭침설을 전제로 소송을 끌고 가면 원고단에서 폭침 사실을 입증해야 한다. 그렇지만 많은 자료를 뒤져도 의도적 폭침을 입증할 뒷받침할 근거, 재판부를 설득할 정도의 결정적인 근거가 없었기 때문에 변호단은 전략적으로 폭침설을 강하게 주장하지 않았다.

그렇다고 해서 변호단이 촉뢰설을 전제로 소송을 이끈 것도 아니었다. 왜냐하면, 원고단 대부분은 의도적 폭침설을 굳게 믿었기 때문에 변호단으로서도 굳이 이를 부정할 필요가 없었다. 결국, 변호단은 재판부를 확실히 설득할 수 없는 의도적 폭침설, 그리고 원고단 내부의 반발이 심한 촉뢰설 모두에 거리를 두면서 폭발 원인이 어디에 있든 일본 정부의 배상책임을 명확히 하는 데 소송의 초점을 맞췄다고 할 수 있다.

변호단이 주력한 것은 '안전 배려의무' 위반이었다. 국가와 원고 사이에는

여객 운송계약과 유사한 법률관계가 성립되는 만큼 우키시마호에 승선한 원고들이 부산항 혹은 그 부근의 조선 항구까지 안전하게 운송할 의무, 조선 항구까지 도착하는 것이 불가능한 경우에는 안전하게 가장 가까운 항구까지 운송하거나 출발항으로 송환해야 할 의무를 이행해야 하는 데도 안전 배려의무를 위반했으므로 원고들이 입은 손해를 배상할 책임이 있다는 것이다. 변호단이 이런 전략을 선택한 것은 당시 일본이 전후 보상소송에 대해 무조건 국가가 책임지지 않는다는 '국가무답책國家無答責'을 근거로 대응했기 때문이다. 국가 배상법이 1947년 만들어졌기 때문에 그 이전에 국가의 권력 행사로 인해 발생한 개인의 손해는 국가가 책임질 법적 근거가 없다는 논리였다.

재판이 진행되면서 원고들의 협조가 제대로 이뤄지지 않았다. 본인 신문이나 증언을 할 원고를 구하기도 쉽지 않았다. 1994년 1월 15일 열린 우키시마호 원고 모임에서 이금주는 어려움을 토로했다.

여러분이나 나나 이 재판을 걸어놓고 기다리는 안타까운 맘은 똑같다고 생각합니다. 여러분은 가만히 앉아서 기다리지만, 여러분과 일본 사이에서 심부름하는 나는 고되고 벅찹니다. 광주천인소송, 우키시마호 재판, 관부 재판 3건을 하고 있는데 지금이 오기까지 가만히 앉아서 된 것이 아닙니다.

우키시마호 일로 팩스·전화 온 것만도 100여 차례 됩니다. 팩스나 전화 내용은 간단한 것 같지만 정신적으로, 육체적으로, 금전적으로 너무나 피곤합니다. '한국 신문 보내 달라', '원고들 도장 보내라', '변호사 회의에 참석하라', '기자가 한국에 간다', '변호사가 한국에 간다', '작가가 간다', '사진반이 간다', '원고들 명단 보내 달라', '창씨를 알려 달라', '유해재판을 원하는지 알아봐 달라', '유해를 받을 의사가 있는지 알아봐 달라', '사망자 명단이 있는지 찾아봐 달라', '호적등본을 보내 달라', '방계傍系로서 제사를 지내는지 알아봐 달라', '일본 올 사람 명단 알려 달라' 등등 사소한 일이 너무 많을 뿐 아니라, 행사가 있을 때마다 10여 차례 팩스와 전화가 있곤 합니다.

학교라면 교장과 교감, 각과 주임, 서무계로 나눠 있지만, 우리 유족회는 교장에서부터 말단 소사까지 혼자 일을 보니 심신이 피로합니다. 그렇다고 해서 여러분이나 혹은 국가에서 나한테 월급 주는 것 아닙니다. 오직 일제 만행의 피해를 받은 한 사람으로서, 우리 정부에서도 우키시마호 사건에 관해서는 해방 후 사건이라 해당이 안 된다는 이유로 외면하는 것을 알고, 일본에서 이 일에 착안하여 따로 재판을 걸게 된 것입니다.

재판하면 변호사 선정해야 하고, 고소장 써야 하고, 공탁금이나 인지대를 내야 합니다. 여러분이 일본 변호사를 찾아가려면 원고 1인당 최소한 50만 원씩 광주 원고 38명이면 1,900만 원이 필요합니다. 그 돈을 절약해 주기 위해 추진회에서 변호사를 한국에 보내주는 것입니다. 일본 변호사들도 바쁜 가운데 주말을 이용해 찾아와 우리를 위해 열심히 일합니다. 우리가 일본 가는 교통비보다 일본에서 한국 오는 교통비가 세 배 더 비쌉니다. 자, 그렇다면 여러분은 고소장도 무료, 변호사도 무료, 재판도 무료, 일본 가는 것도 무료인데도 이렇게 무심할 수 있단 말입니까? 여러분이 착수금 10만 원 낸 것은 변호사 재판 위임장 등등에 쓰인 것이 아닙니다. 나는 너에게 일을 맡긴다, 나는 네 일을 맡는다는 약속금이자 착수금입니다.

조만간 4차 공판에 들어가는 데도 누구 하나 알고자 하는 사람이 없고, 정신적으로나 육체적으로 나만 피곤합니다. 이 일이 누구의 일입니까? 각자의 일인데 어찌 그리도 무심합니까? 지금까지 이 일에 물심양면으로 열과 성을 다하는 전승렬 씨를 원고 회장으로 선임했습니다. 이분은 자기 아버지와 동포의 억울한 죽음의 한풀이를 위해, 죽은 혼령의 안식을 위하고 그 뼈 하나도 남김없이 찾아오겠다는 집념으로 지금까지 여섯 차례 일본에 자비로 다녀왔습니다. 우키시마호 때문에 내가 일본 간 것만도 열 차례입니다. 여러분, 깊이 생각하시고 정신적으로 하나가 되어, 크게는 우리 민족 운동이라는 것을 잊지 마시고 싸워야 합니다.

이금주는 우키시마호 소송과 관련한 소회를 일본 신문에 기고했다. 1999년 9월 29일 자 아사히신문 논단에 '전쟁의 상처, 보상은 일본의 책무다'라는 제목으로 이금주의 투고가 실렸다.

1965년의 한일조약 체결 후 약 8천 명의 직계 유족이 한국 정부로부터 30만 원, 당시 환율로 19만 엔을 수령했습니다. 이것이 남편과 한국인의 목숨값입니까? 하지만 일본은 한일조약으로 해결이 끝났다고 하며 '배상은 한국의 국내문제다. 일본에는 책임도 의무도 없다'라고 말합니다.

저는 남편의 전사에 대해 일본 정부와 교섭할 것을 한국 정부에 의뢰하지 않았습니다. 남편의 전사는 정부 간에 교섭할 일이 아니라, 제 개인과 일본 정부의 문제입니다. 남편을 전쟁에 동원한 것은 일본 정부입니다. 일본에 국가의 책임과 의무가 있음은 너무나도 당연한 사실입니다.

그러므로 일본과 마찬가지로 식민지 출신자를 군인·군무원으로 삼은 영국·프랑스·이탈리아 등의 국가는 전쟁에 동원한 국가의 의무로 식민지 출신자 개인에게 연금과 그 외의 배상을 하는 것입니다.

저는 일본 통치하의 조선에서 '일본 국민'으로 태어났습니다. 일본은 '만세일계萬世一系[22]의 세계 제일 강국, 양심적인 정의의 나라'라고 배웠습니다. 매일 아침 전교생이 동쪽을 향해 천황의 무운장구武運長久, 무인으로서의 운이 오랫동안 가라는 뜻를 비는 최고의 배례를 하였습니다. '우리는 황국신민이다. 충성으로 군국에 보답하자'라고 맹세하며 외쳤습니다.

이금주 회장이 투고한 아사히신문.
(1999.9.29.)

일본은 '내선일체', '황국신민', '천황의 적자', '일억일심一億一心'[23], '일시

---

22 일본 왕의 혈통이 단 한 번도 단절된 적이 없이 2,000년 이상 이어져 왔다는 주장으로, 천황제 국가 이데올로기의 근간을 이루는 대표적 것 중의 하나. 메이지유신 이후 천황을 절대적인 존재로 부각시키는 과정에서 크게 중요시되었고 일본 제국 헌법의 제1조 1항에도 만세일계라는 용어를 기술하여 법적으로 강조하였다.

23 1억의 일본인이 한마음이라는 뜻. 당시 일본제국의 인구 중 일본인 7,000만과 식민지 조선인 2,000만, 대만인 1,000만 명을 합해 1억을 뜻한다. 전시총동원 체제의 표어.

동인一視同仁[24]'이라는 미명 하에 조선인을 전쟁터로 몰아넣었습니다. 너무나 소중한 많은 젊은이가 전장에서 목숨을 잃었습니다. 가혹한 노동 현장에서 희생된 사람들도 있습니다. 젊은 여성이 다수 일본군'위안부'로 끌려가 견디기 어려운 희생을 강요당했고, 국민학교 5~6학년 소녀들도 일본 군수공장에서 노역에 시달려야 했습니다. 그 외에 많은 이가 장기간의 형刑을 복역했습니다. 사할린에는 4만 3천 명이 고립되었습니다. 또한 조선인 노동자를 귀국시킬 예정이던 해군 특수운송함 우키시마호는 교토의 마이즈루만 내에서 폭침해, 일본이 인정한 것만으로도 524명이 사망했습니다.

양심이 있는 일본의 여러분, 우리도 베이면 피가 솟는 육체를 가지고 있으며, 생명이 붙어있는 한 살려는 본능과 가족에 대한 애정을 지닌 인간입니다. 백만 명 이상의 조선인을 마치 전쟁의 무기처럼 사용할 만큼 사용하고, 전쟁 후에는 쓰레기처럼 버리는 건가요? 일본인들이 인간으로서 양심을 회복하기를 바랍니다.

우키시마호 폭침 사건 진상규명과 유골봉환을 촉구하고 있는 일제 피해자와 유족들.

---

24 멀거나 가까운 사이에 관계없이 모든 사람을 똑같이 대해준다는 뜻.

재판 과정에서 제기된 또 하나의 문제는 유골 반환 문제였다. 재판부에서는 유골 반환 문제를 소송이 아닌 '화해' 방식으로 해결하기를 권했다. 문제는 유골이 사망자 본인의 유골이라고 할 수 없다는 데 있었다. 유텐지에 위탁된 유골 가운데 241구는 1971~1976년 세 차례에 걸쳐 한국에 반환되었고, 소송 당시 280구가 남아 있었다. 각각의 유골함에는 이름이 적혀져 있지만, 사몰자^{사망자} 명부에 맞춰 '분골^{粉骨}'되었기 때문에 피해자의 유골이라고 특정할 수 없었다.

원고들의 의견도 분분했다. "유해만 받을 것인가, 보상까지 요구할 것인가?", "유해부터 받고 나서 다음 차례로 진사 배상을 받자", "유골 자체는 누구 뼈인지 모른다. 가져오고 싶은 사람만 가져오자", "꼭 내 부모 것이 아니라 할지라도 부모 유골이라 생각하고 받자", "돈 문제는 말하지 말자. 지역별로 모시자", "유골을 한꺼번에 준다면 한 군데 안치시키고 싶지만, 개인으로 준다면 난처하다".

이 문제를 둘러싸고 일본 후생성, 법무성, 외무성, 재무성 관료들과 원고단, 변호단이 모인 회의가 여러 차례 열렸다. 원고단은 고심 끝에 일본의 설명을 받아들여 유골을 인수하기로 했다. 그리고 △유골이 유텐지에 안치되기까지의 경위 설명 △유골 반환이 50년 이상 늦어진 사실에 대한 사죄 △유골이 안치된 유텐지나 우키시마호가 침몰한 마이즈루에서의 위령제와 유족 초대 △공양료^{향전금} 1인당 10만 엔을 요구했다. 그러나 일본 정부는 위령제와 유골에 관한 경위 설명은 전향적으로 검토하겠다면서도 사죄와 공양료, 유족 초대는 거부하였다. 일본 정부는 유골 반환을 인정하였으나, 유족 측은 사죄 없는 유골 반환을 거부하였다. "사죄도 없는 채로 누구의 것인지도 모르는 뼈를 육친의 유골로 받을 수는 없다. 그것은 죽은 사람에 대한 모독이다"라는 것이 송두회와 유족들의 생각이었다. 결국 협상은 결렬되었고, 화해는 이뤄지지 않았다.

2001년 8월 23일 교토지방재판소는 판결을 내렸다. 1심 판결의 요지는 다음과 같다.

1. 공식 진사 청구의 취지는 구체적으로 어떠한 행위를 요구하고 있는지가 명확하지 않으므로 이 청구와 관련된 소송은 부적법하다.
2. 우키시마호 승선자와 피고 간에는 여객 운송계약과 유사한 법률관계가 성립되며, 우키시마호 침몰을 불가항력적이라고 인정할 수 없다. 피고는 이 법률관계에 기초해 승선자를 안전하게 운송할 의무를 불이행하였으므로, 승선 후 피해를 본 것이 입증된 15명 원고가 입은 정신적 고통을 배상할 의무가 있다(각 위자료 300만 엔). 승선자 유족은 이 법률관계의 당사자가 아니므로 유족 고유의 정신적 손해 배상을 요구할 수 없다.
3. 도의적 국가의 의무 위반을 이유로 한 손해배상 청구, 대일본제국 헌법 제27조 적용 혹은 일본 헌법 제29조의 유추적용을 이유로 한 손실보상, '입법부작위立法不作爲'를 이유로 한 손해배상 청구는 모두 주장 자체가 이유 없다.
4. 유골 반환 청구는 국가가 그 유골을 보관하고 있다고 인정할 수 없으므로 이유 없다.(제4항은 유텐지에 있는 이름이 없는 피해자 유족의 청구에 대한 것이며, 이름이 기록된 피해자에 대해서는 일본이 소송 마지막 단계에서 청구를 인용하고 있다.)

언론은 이 판결이 '일부 승소'이기는 하지만, 향후 대일 과거청산소송에 숨통을 텄다는 데 큰 의미가 있다고 보도했다. 그때까지 전후 배상 소송에서 강제동원 피해에 대해 일본 정부의 배상책임을 인정한 판결 사례는 없었다. 때문에 재판부가 판결문에서 '일본 정부가 강제동원자를 안전하게 운송해야 할 의무 불이행의 책임'을 명백히 규정했다는 점에서 관심을 끌었다. 즉 피해 자들을 부산항까지 안전하게 운송할 의무, 이것이 불가능할 경우는 안전하게 가장 가까운 항구까지 운송하고, 혹은 출발항으로 환송해야 할 의무가 있었 다는 것이다. 우키시마호 침몰에 의해 그 의무를 이행할 수 없었으므로, 이들 15명 원고에 대해 안전하게 운송할 의무 위반으로서 그 손해를 배상할 책임이 있다는 것이다.

그렇지만 원고단과 피고 측 모두 이 판결에 강하게 반발했다. 소송을 주도해온 송두회와 아오야기는 재판부가 '안전 배려 의무 위반' 문제로 사건의 본질을 회피했다며 도저히 받아들일 수 없다는 비판적 입장이었다. 즉 소송의 핵심은 구 일본제국이 징용으로 끌고 간 조선인들을 무사히 귀환시키지 못하고, 이들을 해군 관할 선박에 태워 의도적으로 죽였든 아니면 사고로 죽게 했든 이에 대해 사죄와 배상을 이행하라는 것이었는데, 재판부가 '잔재주'를 부렸다고 비판했다. 재판부가 마치 일반 여행에서 선박회사와 여객 사이의 승선계약 관계를 논하듯 안전 배려 의무 따위로 사건의 본질을 회피했다는 것이다.

1심 판결을 보러 법원으로 들어가는 소송 원고들. (2001.8.23.)

원고단도 반발이 심했다. 원고단의 반발은 두 가지 이유였다. 하나는 우키시마호 폭침의 규명은 물론 사과도 이뤄지지 않았고, 또 하나는 배상이 생존자에만 해당된다는 점이었다. 손해 배상은 원고 중 배에 탑승한 사실이 확인되는 15명에게만 해당되었다. 생존자 원고 20명 중 5명은 탑승 사실이 확인되지 않으므로 손해배상 대상이 아니며, 나머지 60명은 유족으로서 '법률관계 당사자'가 아니므로 채무불이행에 기초한 위자료 청구가 불가능하다는 것이었다. 생존자와 사망자를 구분해서 배상하는 것, 금액 또한 원고들의 요구에 턱없이 모자란 300만 엔이라는 점에 원고들은 분통을 터뜨렸다.

한 원고는 일본인 기자가 "당신은 300만 엔 받게 됐으니 소감을 말하라" 하자 "나는 부당하다고 생각하오. 우리가 같이 와서 같이 고생하다가 우리는 살아와서 자식 데리고 농사지어서 이렇게라도 먹고 사는데, 주려면 고생하다 죽은 그 사람들을 먼저 주시오. 그렇지 않으면 다 같이 줘야 합니다"라고 항변했다.

변호단은 법리를 따져서 승소 가능성이 있는 쟁점을 전면에 내세웠지만, 원고단은 사건의 진상을 규명하고 일본으로부터 사과와 배상을 받는 것을 더 중요하게 생각했다.

한편 교토지방재판소가 원고 측의 일부 승소 판결을 내리자 일본 정부는 당혹감을 표시했다. 후쿠다 야스오福田康夫 관방장관은 판결 직후 담화를 통해 "국가로서는 엄격한 판결로 받아들이고 있다"라며 "관계 부처와 충분히 검토해서 향후 대응책을 결정하겠다"라고 밝혔다.

송두회는 항소할 생각이 없었다. 그는 재판 과정에서 재판부는 물론 변호단에도 실망했다. 애당초 '지는' 재판이라고 생각했지만, 넘을 수 없는 벽임을 실감했다. 항소하는 대신 일본 정부를 상대로 부당함을 제기하고 여론화하는 방식을 생각했다. 그의 생각은 2001년 8월 추진회에서 발간한 '보고·우키시마호 소송' 책자에 나와 있다.

출항의 경위, 폭발의 원인은 중요하지 않다. 그것들은 문제의 본질이 아니다. 우키시마호 사건은 해군의 군무軍務 중에 발생한 사고이다. 우키시마호는 일본해군의 군함으로서 군함을 몬 것도 해군이고, 일본해군이 조선인의 귀환을 결정하여 배에 태웠다. 이것이 사건의 본질이며 이 일에 대한 책임을 묻고 있다.

일본이란 명목 아래에서 일본의 배에서 일어난 사건, 그것도 군무 중의 사건에 대해 일본은 왜 책임이 없다고 말할 수 있는가? 일본인 군인에게만 보상을 주고 일본인에 대한 책임만 인정하면서 조선인에 대한 책임을 부정하는 것은 어떤 이유에서인가?

송두회는 ① 사고는 우키시마호라는 해군의 이동 구조물 안에서 일어난 사고이며, ② 희생자는 모두 '원 해군 군무원'과 그 가족들이다. ③ 포츠담선언 수락 후라고 해도 일본제국은 해체되지 않았고, 해군도 아직 기능하고 있다.

이 세 가지 전제 위에서, 생존자도 사망자도 사건 당시에는 일본 국민이었던 만큼, 역대 정부가 가능한 범위 안에서 사건의 내용과 경위를 발표하고, 일본으로서 국민에 대한 진사와 보상을 해야 했으며, 그런 일을 50년 이상 외면해온 사실에 대하여 그 책임의 소재를 밝히고 진사와 배상을 청구한 것이 소송의 목적이었다. 또한 과거 조선 사람을 약자라고 얕보고 멸시해온 일본과 일본인들이 여전히 그 자세를 바로잡지 못하는 것, 입으로는 한일우호나 친선을 외치면서도 사실은 전후 일관되게 일본 정부의 무성의한 대응을 묵인해온 지식인들에게 '정의'나 '인도주의'란 무엇인가를 물어보기 위한 것이었다.

그는 책자 말미에서 말한다.

판결은 문제의 초점을 빗나가게 한 것이다. 일본 재판소에서는 본건에 대하여 일본의 책임을 물을만한 권위와 역량이 없는 것 같다.
언론 보도에 대하여-어느 신문사가 자주 쓰는 '구제'라는 말. 누가 누구를 구제하는가? 그리고 '인도상 문제'라는 말. 우키시마호 사건에 관하여 물어야 하는 것은 인도상 문제가 아니라 일본의 국가책임이라는 것을 처음부터 모르는 것 같고 알려고도 하지 않는다.

변호단 여러분-10년에 걸쳐 무리한 말만 계속해서 미안한 마음은 있지만, 처음부터 저 송두회와 변호단 여러분 사이에는 넘기 어려운 장벽이 있었다. 마지막이니 말하겠다. 섭섭했다.

송두회와는 달리 이금주와 원고단은 항소를 원했다. 10년을 끌어온 재판을 그만둔다는 것이 안타까웠다. 결국 송두회도 항소에 동의했다. 일본 정부는 9월 3일 오사카고등재판소에 항소했고, 원고 57명도 9월 6일 항소했다. 재판 도중에 세상을 떠난 원고도 있었고, 행방불명된 원고도 있어 원고 숫자가 줄었다. 변호단은 이런 사정 때문에 되도록 재판 기간을 단축하기 위해 서둘렀다.

또다시 싸움이 시작되었다. 항소심에서는 토다 요오헤이戶田洋平가 합류해 변호단은 10명이 되었다. 소송을 준비하고 제소해서 1심 판결까지 12년이 흐르는 사이 세상을 떠난 원고도 있었다. 세상을 떠난 원고의 경우 상속 문제가 대두된다. 2심 재판부는 상속권 문제를 명확히 밝히라고 요구했다. 한국에서도 해방 후 상속법이 몇 차례 바뀌었고, 특히 해방을 전후해서 특정인이 언제 사망했는가에 따라 상속권을 까다롭게 적용했다. 상속권 문제를 입증하기 위한 부대 작업에 많은 시간과 노력이 소요되었다.

항소심은 1심과는 다른 분위기에서 진행되었다. 우선 재판부가 전원 교체되었다. 2000년대 들어 중국인들이 일본을 상대로 전후 배상 관련 소송을 줄지어 제기했고, 소송 역시 강제동원에 관한 본질적인 문제를 정면으로 재판부에 제기하는 방식으로 전개되었다. 이에 따라 대일 과거청산소송에 관한 재판부의 대응방식도 바뀌게 된다.

'국가무답책'으로는 더 이상 대응할 수 없다는 판단에 따라, 이후 치밀한 법리 검토를 통해 '시효' 문제와 함께 한일 청구권 협정에 의해 모든 것이 해결되었다는 '청구권협정에 의한 해결론'을 들고 나왔다.

1990년 말까지 일본 정부는 '시효'를 언급한 적이 없었다. '시효'는 일단 도의적인 잘못, 나아가 가해 사실을 인정하는 것이기 때문이다. 즉 배상 책임이 있었을지 모르지만 오래전 일이니 더 묻지 말라는 것이기 때문에, 그런 식으로 가해 사실을 인정하지 않아도 재판에 이길 수 있다고 확신했다. 그렇지만 2000년을 전후해 일본이 패소하는 소송이 나오자 위기의식을 느끼게 되면서 '시효' 문제와 '청구권 협정'을 들고 나오게 된다.

1심 재판부가 원고단의 절절한 호소를 전면적으로 외면하지 못하고, 다른 유사소송에 영향을 미치지 않으면서 보상을 열어주기 위해 '안전 배려의무 위반'이라는 논거를 제시한 것과 달리, 2심 재판부는 "일본은 나쁜 짓을 하지 않았다"라는 식의 무책임하고, 사죄할 줄 모르는 가해자의 면모를 여실히 보여주었다.

2003년 5월 30일 오사카고등재판소는 "당시의 메이지 헌법 법질서 아래에서 정부는 국적과 관계없이 피해자의 민법상 불법행위 책임을 지지 않는다. 다수의 조선인 징용공들을 승선시켜 촉뢰의 위험을 따르는 항해를 명령했다고 해도, 해당 구체적 상황에서는 부득이한 조치였다"라며 원고들의 모든 청구를 기각했다. 2001년 8월 교토지방재판소가 일본 정부는 1인당 300만 엔씩 4,500만 엔을 희생자들에게 지급하라는 원심 판결을 뒤집은 것이다.

○ 우키시마호 운행은 국가의 통치권에 근거한 권력적 작용에 해당하므로, 당시의 법질서 하에서는 우키시마호 침몰에 대해 국가가 피해자에게 민법상의 불법행위 책임을 질 여지가 없다.

○ 우키시마호 침몰에 의해 조선인 승선자나 그 친족이 입은 손해 내지 피해는 이른바 전쟁 희생 내지 전쟁 손해에 속하는 것인바, 이에 대한 보상은 헌법이 전혀 예상하지 않았던 것으로 봐야 하며, 메이지 헌법 하에서도 이것은 마찬가지이므로 원고들의 손실보상 청구는 이유가 없다.

○ 우키시마호 침몰에 의해 손해 내지 피해를 본 자들에 대한 보상 내지 배상을 내용

으로 한 입법을 하지 않은 국회 내지 국회의원의 '입법부작위'에 대해, 이것이 '국가배상법'의 적용상 위법평가를 받게 되는 예외적 상황에 해당한다고 이해할 여지가 없으므로, '입법부작위'의 위법을 이유로 한 원고들의 손해배상 청구는 이유 없다.

1심 판결을 완전히 뒤집은 이 판결은 한국과 일본 사회에 큰 파문을 던졌다. 일본 지인들은 이금주에게 패소에 대한 위로문을 보냈다.

> 일본은 머지않아 멸망한다.
>
> 우리는 작은 단체지만 판결에 항의해 데모했다.
>
> 너무 억울하다. 잔념회残念會,억울함의 모임를 하자.
>
> 부끄러워서 말을 못 하겠습니다. 용서해주세요.
>
> 추울 때 더울 때 가리지않고 교토까지 와서 식사하던 모습 잊히지 않는다.

일본에서 아사히신문 기자를 비롯해 15명이 이금주와 원고들을 위로하기 위해 한국에 왔다. '억울함의 모임'을 1박 2일간 함께 했다. 이금주는 이들이 "가해국 일본은 피해국 한국에게 무엇을 했는가? 우리는 앞으로도 힘을 내서 계속 투쟁하자"라고 하는 말에 감동했다. 헤어지던 그 순간은 참 마음이 괴로웠고 눈물이 어렸다.

2004년 11월 30일 최고재판소에서도 기각 판결이 내려졌다. "일본 재판소에서는 본 건에 대하여 일본의 책임을 물을 만한 권위와 역량이 없는 것 같다"라던 송두회의 생각이 옳았음을 입증한 것이리라. 송두회가 항소심이 진행 중이던 2002년에 세상을 떠난 것이 그에게는 다행이었는지도 모른다.

1989년 소송 준비과정까지 포함하면 15년 세월이 걸린 소송이었다. 나카타 변호사, 아오야기가 상고가 기각되었다는 팩스를 보내왔다. 이금주는 이 소식에 전신이 떨리면서, 분노와 감사가 뒤섞인 눈물이 샘솟았다. 이상하게도 절망보다는 용기가 샘솟았다. 국적을 뛰어넘어 함께 싸운 추진회와 변호단에 대한 고마움이 한꺼번에 떠올랐다. 이 재판을 위해 70여 차례 일본을 드나드는 동안 변호단은 깍듯이 예의를 지키고, 최대한의 친절을 베풀었다. 아침에 일어나면 항상 찾아와 잠자리는 편안했는지, 음식은 입에 잘 맞는지 물었다. 기각될 때면 미안해서 어쩔 줄 모르는 일본인들을 볼 때마다 '일본은 선한 사람들이 있어 운이 좋은 악한 나라'라는 생각을 수없이 했다. 그는 변호단에 편지를 보냈다.

> 빈손으로 고맙다는 말만 전하는 것이 마음에 걸리지만, 오랫동안 쌓아올린 은혜는 절대 잊지 않을 것입니다.

우키시마호 소송은 수많은 대일 과거청산소송 중 선구적 위치에 있었다. 대일 과거청산소송에 대한 전례가 거의 없는 상태에서 진행되었고, 1심에서 '안전 배려의무 위반'이라는 논리로 부분 승소를 끌어냈다. 소송자료도 1심과 항소심 판결문 외에도 원고 측과 피고 측 주장서면, 증거자료, 신문조서, 부본_{副本} 등을 합해 총 18책에 달할 만큼 방대하다. 사건 전후 GHQ_{연합국최고사령부}와 일본 정부의 왕복 서한 및 군 관계 지령문서, 사건 직후부터 소송 당시까지 한일 양국의 보도자료, 우키시마호에 승선한 구 일본해군과 한국인 승선자_{본인 및 유족}의 구술자료 등 다양한 내용을 포괄한다. 우키시마호 소송은 최초로 관련 사료에 대한 발굴과 검증작업이 시도되었고, 이에 대한 해석을 둘러싸고 전면적 논쟁을 촉발함으로써 이 사건의 존재를 양국 사회에 널리 알리는 중요한 계기가 되었다고 평가받고 있다.

재판의 역사적 의의와는 별개로 소송을 제기한 원고들은 마음에 큰 상처를 입었다. 전승렬은 재판하는 동안 서른여섯 번 일본을 오갔고, 공직에 있었

우키시마호 폭침사건 해결을 촉구하며 시위하고 있는 피해자와 유족들.

던 장영도도 가능하면 재판에 참여하려 했다. 가장 서운한 것은 정부와 언론의 무관심이었다.

이금주는 재판이 한창 진행 중이던 1995년 1월 26일 외무부장관에게 광주유족회와 우키시마호 재판에 관한 경과보고와 첨부 서류 5종, 사진 등의 자료를 동봉하여 재판에 협조해달라는 호소문을 보냈다. 2월 28일 자로 답신이 도착했다. "그 일은 이미 끝난 일이고, 우키시마호 보상 문제는 현재 소송 계류 중이니, 차후 소송 추이를 예의 주시하면서 대응 방안을 검토하겠다"라는 내용이었다. 고등재판소 판결을 앞둔 2003년 2월 3일에도 노무현 차기 대통령과 인수위에 진정서를 보냈다.

노무현 차기 대통령님, 인수위 여러분. 60년간 얽히고설킨 이 비참한 사연의 매듭을 어디서부터 어떻게 풀어 설명할 수가 있겠습니까? 종이 몇 장으로 간추리는 내 답답한 심정을 헤아려주시기를 바랍니다.
저는 노무현 차기 대통령께서 텔레비전에서 국민에게 하는 약속을 주의

깊게 듣고, 이번에야말로 다를 것이라는 커다란 기대를 걸고 우리의 피맺힌 안타까운 처지가 상정되리라는 희망을 품고 호소합니다.… 불행했던 폭침 사건의 실마리를 풀기 위해 숨 가쁘게 걸어온 이 재판에 좋은 판결이 나도록 힘써 주실 것을 간곡히 부탁하는 바입니다. 더불어 제소한 피해자나 하지 않은 자나 꼭 같은 대우가 있기를 바랍니다.

많은 정치인에게 호소문과 진정서를 보냈으나 대답 없는 메아리였다. 원고들은 왜 한국 정부나 한국 시민단체가 아닌 일본 시민단체의 도움을 받아 재판하는가 생각하면 분통이 터졌다. 재판이 있을 때마다 일본 현지 언론은 열심히 취재해서 보도하는 반면, 한국 언론은 일회성 보도에 그쳤다. 전승렬은 말한다.

> 많은 한이 맺혀서 일본에 다녔지요. 힘없는 우리들이 다녔는데, 너무나 외로웠어요. 한 가정의 서자庶子처럼, 그렇게 외롭게만 다녔지. 재판 끝나는 10여 년간.

광주유족회 '은인' 송두회 타계

송두회가 세상을 떠났다. 2002년 6월 8일 오후 8시 20분 눈을 감았다. 향년 87세였다. 그날은 그의 생일날이었다. 세상에 태어난 바로 그 날, 다시 세상을 떠났다.

이금주가 그해 5월 2일 받은 편지가 마지막이었다. 편지는 "이 재판 운동을 계속함으로써 자자손손子子孫孫에게 알려라. 가까운 시일 안에 한 번 다녀가라"는 내용이었다.

1990년 처음 만나 의기투합한 이래 10년이 넘도록 7건의 소송, 아니 민족운동을 함께해온 사이였다. 한 번도 의견이 다른 적이 없었다.

1995년부터 건강이 나빠졌다. 재판 참관 차 일본을 갈 때마다 급속히 쇠약해지는 송두회를 볼 때마다 이금주는 마음이 아팠다. 그해 3월 2일 열린 우키시마호 재판 제9차 공판에 다녀온 것도 송두회의 문병을 겸해서였다.

송두회와 우키시마호 소송 원고들.

기세가 펄펄 넘치던 그분이 보통 때보다도 기력이 너무 약해진 것 같고, 나한테 그동안 너무 고생시켰다면서, 떠나올 때도 인사하면서 고개를 숙인 채 얼굴을 들지 못하고 돌아서는 그 모습에 지금도 내 마음은 아픕니다. 일생을 고독 속에서 책을 벗 삼아 고향에도 못 오시고 살아온 이분은 민족운동의 발기인이요 장엄한 분이라고 길이 남을 것입니다. 우리 광주 유족 회원에게는 잊지 못할, 또 잊어서는 안 될 은인이요 애국애족의 정신을 가진 분입니다. 〈1995년 3월 10일 월례회〉

비록 몸은 쇠해졌지만, 정신은 더욱더 맑아지고 강건해졌다. 1999년 10월

27일~28일 열린 우키시마호 재판 본인 증언차 일본에 갔을 때 만난 송두회는 얼굴은 많이 상했지만, 의지는 여전하였다. 이금주는 그때 "그분이 가장 먼저 전쟁 피해자에게 사죄와 배상 청구 소송이라는 불을 붙인 것이 지금은 세계 각국으로 불이 번져서 동남아시아는 물론 미국, 영국, 중국, 필리핀, 대만, 북조선 등등 각국에서 들고 일어나니 일본은 쫓기다 죽을 것 같다"라고 생각했다.

2001년 8월 23일 우키시마호 1심 판결 때 송두회는 불편한 몸을 이끌고 재판정에 왔다. 그는 기자회견에서 "우키시마호 대참사의 진상을 규명하지 못하고 정당한 사죄 요구를 기각한 재판 결과에 분노한다"라고 강하게 반발했다.

2002년 들어 송두회의 병세가 급격히 악화되었다. 이금주는 2월 28일 오사카고등재판소에서 진술한 원고 4명과 함께 일본에 가서 입원 중인 송두회를 문병했다. 송두회는 원고들을 껴안고 눈물을 보였다. 이금주는 마음이 너무 아팠고, 이것이 마지막인가 하는 생각에 괴로웠다. 그 예감은 현실이 되었다. 5월 2일 받은 송두회의 편지가 마지막이었다.

> 본디 암으로 고생했는데 기침과 담 때문에 약을 먹으면 어지럽고 잠이 오지 않는다. 다시는 여러분과 만날 수 없을 것이다. 자손들을 위해서 동포들을 위해서 굳건히 이 운동의 재산을 물려주라. 가까운 시일 안에 다녀가라.

이금주는 송두회에게 한방약 5일분을 지어서 보냈다. 그러고는 한 달여 만에 부음訃音이 날아왔다. 한번 다녀가라고 했는데, 미처 가보지 못했기 때문에 마음이 쓰리고 아팠다. 우키시마호 소송 대표 전승렬, 영동신문 박금용 기자와 함께 장례식에 가려 했는데, 일본 측과 연락이 제대로 되지 않아 참석하지 못했다.

5월 초부터 송두회의 병세가 악화되자 아오야기 모자母子를 비롯한 여러

지인이 24시간 체제로 교대하고 간호했다. 아오야기 모자와 야마모토 변호사를 비롯한 추진회 회원, 여러 시기에 송두회와 함께 활동한 사람 등 13명이 지켜보는 가운데 임종했다. 본인의 뜻에 따라 연명치료는 하지 않고 자연스럽게 맞은 죽음이었다. 편안하고 엄숙한 최후였다. 화장해서 유골은 바다에 뿌려졌다. 송두회 유언에 따라 유품은 아오야기가 관리하기로 했다.

이금주는 6월 20일 일본 마이니치신문 교토지국 노야마 테츠野山哲 기자와 인터뷰했다.

송두회 선생 서거에 대한 느낌을 말해 달라.

마치 아버지가 별세한 것처럼 허전함은 말할 수가 없다. 6월 8일에 돌아가셨다는 비보를 받고 깜짝 놀랐다. 장례 일정을 다시 연락해주기로 해서 9일 밤까지 기다렸는데, 끝내 회답이 없어서 참석 못 한 것이 후회스럽고 송 선생님한테는 천추의 한이다. 마침 이튿날 10일은 광주유족회 월례회 날이라 사람들이 모여서 송 선생님을 위해서 묵념했다. 송 선생님이 생전 애국애족의 사상을 환기해준 일과 우리에게 재판까지 알선해준 것을 애도하며 눈물을 머금은 분들도 있었다.

재판 준비에서부터 1심 판결까지 10년 동안 교토에 다니면서 그곳 사람들과 정이 많이 들었다. 앞으로는 교토에 갈 기회도 없겠고 교토와, 재판과, 송 선생님하고는 아주 이별이 된 셈이다. 그러나 우리는 그분이 제기한 우키시마호 재판을 통해 일본과 일본인들이 깊이 반성하고 진사 배상할 것이라는 희망을 품고 있다. 꼭 이뤄질때만이 그분은 고이 잠들 것이고 일본은 하늘의 축복이 있을 것이다.

송 씨는 엄격한 분이었나요?

그분은 엄격했고, 거짓말이 없고, 절대 표리부동表裏不同하지 않았다. 정확하면서도 강한 정의와 뛰어난 신념을 지닌 훌륭한 분이었다.

평소 어떻게 불렀습니까?

송 선생님이라 불렀으나 그분은 학생들을 가르치는 사람이 선생인데 나는 학생을 가르치는 사람이 아니기 때문에 선생이라고 부르지 말라 해서 송 상さん이라 불렀다.

2003년 5월 30일 우키시마호 오사카고등재판소 판결 전날 일본에 간 이금주는 즉시 교토에 가서 송두회의 빈소에 참배했다. 송두회가 거주하던 교토대학 타이노료의 방은 아직 비워달라는 말이 없어 생전에 살던 모습 그대로 꾸며져 있었다. 송두회의 사진이 놓인 그 방에 많은 일본인이 다녀간다고 했다. 만약 그 방을 비워야 하면 아오야기가 본인의 집으로 모셔가겠다고 했다. 송두회는 세상을 떠났지만 '송두회의 모임'은 매월 한 차례 열리고 있다는 말에 이금주는 깊은 감명을 받았다. 이금주는 서울 살레시오 수도원에 송두회의 연미사 봉헌을 요청했다.

2004년 6월 아오야기가 이금주와 전승렬을 일본에 오라고 초청했다. 알고 보니 송두회 3주기이자 탈상이었다. "일본인들이 송두회 씨를 위해 수백 리 길에서 모였고 또 아오야기 사무국장이 딸 노릇 하면서 제사를 모신다는데, 안 가자니 동료를 무시하는 것이고, 가자니 돈이 무서웠지만, 그래도 독한 맘 먹고" 다녀왔다.

이금주는 송두회를 항상 기억했다. 그와 함께한 세월을 어찌 잊을 수 있겠는가?

2009년 이금주는 경기도 안산의 김종수金鐘洙 목사가 간토關東대지진 당시 조선인학살 진상규명을 위해 노력한다는 사실을 알게 되었다.

1923년 9월 1일 일본 간토 지방에 진도 7.9의 대지진이 일어났다. 제1차 세계대전 후 경제 대공황의 소용돌이에 휘말린 일본은 이 재난으로 위기에 직면하게 되었고, 민심 수습을 위해 계엄령을 선포해야 했다. 급기야 조선인이 폭동을 일으킨다는 유언비어를 조직적으로 유포하여 민심의 불안이 극도에 도달했다. 이 날 오후 6시 계엄령을 선포한 일본 정부는 공작대를 조직하여 방화·독물 투입 등을 감행하여 마치 조선인들이 일으킨 것처럼 조작했다. 일본인들은 조선인 폭동설을 그대로 믿고, 지방별로 자경단自警團을 조직하여 조선인 대학살을 자행했다. 이때 학살된 조선인은 6,000여 명으로 추정된다. 무고한 한국인을 학살한 일본 군벌의 잔악한 행위는 일본 역사상 씻을 수 없는 오점으로 남았다.

김종수 목사는 간토대지진 조선인학살 진상규명을 위해 2007년 '간토대지진재(關東大震災) 조선인학살 진상규명과 명예회복을 위한 한일·재일 시민연대'를 만들어 일제 식민지 범죄 해결을 위해 한국과 일본 시민, 재일 한국인이 함께 연대하여 활동에 들어갔다.

이금주는 1995년 8월 일본에 갔던 일을 떠올렸다. 당시 진사와 배상을 요구하는 재판 추진회 대표 송두회, 사무국장 아오야기, 광주천인소송단 대표 이금주, 우키시마호사건소송단 대표 전승렬, 전쟁을 허용치 않는 스기나미회 대표 이와하시 등 5명의 연명으로 무라야마 도미이치(村山富市) 총리와 아오시마 유키오(靑島幸男) 도쿄도지사 앞으로 보내는 공개장을 작성했다. 내용은 1923년 간토대지진 당시 일본 군·관·민의 손에 학살당한 조선인 6,000명을 위해, 지금까지 위령탑도 없고 위령제 한번 거행하지 않는 일본 정부의 태도를 규탄하고, 이 사건의 진상을 이대로 은폐해도 좋은지 답하라는 것이었다.

이 공개장을 들고 무라야마 총리, 관방장관, 도쿄도지사 실을 방문했으나 자리에 없어 만나지 못하고 공개장만 전달했으며, 덴 히데오(田英夫) 참의원 의원을 만나 직접 전달했다. 이 내용은 재팬타임즈에 크게 보도되었고 아사히신문에서도 보도했다.

송두회는 또한 각 현·시·구·정·촌(県·市·区·町·村)[25]의 시민과 재일동포가 간토대지진 당시 학살당한 조선인 희생자들을 위해 제사를 지내도록 하자고 탄원하는 내용의 호소문을 작성하여 일본 각계 인사에게 배포하기도 했다. 한낱 파리 목숨에 불과했던 우리 민족의 영혼을 위로하기 위한 일이었다.

이금주는 김종수 목사에게 편지를 썼다. "송두회 선생이 간토대지진 조선인학살 사건을 여론화하기 위해 노력했으나 뜻을 이루지 못하고 타계한 것이 매우 서운하다. 태평양전쟁 희생자들을 위해 많은 관심을 기울이고 일본과

---

25 일본의 각 행정구역 단위

기업을 상대로 재판에 동분서주하면서도 간토대학살 사건을 꼭 재판하겠다고 계획했으나 그만 세상을 떠나고 말았다. 선생의 유지를 이어가기를 간절히 바란다"라는 내용이었다. 편지와 함께 당시 만들었던 무라야마 총리, 도쿄도 지사, 일반인에게 보내는 공개장 3매를 우송했다. 송두회의 뜻이 젊은 사람들에게 이어지고 있다는 사실에 절로 힘이 났다.

송두회는 '보고·우키시마호 사건 소송' 책자에서 말했다.

> 일본과 일본인들은 저나 이웃 사람들에게 어떻게 보여도 아프지도 가렵지도 않을 것이다. 저의 폐암처럼 지금 당장은 전혀 아프지도 가렵지도 않지만, 제 여명이 얼마 안 가서 끝날 것이 틀림없는 것과 마찬가지로 일본과 일본인들도 동아시아에서의 존립에 종지부를 찍을 것이다.

일본군'위안부' 최초의 승소 '관부재판'

'관부재판關釜裁判'은 일본군'위안부' 피해자 3명과 여자근로정신대 피해자 7명이 일본 정부를 상대로 손해 배상을 요구한 소송이다. 1992년에 시작되어 9년에 걸쳐 진행된 이 재판은 일본군'위안부' 피해자 관련 재판 사상 처음으로 배상 판결을 받아냈다는 역사적인 의미가 크다. 이 재판의 공식 명칭은 '부산 종군위안부·여자근로정신대 공식 사죄 등 청구소송'으로 시모노세키下關의 '관'과 부산釜山의 '부'를 따서 '관부재판'이라고 불린다.

관부재판은 부산의 여성 운동가 김문숙金文淑이 주도했지만, 출발부터 광주 유족회와 깊은 연관이 있다.

진주여고 교사 출신인 김문숙은 1970년대에 관광업에 뛰어들어 부산에서 '아리랑 여행사'를 설립하였다. 여행사와 면세점을 운영하는 성공한 사업가였던 김문숙은 1990년 4월 일본의 한 마을에 위안부 위령탑이 세워졌다는 기사를 우연히 보았다. 1986년 부산여성의전화를 설립하고 기생관광 반대

운동을 할 만큼 여성 문제에 관심이 많았던 그는 위령탑이 세워진 일본 지바千葉현 다테야마館山시를 찾았다. 그곳에서 일본군'위안부' 출신 일본 여성 시로다 스즈코城田すず子를 만나면서 위안부 문제에 눈을 떴다. 일본 병사의 노리개로 끌려온 한국 여성들이 인간 이하의 생활을 하다 "아이고, 엄마"를 찾으며 죽어가는 모습이 밤마다 꿈에 나타난다는 시로다의 말을 듣고 망치로 뒤통수를 맞은 기분이었다. 그는 일본을 오가며 도쿄, 오사카, 후쿠오카 등지의 도서관을 뒤져 위안부 자료를 찾았다.

김문숙이 일본군'위안부'에 관한 조사를 시작한 1990년의 여름은 지독하게 더웠다. 유독 더위에 약한 김문숙은 아무도 알아주지도 도와주지도 않는 외로운 작업을 오로지 민족의 희생자인 일본군'위안부'들 영혼의 한 조각이라도 거두어야 한다는 일념으로 혼신의 힘을 쏟았다. 조사를 진행하면서 그는 절망과 분노, 증오에 휩싸였다. 그 증오는 이내 침략자 보다 과거의 역사를 교훈으로 받아들이지 않는 우리 민족에게 향했다.

일제의 만행을 세상에 알려 그들의 한을 조금이나마 풀어줘야 미안함을 덜 수 있을 것 같다는 생각으로 1990년 12월 일본군'위안부' 실록 자료집과 진혼 여행 취재기록을 담은 '말살된 묘비 여자 정신대'를 펴냈다. 잃어버린 역사의 한 토막인 말살된 일본군'위안부'를 찾아 헤매고 다닌 지 15년 만인 2004년에는 사재 1억 원을 들여 부산에 '민족과 여성역사관'을 열었다.

1920년생인 이금주가 1988년 태평양전쟁희생자유족회 광주지부장을 맡으면서 운동가로 변신했듯이, 1927년생인 김문숙도 1990년 역사에서 잊힌 일본군'위안부' 존재를 알게 되면서 그 일에 뛰어들었다. 김문숙은 일본군'위안부' 문제 해결을 위해 1991년 정신대문제대책 부산협의회를 만들고 '신고 전화'를 개설했다. 부산 신고 전화로 8명이 신고했다. 부산 거주자가 5명이었고 경북 2명, 전북 1명이었다.

그는 일본군'위안부' 피해자들을 일일이 찾아다녔다. 하순녀河順女 피해자는 도배도 못 하고 짚만 간신히 깐 흙집에서 살고 있었다. 동사무소에서 한 달에 주는 쌀 석 되를 조카 집에 주고 밥만 얻어먹었다. 가족으로부터 버림받고 홀몸으로 끼니 해결도 어려운 그들의 굽이굽이 한 서린 이야기를 들었다. 너무도 억울하고 가슴 아픈 사연을 들으며 할머니들의 가슴에 진 응어리를 풀어주고 싶어 소송하기로 결심했다.

일본군'위안부'는 일본이 1931년 9월 만주사변을 일으킬 때부터 태평양전쟁에서 패전한 1945년까지 전쟁을 효율적으로 수행하기 위해서라는 명목으로 군대에 설치한 '위안소'에 강제동원되어 일본군의 성노예 생활을 강요당한 여성을 말한다. 일본군은 현지 여성에 대한 강간 방지, 매춘에 의한 성병 예방, 병사들의 성적性的 위로를 명목으로 '위안소'를 설치하였다. 1937년 중일전쟁 이후 위안소의 설치, 경영, 위안부의 모집, 수송에 이르는 전 과정은 군軍이 주도했으며, 내무성·외무성 등 일본 정부 기관과 조선총독부, 대만총독부도 적극적으로 협력했다. 초기에는 일본과 조선, 타이완 여성을 주로 동원했으며, 전쟁이 장기화하면서 일본의 점령지인 중국, 필리핀, 인도네시아, 베트남, 미얀마, 인도네시아 거주 네덜란드인 여성들도 위안부로 강제동원되었다.

일본군'위안부'는 대부분 "공장에 취직시켜 주겠다", "많은 돈을 벌 수 있다"라는 취업 사기나 협박 및 폭력에 의한 동원, 인신매매 및 유괴 등을 통해 연행되었다. 여성들은 군인이 직영하거나 민간업자가 경영하는 위안소에서 성노예 생활을 강요당했다. 업주나 군인에 의한 일상적 폭력이 잦았고, 자살이나 살해 사건이 생겨도 유기되는 경우가 많았다. 병사 몇 명을 상대했는지 증명하는 군표軍票[26]를 받았으나, 대부분 업주가 관리했기 때문에 대가를 받지 못했다.

전쟁이 끝나자 위안부들은 현지에 버려져, 스스로 고향에 돌아올 방법을

---

26 일본이 아시아·태평양전쟁 당시 점령지에서 발행한 특수 화폐

찾아야 했다. 돌아갈 방법이 없거나, 고향에 돌아갈 면목이 없어서 현지에 눌러앉는 경우도 많았고, 살아남은 피해자들도 심각한 육체적·정신적 후유증으로 평생 고통 속에 살았다.

'조선여자근로정신대朝鮮女子勤勞挺身隊'는 일제강점기 말기에 조직된 태평양전쟁 지원 조직이다. 본래 '정신대'는 '일본 국가天皇를 위해 솔선하여 몸 바치는 조직'이라는 의미로, 노무자나 군인, 군무원 등 여러 분야의 전쟁 지원 단체에 붙여 사용했다. 전쟁이 계속되면서 노동력이 부족해지자 '근로정신대'가 조직되어 전쟁 수행을 위한 노역에 투입되기 시작하였으며 여성으로 이뤄진 '여자근로정신대'도 결성되었다.

조선에서의 '여자근로정신대' 동원은 전쟁 말기에 일본 본토에서 시행된 '여자근로동원 촉진에 관한 건'(차관회의 결정, 1943년 9월), '여자정신대제도 강화방책요강'(1944년 3월), '여자정신근로령'(1944년 8월) 등의 법령과는 관계없이 그 전부터 시행되고 있었다.

야마모토 변호사에 따르면, 한국에서의 여자근로정신대 동원은 여자정신근로령 등의 제정 이전부터 시행되었던 만큼, 일본인을 대상으로 한 여자근로정신대와 한국인을 대상으로 한 여자근로정신대는 이름이 닮았으나 다른 제도라는 것이다. 일본의 여자근로정신대는 40세 미만의 여성을 동원했으나 한국은 가장 나이 많은 경우가 17세 정도였으며, 강제동원의 일종인 '관 알선' 형태로 이뤄졌다.

특히 1944년~1945년에 시행된 여자근로정신대는 주로 10대 초·중반의 여학생을 대상으로, 학교 교장이나 담임교사가 상급학교 진학과 높은 임금을 제시하며 지원을 종용했다. 이들은 일본의 미쓰비시三菱중공업 나고야항공기제작소(약 300명), 후지코시不二越 강재공업 도야마富山 공장(1,089명), 도쿄아사이토東京麻絲방적 누마즈공장(약 300명)등 일본 지역과 조선의 평양조병창과 가네가후치鐘淵방적공장 등에서 혹독한 강제노동에 시달렸다. 미성년 아동에 대한 노동력 착취였다.

조선여자근로정신대는 노동력의 동원이라는 점에서 성적 착취가 이뤄진 일본군'위안부' 피해자와는 다르지만, 한국 사회에서는 정신대라는 용어가 일본군'위안부'와 혼용하여 사용되었다. 이 때문에 근로정신대로 강제노동을 하고 온 여성들은 대부분 일본군'위안부' 피해자로 오해받을까 봐 근로정신대였다는 사실을 발설하지 못했다. 태평양전쟁 때는 가혹한 노동에 시달리고, 전쟁이 끝나고도 오랫동안 사회적 편견과 차별에 시달리는 이중고를 겪어야 했다.

1991년 들어 태평양전쟁 관련 단체들이 본격적인 대일 과거청산소송을 시작했다. 광주유족회가 주도한 광주천인소송 설명회를 위해 야마모토 변호사와 야마자키 변호사가 1992년 5월 29일 광주를 방문했다.

이 소식을 들은 김문숙은 일본군'위안부' 소송을 상의하기 위해 두 변호사에게 만날 것을 요청했다. 두 사람은 광주 일정을 마치고 부산에 가서 김문숙을 만났다. 두 사람은 일본 정부가 일본군'위안부' 보상 문제에 관한 변화를 보이고, 양심적인 일본 지식인들도 일본군'위안부' 보상이 이른 시일 안에 이뤄져야 한다는 공감대가 형성되고 있기 때문에 소송을 해볼 만하다고 조언했다. 그들은 김문숙이 그동안 만나 작업해 놓은 일본군'위안부'와 근로정신대 9명의 경위서를 넘겨받고, 또 다른 피해자들을 만나 증언을 들었다. 변호사들은 그 후 두 차례 부산을 방문해 피해자들의 증거를 조사했다.

자연스럽게 광주천인소송을 맡은 변호단이 관부재판을 맡게 되었다. 변호단은 총 10명으로 구성되었다. 대일 소송에서 꼭 필요한 지원모임도 꾸려졌다. 하나후사 도시오花房俊雄와 하나후사 에미코花房惠美子 부부가 만든 '전후 책임을 묻는다·관부재판을 지원하는 모임이하 관부재판지원회'이 1993년 4월 17일 출범했다.

원고는 일본군'위안부' 피해자 3명과 여자근로정신대 피해자 7명 등 10명으로 3차에 걸쳐 소송에 참여했다. 1차로 1992년 12월 25일 일본군'위안부' 피해자 박두리朴頭理·하순녀河順女와 도야마 후지코시 여자근로정신대에 동원됐던 박소득朴小得·유찬이柳贊伊 등 피해자 등 4명이 시모노세키 지방재판소에 제소했다. 원고들은 헌법 전문, 대 일본제국 헌법상의 손실 보상, 안전 배려 의무, '입법부작위'에 따라서 공식 사죄, 전 '위안부' 피해 원고에 배상금 각 1억 1,000만 엔, 법무대신法務大臣[27]의 '공창公娼'[28] 발언에 대한 위자료 100만 엔, 근로정신대 원고에 대해 손해 배상 각 3,300만 엔의 지급을 청구했다.

근로정신대 피해자 양금덕, 일본군'위안부' 피해자 이순덕과 함께 야마구치지방재판소 시모노세키지부로 향하고 있는 이금주 회장. (1994.3.14.)

1년 뒤인 1993년 12월 13일에는 2차로 일본군'위안부' 피해자 이순덕李順德과 도쿄아사이토 방적 근로정신대 피해자 이영선李英善·강용주姜容珠·정수련鄭水蓮, 도야마 후지코시 근로정신대 피해자 박순복朴順福 등 5명이 소송에 합류했다.

---

27 법무부장관
28 국가의 허가를 받고 합법적으로 하는 성매매 제도. 과거 일본제국의 경우 태평양 전쟁을 전후하여 정부 주도 사업으로 시행했다.

이어 1994년 3월 14일 미쓰비시중공업 나고야항공기제작소 여자근로정신대 피해자 양금덕梁錦德이 마지막으로 소송에 함께 했다.

재판 관할 장소로 도쿄가 아닌 시모노세키를 선택한 이유는 연로한 원고들이 일본을 오갈 때 도쿄보다는 시모노세키가 시간적, 경제적으로 용이하다는 점, 일본에서는 양심적인 재판관이 도쿄보다는 지방지부에 비교적 많다는 점, 무엇보다 법률적으로 시모노세키가 강제동원된 피해자들이 상륙한 지역으로서 '불법 행위지'인 시모노세키 지부에 관할권이 있다는 법적 근거에 따른 것이다.

일본 정부는 1993년 4월 구두변론을 앞두고 시모노세키에서 열릴 재판을 도쿄지방재판소로 이송하겠다는 신청서를 제출했다. 정부가 소송을 당한 만큼 정부 기관이 있는 도쿄에서 재판하겠다는 것이었다. 변호단은 원고들이 출정에 드는 시간과 비용을 상세히 증명하여 시모노세키에서 심리를 계속하는 것이 이익이다는 점을 주장했다. '관부재판지원회'에서도 이송에 반대하는 서명운동을 전개하여, 한 달 동안 1만 명의 서명을 모아 제출했다. 담당 판사는 일본 정부의 이송 신청을 각하하여 드디어 시모노세키에서 재판이 시작되었다.

관부재판은 영화 '허스토리HERSTORY'[29]의 영향으로 부산 지역에 거주하는 피해자들의 재판인 것처럼 알려져 있으나, 부산의 김문숙과 광주유족회 이금주의 합작품이다. 관부재판이 열리기 이전부터 두 사람은 위안부, 근로정신대 피해자를 파악하면서 자주 연락을 취했다. 이금주가 관부재판에 본격적으로 관여하기 시작한 것은 1993년 12월 일본군'위안부' 피해자 이순덕, 1994년 3월 근로정신대 피해자 양금덕을 원고로 합류시키면서부터다. 일본군'위안부' 피해자 하순녀도 어린 시절 전남 영암에서 살다가 광주에서 입주 가정부로 생활하던 중 1937년 동원됐다.

---

29 민규동 감독, 2017 제작.

1992년 12월 25일 제소 이후 9개월여 만인 1993년 9월 6일 제1차 구두 변론이 열렸다. 이 변론에는 판사 3명, 하순녀·박두리·유찬이·박소득 등 원고 4명, 보좌인 김문숙, 변호사 3명, 그리고 피고 대리인으로 일본 법무성에서 2명, 외무성에서 2명, 히로시마고등재판소 검사 6명이 배석했다. 방청인과 보도 관계자 50여 명이 지켜보았다.

올해 74세가 됩니다. 19세 때 어떤 일본사람이 돈벌이가 잘된다고 하여 위안부 생활을 강요당했다가 종전 뒤 한국에 돌아왔습니다. 군인들 상대를 거부하다가 심하게 맞았습니다. 머리에 상처가 있고 비 오는 날에는 지금도 많이 아픕니다. 너무 비참하게 살고 있어요. 재판으로 잃어버린 나의 인생을 하루라도 빨리 보상해주시오. 결혼도 못 했고 아이도 없어요. 재판이 살아있는 동안에 끝이 날까요? 알려주세요. 〈하순녀〉

배고프고 얻어맞는 성노예의 생활을 여기서 다 이야기할 수 없습니다. 일본 정부가 1억의 몇십 배를 주어도 이 고통은 끝나지 않을 것입니다. 여기에 있는 일본인들이 나를 이 꼴로 만들었습니다. 내가 고생한 것은 일본 전부를 준다 해도 싫고, 본래의 모습으로 돌려달라는 것만이 소원입니다. 〈박두리〉

열네 살 때 학교 선생의 끈질긴 권유로 여자정신대에 지원했습니다. 그것이 일본에 대한 충성이라는 가르침에 따라 도야마의 후지코시 공장에 갔습니다. 추웠던 도야마의 겨울은 사고로 손끝이 잘리고, 고생의 연속이었습니다. 작년 12월 시모노세키에 왔을 때 시모노세키항에 가봤습니다. 열네 살의 단발머리가 왔던 이곳에 50년 후 백발의 할머니가 되어서 또다시 올 줄 몰랐습니다. 너무나 슬퍼서 큰 소리로 울었습니다. 배가 고파서 울던 일, 고된 일에 시달린 슬픔은 지금도 생각납니다. 〈박소득〉

일본인과 면사무소 직원이 와서 공장에서 일하면 돈도 벌고 좋다고 해서 그 말만 믿고 어디로 가는지 무엇을 하는지도 모르고 따라갔습니다. 도야마 후지코시 공장에 도착해 보니 일본 청년들이 선반으로 부품을 깎고 있

었습니다. 아침부터 밤까지 일했습니다. 제일 괴로웠던 일은 너무 배가 고
파서 아무 풀이나 뜯어먹어서 배탈이 난 일입니다. 공습과 격심한 노동에
미쳐버린 사람도 있었습니다. 1년 반 동안 일했는데 10원도 받지 못했습니
다. 〈유찬이〉

9개월 동안 기다린 끝에 열린 재판이었다. 박두리 피해자에게는 일본인
검사를 보는 것이 또 다른 고문이었다. 마치 일본군을 보는 것만 같아 "검사
들의 목을 조르고 싶다"라는 생각마저 들었다.

이금주는 1993년 12월 관부재판지원회와 변호단 초청으로 이순덕 원고
와 함께 일본을 방문하여 시모노세키 지부에 2차 소장을 직접 제출했다.

이순덕은 1918년 전라북도 익산에서 태어났다. 단칸방 초가집에 소작할
땅도 없이 남의 집 삯일로 생계를 이어가는 가난한 살림이었다. 학교는 생각
도 못 했다. 어머니가 길쌈을 해서 사다 준 공책과 연필을 아버지가 "여식을
가르치면 나중에 시집가서 친정에 편지한다"라며 불살랐다.

열아홉 살이 된 1937년 어느 봄날 밭두렁에서 쑥을 캐고 있는데 조선인
남자가 "따라오면 신발도 옷도 주고, 배불리 먹을 수 있는 곳에 데려가 주겠
다"라고 말을 걸어왔다. 남자의 꼬임에 귀가 솔깃했다. 아무 생각 없이 따라
나섰다가 문득 어머니께 인사라도 드려야겠다는 생각이 들었다. 집에 들르겠
다고 했더니 시간이 없다며 덥석 손을 잡았다. 갑자기 무섭고 부끄러운 생각
에 울음을 터뜨리자 뺨을 때리며 길을 재촉했다. 한 시간 반을 걸어 이리 읍
의 여관에 도착했다. 여관에는 처녀 14~15명이 도착해 있었다. 같이 저녁을
먹고 한방에서 하룻밤을 묵었다. 방문은 이미 자물쇠로 잠겨있었고, 모두 어
디로 끌려가는지도 모르고 밤새도록 울었다.

이튿날, 허리에 총을 두른 일본군 군인 3명이 이리역에서 열차에 태워 중
국 상하이까지 끌고 갔다. 트럭을 타고 세 시간을 달려 일본육군 주둔지에 도
착했다. 그곳에서 군용 텐트 근처에 군데군데 놓인 오두막집에 한 명씩 들여

보냈다. 오두막은 거적 벽에 싸리로 엮어 만든 경사도 없는 지붕이 얹어져 있었고 다다미 2~3장 크기의 바닥은 낙엽 더미와 대나무로 엮어진 깔개 위에 국방색 모포가 깔려 있었다. 혈액검사를 받고 606호라 불리는 주사를 맞았다. 평일에는 8~9명, 일요일에는 15~16명의 군인을 상대해야 했다. 심지어 생리 기간에도 일을 해야 했지만, 돈이나 군표를 받은 적은 한 번도 없었다.

같은 처지의 여성들과는 얼굴을 볼 수도, 말을 할 수도 없었다. 항상 군인들이 문 앞을 지키고 있었다. 식사는 군인이 오두막 앞에 가져다 놓고 종을 울리면 각자 안으로 가져가서 먹었다. 1945년 7월 무렵 한 군인이 "자신과 약속해 놓고는 왜 다른 남자와 잤느냐"라며 군홧발로 배를 걷어차고 칼로 등을 내리쳤다. 기절했다가 깨어났을 때 바닥이 흥건히 피에 젖어 있었다. 양쪽 가슴과 엉덩이에 흉터가 고스란히 남아 있다.

1945년 8월 어느 날 조선인들이 몰려와서 해방이라며 환호했다. 일본 병사들은 어느새 사라진 뒤였다. 조선인들을 따라 지붕 없는 화물열차를 타고 며칠 걸려 간신히 집에 돌아왔다. 집에 들어서면서 어머니하고 불렀더니 이모가 뛰쳐나왔다. 부모님은 하루아침에 없어진 딸을 찾아 헤매다 화병으로 세상을 떠났다고 했다. 몇 년 만에 만난 남동생도 얼마 지나지 않아 병으로 죽었다.

1년여 후 열일곱 살이나 나이 많은 전북 김제 출신 한 남자의 후처가 되었다. 따뜻한 사람이었지만 8년 만에 병으로 세상을 떠났다. 자식이 없었고, 전처소생 아들과 며느리는 남 보듯 했다. 그 뒤 두 번째로 부인과 사별한 광주 사람의 후처로 들어갔다. 사이는 좋았지만, 아이가 생기지 않았다. 산부인과를 찾아갔더니 의사가 "과거에 무슨 무리한 일이 있었느냐"라며 자궁변형으로 아이를 갖기 어렵겠다고 했다. 첫 번째 남편과 두 번째 남편에게도 과거를 말하지 못했다. 그러다 큰 결심을 하고 1992년 3월 14일 광주유족회에 입회했다.

이금주는 1994년 3월 14일 미쓰비시중공업 나고야항공기제작소 근로정신대 피해자 양금덕이 마지막 원고로 소송에 합류할 때도 함께 했다. 관부재판지원회 초청으로 이순덕·양금덕과 함께 일본을 방문하여 시모노세키 지부에 3차 소장을 제출했다. 5월 16일 열린 4차 구두 진술에서 양금덕이 진술할 때 이금주는 통역을 맡았다.

관부재판 4차 구두 진술을 마친 원고 양금덕과 함께 언론 브리핑을 갖고 있는 이금주 회장.
(1994.5.16.)

1929년 전남 나주에서 6남매 중 막내로 태어났습니다. 부모님은 소작농이었습니다. 나주대정大正보통학교현 나주초등학교 6학년 때인 1944년 5월, 마사키 도시오正木俊夫 교장과 곤도近藤 헌병이 교실로 들어와 "체격이 좋고, 머리 좋은 아이가 일본으로 가서 일하면 돈을 많이 벌 수 있고 여학교에도 갈 수 있다. 돌아올 때는 집을 한 채 살 만큼의 돈을 가지고 돌아오게 된다. 가고 싶은 사람은 손을 들어라"고 했습니다. 친구들은 모두 손을 들었고, 똑똑하고 몸이 튼튼한 9명이 선발되었습니다. 나는 아버지가 반대하는 통에 허락 없이 도장을 들고나와 담임에게 건넸습니다.

미쓰비시 비행기 공장에서 일한다는 말은 회사 기숙사에 들어가서 들었습니다. 비행기 부품을 알코올로 씻고 페인트칠하는 일을 하다가 결국 냄새를 못 맡게 되었고 알코올 때문에 시력이 나빠졌습니다. 배고파서 수박 껍질을 주워 먹는 저에게 일본인 여학생이 반도인 룸펜_{주거나 직업이 없는 부랑자나 실업자}이라고 했습니다. 1944년 말 지진이 나서 나는 구조되었지만, 함께 나주에서 갔던 두 명은 죽었습니다. 전쟁이 끝나자 임금을 한 푼도 받지 못하고 귀국했고, 근로정신대에 갔다는 이유로 혼담이 있을 때마다 퇴짜를 맞았습니다. 결국 먼 곳에 사는 사람과 결혼했고, 남편이 죽을 때까지 근로정신대 이야기를 숨겼습니다.

이날 양금덕이 진술을 잘해 많은 사람과 지원 단체로부터 치하를 받았다.

그해 8월 31일 사회당의 무라야마 총리가 전후 50년을 향한 담화에서 위안부 문제에 대해 다시 한번 '진심으로 깊은 반성과 사죄의 마음'을 표명하며 민간기금을 통해 일본군'위안부' 피해자를 지원할 뜻을 밝혔다. 일본군'위안부' 문제 해결을 위해 일본 정부의 공식적인 배상이 아니라, 민간 차원의 모금을 통해 피해자를 지원하겠다는 이 방안은 많은 비판과 반발을 불러일으켰다.

9월 4일 변호단 및 일본 소송 지원단체, 원고들이 함께 민간기금 구상에 반대하는 항의 집회와 거리행진을 펼쳤다. 이금주와 이순덕은 부산으로 가서 김문숙과 함께 후쿠오카로 갔다. 준비해간 '진사 배상 없이 한일우호 있을 수 없다', '태평양전쟁희생자한국유족회'라고 쓰인 펼침막을 차량에 붙이고, 원고들이 탄 휠체어를 변호사들이 밀고 다녔다. 집회에서 무라야마 총리 망언 취소와 태평양전쟁 피해자들 전원에 대한 개인적 배상을 촉구했다.

이날 집회에는 일본 기자 25명이 취재를 나왔다. 이순덕에게 한 기자가 민간기금을 통한 해결 방식에 관한 생각을 물었다. 평소 말수가 없이 조용한 성품의 이순덕이 단호하게 말했다.

나는 거지가 아니다. 이 집 저 집 모아서 주는 돈 안 받겠다.

일본군'위안부' 문제에 대한 일본정부의 책임을 촉구하며 일본 지원단체와 함께 거리행진에 나선 일본군'위안부' 피해자 이순덕과 이금주 회장.

이순덕은 다음 날 열린 재판 본인 신문에서도 재판관 앞에서 당당하게 진술했다.

> 일본이 보상할 거라면 내가 죽기 전에 해줬으면 좋겠습니다. 내가 살아 있을 때 보상금을 받으면 옷도 사 입고, 병원에도 가고, 약도 살 수 있습니다. 만약 내가 죽고 나서 보상한다면, 대체 누구더러 그 돈을 쓰라는 겁니까? 일본 정부는 보상 대신 여성자립센터를 만든다고 하는 데 어림없는 일입니다. 개인 보상을 하지 않는다면 이대로 총리대신을 찾아가 그 앞에서 자살할까 하는 생각도 하고 있습니다.

본인 신문 과정에서 상하이의 군 '위안부' 생활에 대한 질문이 진행되면서 변호인이 이순덕의 이야기를 바탕으로 '위안부' 그림을 그렸다. 이순덕은 그 그림을 보고 매우 흥분하여 일본도로 베인 등이 아프다며 울다가 실신했다.

방청객으로 온 의사가 얼음으로 머리를 식히고, 곁에 있던 이금주가 돌보자 정신을 차렸다. 두 번이나 이런 일이 벌어졌다. 사람들의 마음을 사무치게 한 절절한 증언 덕분에 신문이 잘되어 이제는 일본 재판소에 안 와도 되겠다는 재판장의 답변을 들었다. 이금주는 당시 심경을 1994년 9월 10일 광주유족회 월례회 기록에 남겼다.

일본 정부의 직접 배상을 회피한 무라야마 담화에 대해 규탄하고 있는 일제 피해자.

무라야마의 뜻은 정부 재산으로 하지 않고 민간모금으로 해서 위문편지와 위로금 조로 적당히 때우고, 10년 거치 1,000억 엔을 가지고 아시아교류센터를 설치하여 유학생들의 교류사업과 역사연구비로 사용하고 개인 보상은 않겠다는 것이다. 이처럼 일본 측에서는 교만하고 미묘한 계책을 꾸미고 있다. 입술로는 빌어도 조건이 있는 진정한 사죄는 하지 않으려는 계략이어서, 국민한테 모금하여 동정금 조로 준다는 것이다. 정부 차원에서 일본군 '위안부' 개인 보상을 하게 되면 전쟁 피해자 모두에게 보상해야 하므로, 아깝고 창피하고 복잡하니까 이런 수법을 쓴다.

우리나라 대통령도 과거사는 다 잊어버리자고 했다. 일본 일부에서와 우리 피해자를 돕는 모 단체에서도 무라야마의 뜻에 찬동하는 자가 있어서 일본 지원 단체 간에도 분열이 되기 쉬운 상태. 그러나 우리 쪽에서 외치는 소리는 민간모금이란 웬 말이냐? 우리는 거지가 아니다. 일본 나라에서 저지른 죗값은 이 사람 저 사람한테서 동냥 식으로 걷어서 동정금으로 주는 것은 안 받겠다. 너희들은 정정당당히 무릎을 꿇고 정부 차원에서 내놔라. 하루속히 정부에서 사과하고 우리가 죽기 전에 돈을 내놔라. 그 일이 이뤄지지 않으면 이래 죽으나 저래 죽으나 한목숨이니 일본 나라 높은 사람집 앞에 가서 자결하겠다.

　재판은 3개월에 한 번씩 열렸고, 5년여에 걸쳐 20차례 변론이 진행됐다. 원고 열 명 중 아홉 명이 의견 진술을 하고, 여덟 명에게 본인 신문을 하였다. 그 결과 대부분의 변론 기일에 재판관이 원고의 생생한 육성을 들었다. 양금덕은 1996년 7월 25일 본인 신문에서 "재판장님, 당신의 귀한 딸이 어린 나이에 나 같이 외국에까지 속아 끌려가서 이처럼 배고프고 매 맞으며 벌서고 번 돈을 안 준다면 당신의 마음은 어떻겠소? 입장을 바꿔 생각해서 곧임금을 주도록 하시오"라며 울었다.

　이금주가 보기에 재판장도 고개를 숙이고 당신의 말 충분히 알아들었다면서 고개를 주억거리는 듯했다. 이순덕·양금덕 두 사람이 진술을 잘한 것은 그만큼 준비를 철저히 했기 때문이다. 이금주는 원고들이 제대로 진술할 수 있도록 사전에 만나 몇 차례 연습하고, 재판 때마다 동행했다. 또한 간절하게 기도하고, 또 기도했다.

　원고 중의 한 사람인 박소득의 일본인 담임교사가 1997년 5월 30일 제18회 구두변론에 증인으로 참석한 것도 관심을 끌었다. 박소득은 대구달성공립국민학교현 대구달성초등학교 6학년 때 담임교사의 권유로 근로정신대에 지원했다. 박소득이 4학년 때 담임을 맡은 스기야마 도미杉山トミ는 마음 한편에 죄책감을 느끼며 도야마에서 한일 우호를 위한 운동에 몸담아 왔다. 지인을 통해

관부재판을 알게 된 스기야마는 적극적으로 제자를 찾았다. 1993년 4월 17일 후쿠오카에서 열린 관부재판지원회 출범 집회에 박소득이 참가한다는 사실을 알게 된 스기야마는 공항으로 찾아가 제자와 49년 만에 눈물의 재회를 했다. 그로부터 4년 후 스기야마의 증인 신문 신청이 통과되어 구두변론을 할 수 있었다.

　　4학년이었던 박소득이 귀여운 단발머리 소녀였다고 또렷하게 기억합니다. 학교에서는 여기가 일본 나라이며 모두가 일본인이라고 인식시키고, 천황에게 충성하겠다는 노래를 매일 부르게 했습니다. 주로 남자 선생님들이 졸업생들의 집을 찾아가 근로정신대를 권유했고, 매우 명예롭고 훌륭한 일이라는 점을 강조했습니다.

이금주는 스기야마의 증언을 매우 높게 평가했다. 1997년 6월 10일 월례회에서 스기야마 선생을 '양심가'라고 말했다.

　　박소득 원고가 국민학교 4학년 때 부임했던 일본인 선생이 지금도 살아 있어서 과거의 황민화 교육의 실상을 밝히고, 근로정신대와 일본군'위안부'가 구분이 안 된 한국 사회에서 일본군'위안부'로 오해받아 혼인도 제대로 못하고 고생했다는 증언을 함으로써 많은 도움을 주었다. 유독 일어를 안 쓰는 학생에게는 목도木刀 위에 꿇어앉는 벌을 주었고, 한 달에 한 번 신사참배와 매일같이 황국신민의 맹세를 외워야 했다는 증언이었다. 이 증언을 한 스기야마 선생은 양심가요, 그 굳고 맑은 의지에 깊이 감동했다.

　　모두 전후 태생이었던 변호단은 개인의 존엄성이 최고의 가치가 된 전후 사회에서 일본군'위안부'와 근로정신대 피해자들에 대한 사죄도, 배상도 없이 방치해온 사실이야말로 부끄러운 일이라고 생각했다.
　　관부재판 주임 변호사인 야마모토는 '입법부작위를 원인으로 한 국가배상 청구' 주장이 가장 솔직하다고 판단했다. '입법부작위'는 입법자가 입법 의무가 있음에도 그 의무를 이행하지 않거나 불완전하게 이행하는 것을 말한다. 전후 수십 년이 지나 식민지배 피해자들이 일본에 사죄와 배상을 요구하는 소송을 제기하는 까닭은 일본의 전후 보상이 식민지배나 전쟁을 주도한 사람들에게는 후하고, 전쟁에 동원된 사람들에게는 박한 '원호법援護法' 체계에 의거하여 시행되었고, 거의 모든 입법에 국적國籍 조항을 두어 일본인만을 적용 대상으로 한 것에 기인한다고 보았다. 즉 전후보상 문제는 아시아 피해자들에 대한 보상 입법이 결여된 '입법부작위' 문제라는 것이다.

하지만 입법행위의 위법 책임과 관련해서는 일본최고재판소가 1985년 선고한 "국회의원의 입법행위는 그 입법 내용이 헌법의 문언文言에 명백히 위배됨에도 불구하고 국회가 굳이 해당 입법을 하는 것과 같이 쉽게 상상하기 어려운 예외적 경우가 아닌 한, 국가배상법 제1조 제1항 규정의 위법 행위에 해당하지 않는다"라는 판결이 있다. 즉 입법행위의 위법 책임을 추궁하며 배상을 요구하는 길을 사실상 막아 버린 것이다. 또한, 당시 일본 정부는 한일 청구권 협정으로는 개인 청구권이 소멸하지 않았고, 청구를 인정할지 여부는 개개의 사실에 입각하여 재판소가 판단해야 한다는 입장이었다.

변호단은 전후에 인권 회복 조처를 하지 않은 일본 정부의 책임에 대해 헌법 전문, 제9조, 제13조를 주요 근거로 추궁하기로 하고, 그것을 '도의적 국가의 의무'라 명명하여 메이지 헌법상의 재산권 보상을 근거로 주장하고, 또 여자근로정신대에 대해서는 국가와의 계약 관계를 근거로 하는 주장을 예비적으로 주장하였으며, 나아가 그 예비적 주장으로 '입법부작위'로 인한 국가배상 책임을 주장하였다.

1998년 4월 27일 1심 판결 날이었다. 소송을 시작한 지 5년 4개월 만이었다. 원고들과 지지자들을 실은 차량 8대가 후쿠오카에서 시모노세키에 도착했다. 재판소 앞은 보도진 100여 명과 방청권을 구하려는 사람들로 북적였다.

재판부는 "군 '위안부' 제도는 철저한 여성 차별, 민족 차별 사상의 발현이며, 여성 인격의 존엄성을 뿌리부터 침해하고 민족의 자긍심을 짓밟는 것이며, 결코 과거의 문제가 아닌 현재에도 극복해야 할 근원적 인권 문제라는 점 또한 자명하다"라며, 일본군'위안부' 문제가 지금도 계속되는 인권침해 문제임을 명확히 인정했다.

그리고 군의 관여를 인정한 고노 관방장관 담화[30] 이후 3년이 지난 1996년 8월은 이미 입법을 해야 할 합리적 기간이 지났다며 국가의 배상의무를 인정하고, 배상액을 "장래 입법에 따라 피해 복구가 이뤄지는 것을 고려"하여, 입법이 1년 반 지연된 탓에 원고가 입은 정신적 손해에 대해 1명당 30만 엔으로 결정했다.

한편 근로정신대 원고에 대하여는 "당시 제국 일본의 학생 생도의 근로 노동에 비해 한층 열악하고 위험한 상황에 놓여있었으며, 민족 차별적인 취급이라는 점도 아직도 일본에 남아있는 조선인 차별 문제에 비춰 분명하다"라고 인정하면서도, "이를 방치하는 것이 일본 헌법상 묵시할 수 없는 중대한 인권침해를 가져오고 있다고까지 인정할 수 없다"라며 청구를 기각했다.

판결이 내려지자 일본군'위안부' 피해자 원고들은 1억 엔을 요구했는데 고

관부재판 판결 결과를 크게 보도한 일본신문.

---

30   1993년 8월 4일 고노 요헤이(河野洋平) 일본 관방장관이 일본군'위안부' 문제와 관련하여 동원 과정에서 일본군의 개입과 강제성을 인정한 공식성명. "모집, 이송, 관리 등에 있어 감언과 강압에 의하는 등 전반적으로 본인의 의사에 반하여 동원이 이뤄졌다"며 강제성을 인정했다. 또한 상처를 입은 모든 사람들에게 사과와 반성의 뜻과 역사연구, 역사교육을 통해 같은 잘못을 되풀이하지 않겠다고 밝혔다.

작 30만 엔의 배상금이라는 것에 분노했다. 기각당한 여자근로정신대 원고들은 더욱 억울하고 분해했다. 양금덕은 재판소에서 나눠준 판결문을 내던지고 "도둑놈, 도둑놈. 내 월급을 왜 안 주냐"라면서 밖에까지 나와서 뒹굴며 대성통곡했다. 이금주는 이날 열린 보고 집회에서 말했다.

> 지금 오늘까지도 우리 피해자들과 올바른 역사를 위해 투쟁해온 여러 지원단과 양식인들께 너무 죄송한 판결이지만, 여러분의 그 열렬한 투쟁에 대해 깊이깊이 진심으로 감사한다. 지금까지 49건에 달한 재판이 모두 기각 처분을 당할 때마다 마음이 아팠다. 이 사죄 없는 30만 엔은 무엇이며, 근로정신대 기각이란 웬 말인가? 거지한테 주는 동정금인가?
> 이러한 부당한 판결에 나는 일본 정부로부터 가슴에 상처를 또 한 번 받았고, 아울러 슬픔과 분노를 금치 못하겠다. 하지만 이 아픔과 슬픔과 분노에 조금도 굴하지 않겠다. 내가 여생은 얼마 남지 않았지만 새로운 용기로 자자손손 100년 투쟁할 각오를 한다. 지금까지 수고하신 변호사님들과 지원단 여러분께 의뢰하고 고등재판소에 항소할 것이니 잘 부탁한다.

1심 판결을 두고 변호사 사이에서도 의견이 엇갈렸다. 이박성 변호사는 "실질적으로는 전면 패소이다. 피해 사실을 인정하면서도 그에 대한 구제 명령을 내리지 않은 유감스러운 판결이다"라며 "인권유린의 정도는 일본군'위안부'도, 근로정신대도 마찬가지인데, 그 둘을 차별하는 것은 이해할 수 없다"라는 입장이었다.

반면에 야마모토 변호사는 "군 '위안부' 제도를 여성 차별과 민족 차별로 인정하고, 또 기본적인 인권침해로 인정한 점은 평가할만하며, '입법부작위'에 따른 배상을 인정한 것은 의외라는 생각까지 든다"라며 "이 판결이 일부이긴 하지만 국가의 배상책임을 인정한 점은 현재 일본의 사법부 상황에서 재판관으로서는 놀랄 만큼 용기 있는 판결이며, 정부 측에서는 전면 패소로 받아들일 것"이라고 평가했다.

1심 판결은 '사법부의 쿠데타'라고 불릴 만큼 큰 파장을 일본 사회에 던졌다. 일본의 재판소에서 일본군'위안부' 피해자가 승소한 첫 사례였기 때문이다. 원고 측은 근로정신대 원고만 항소하였고, '위안부' 원고에 대해서는 일본 국가 측이 항소하자 부대항소를 했다. 일본군'위안부' 피해자 원고가 항소하지 않은 것은 용기 있는 판결을 한 재판관에 경의를 표하는 한편, 일본 정부에 항소하지 않고 입법 작업에 착수할 기회를 주기 위해서였다. 일본 정부는 "이번 판결은 국회의원의 입법행위와 관련해 극히 예외적인 경우를 제외하고는 국가배상법상 책임을 묻지 않은 최고재판소 판례에 어긋난다"라며 항소했다.

1심 판결 이후 관부재판에 관한 사회적 관심이 높아졌다. 전후 보상 문제에 대한 입법을 추진하는 일본 민간단체들과 한국 시민단체들이 연대하게 됐다.

항소심은 히로시마고등재판소에서 1999년 2월 23일부터 2000년 12월 18일 결심까지 총 아홉 차례 구두 변론이 진행됐다. 히로시마는 원폭이 투하된 도시로 인권 의식이 높은 도시였다. 관부재판이 사회적 관심을 끌면서 히로시마, 후쿠야마福山, 미요시에 '관부재판을 지원하는 연락회'가 속속 결성되었다.

1999년 2월 23일 열린 항소심 제1차 구두 변론에서는 한국과 일본의 활동가들이 함께 방청하며 재판지원을 했다. 2000년 5월 19일 히로시마고등재판소에서 이순덕 원고의 항소심 본인 신문이 열렸다. 재판장은 방청객으로 터질듯했다. 이금주는 우리나라로 치면 광주에서 서울 가는 것보다 더 먼 길을 자기 돈 쓰고 왔다가 방청을 못 하고 가는 사람들이 안타까웠다. 방청석이 42석에 불과해 방청객이 모두 입장할 수 없기 때문에 추첨으로 방청을 허용했다. 이순덕 원고는 증언하고 이금주는 통역했다.

나는 8년간 돼지 막 같은 데 감금되어 일본 군인들한테 강간을 당했다.

그때 맞은 머리와 일본도에 찔린 그 자리는 지금도 아프다. 나의 일생을 허무하게 해놓고 공창이라는 누명에 더욱 억울하다. 나 죽기 전에 명예 회복과 정당한 국가 보상할 것을 강하게 청구한다.

이순덕 원고는 말하는 도중에 억울함과 설움이 복받쳐 "내 돈 내놔라. 나 죽기 전에 내놔라"며 대성통곡했다.

바로 그날 하순녀 원고가 세상을 떠났다는 소식이 전해졌다. 재판이 끝나고 재판소 건물 안에서 200여 명이 모인 가운데 추도식이 열렸다. 이금주에게 한국인 대표로 추도문을 읽으라하여 황급히 준비한 추도문[31]을 낭독했다.

한을 풀지 못한 채 잠든 하순녀 님 고이 잠드소서

조오련 수영 선수가 헤엄쳐 건너갔던 현해탄
그 역사의 바다를 사이에 두고 한국과 일본은
수 세기 동안 원한과 은원恩怨의 세월을 울어야 했습니다.
아니 지금도 울고 있습니다.
400여 년 전 도요토미 히데요시의 야망을 싣고 왔던 그 임진년
침략의 뱃길에서 끌려가던 도공들의 피와 눈물이 흘렀고
태평양침략전쟁에 군 위안부로 끌려갈 때
그 통곡의 파도는 드높이 울었습니다.
순정을 빼앗기고 치욕의 상처투성이로
얼룩진 한을 풀고자 넘나들던 현해탄
종내 풀지 못한 채 떠나신 당신이여
당신들의 억울함 민족의 억울함은
하늘이 보고 신이 지켜보고 있습니다.
영원에서 만날 그날까지 그때까지 고이 잠드소서.

---

31   추도문은 문병란 시인의 〈가장 가깝고도 먼 나라 일본〉 시에서 일부 빌려와 작성했다.

추도문을 읽는 데 몹시 떨렸다. 두려워서 떨린 게 아니었다. 일본에 끌려
가서 죽도록 고생하고 재판의 끝도 못 보고 죽은 그 사람이 불쌍했고, 우리나
라도 아닌 일본 땅에서 추도식을 거행하는데, 한편으로는 고맙고 한편으로는
괘씸해서 부르르 떨렸다. "울기도 하고, 미안하기도 하고, 부끄럽기도 하고,
분노도 한" 일본 여정이었다.

항소심 과정에서 한국과 일본 활동가들의 연대가 이뤄졌다. 공정한 재판
을 요구하는 시위와 가두행진이 여러 차례 열리고, 한국과 일본에서 동시에
서명운동이 펼쳐졌다. 2000년 11월 10일 히로시마고등재판소 앞에서 열린
시위에서 이금주는 "공정한 재판을 신속히 내리라"는 구호를 외치며 광주에
서 가져간 서명 날인 용지 22,926매를 제출했다. 광주의 중고등학교와 대학
교, 관공서, 일반 시민이 한 서명이었다.

2001년 3월 29일 항소심 판결의 날이었다. 이금주는 이순덕·양금덕을 비
롯한 원고 7명과 함께 재판소에 갔다. 재판소는 방청 희망자가 250여 명에 이
를만큼 사람들로 북적였다. 히로시마고등재판소는 전후보상 문제에 대한 대
응은 입법의 재량적 판단에 맡겨야 한다며 1심의 '입법부작위'에 관한 판단을
파기하고, 원고 승소 부분을 전부 취소하고 청구를 기각하였다. 믿을 수 없는
결과에 원고들은 분노했다. 이금주는 그날의 참담한 심경을 일기에 담았다.

> 1분 만에 기각 판결 내리고 재판장 도망치듯 사라짐. 원고들 "재판장, 당
> 신 딸이 우리 같은 지경에 처했다면 아비로서 어떤 심정이겠냐"라고 고함
> 을 지르면서 재판소 복도와 밖에서 두 차례 집회 소란. 결국 10년 가까이
> 협조해 준 지원단들과 논의 결과 상고 준비하기로 하고 귀국.

최고재판소 또한 2003년 3월 25일의 결정에서 형식적 이유를 들어 상고
를 기각했다. 이로써 9년여에 걸친 재판이 막을 내렸다. 기각이라는 결과만
놓고 보면 관부재판은 실패했다고 할 수 있다. 그러나 관부재판의 역사적 의

이금주 회장이 항소심 판결에서 패소해 오열하고 있는 양금덕 할머니를 위로하고 있다. (2001.3.29.)

미는 크다. 1990년대 후반 당시 동남아 11개국에서 일본 정부를 상대로 일본군'위안부' 소송을 벌였으나, 유일하게 관부재판만 일부 승소했고, 국가적 배상을 최초로 인정받았다.

야마모토 변호사는 많은 대일 과거청산소송 가운데 관부재판의 특징으로, 주로 국내법 특히 일본 헌법을 근거로 청구한 점, 1심 판결이 일본군'위안부' 원고의 일부 청구를 인정하면서 결과적으로 일본의 재판소에서 일본군'위안부' 피해자의 유일한 승소 사례가 되었다는 점을 꼽았다. 또한 근로정신대에 관해서는 일본에서도, 한국에서도 충분한 인식이 부족하고, 그 역사적 사실도 아직 해명이 안 되었다는 점이 판결에 영향을 끼쳤다고 분석했다. 비록 재판은 끝났지만, 일본군'위안부' 문제와 근로정신대 문제가 여전히 미해결 상태로 남아 있는 만큼 '미완의 재판'이라고도 할 수 있다.

관부재판의 일등 공신은 누구일까? 당연히 재판을 처음 시작하여 원고들과 함께 스물세 번이나 부산과 일본을 오가고, 여행사를 하여 번 돈을 쏟아부은 김문숙이다.

광주에 사는 이순덕·양금덕 원고를 설득하여 재판에 참여시킨 이금주의 공도 크다. 재판 도중 힘들다며 그만두겠다고 한 원고를 설득하여 증인 신문을 끌어냈다. 두 사람이 재판정에 출정할 때면 항상 동행해서 통역을 맡았다. 관부재판을 위해 일본을 오간 것만 열여섯 차례다. 김문숙·이금주 두 여성의 역할이 지대하지만, 이 두 사람만으로 재판이 이뤄질 수는 없다. 무료로 변론해준 10명의 변호단, 그리고 재판의 처음부터 끝까지 함께한 관부재판지원회의 공이 절반이다.

'관부재판지원회' 하나후사 부부

하나후사 도시오와 하나후사 에미코 부부는 운동권 선후배로 만났다. 남편 도시오는 대학 입학하고 처음으로 '한일기본조약' 반대 투쟁에 가담했고 베트남전 반대 투쟁도 했다. 부인 에미코는 1960년대 일본의 반정부 대학생 운동단체였던 전학공투회의全学共闘会議 활동을 했다.

두 사람은 결혼 후 사회운동을 접고 후쿠오카에서 레스토랑을 운영했다. 1987년 후쿠오카에 사는 재일한국인 3세가 국적 때문에 일본 교원임용시험을 칠 수 없어 소송을 제기했다는 신문 기사를 보고 그 재판을 지원하면서 시민운동에 몸담게 됐다. 에미코는 일본 정부가 재일한국인을 차별한 것은 일본이 식민지배에 대한 반성과 사죄가 없었기 때문이라는 것을 깨달았다. 1990년 노태우 대통령 방일을 계기로 교원임용시험의 국적 제한조항이 철폐되었고, 그 청년은 후쿠오카 소학교 교사가 되었다.

1992년 봄 후쿠오카에서 일본군'위안부' 피해자의 증언 집회가 열렸고,

일본 지원단체 '관부재판지원회'는 소송을 위해 헌신적인 지원활동을 펼쳐 왔다. 그 중심에 하나후사 부부가 있다.

에미코는 실행위원을 맡아 '군 '위안부' 문제를 생각하는 모임·후쿠오카'를 꾸리게 됐다. 그해 가을 그 모임에서 재일한국인 시민운동가와 관부재판을 준비하던 변호사가 도와달라는 부탁을 했다.

　　　　이길 수 없는 재판이지만 이후 전후 보상 운동에 큰 역할을 할 것입니다.
　　　그러니 원고로 참여하는 한국 피해자들의 지원을 바랍니다.

후쿠오카 번화가에서 종업원 5명과 함께 레스토랑을 운영하고 있었던 터라 가게 운영 때문에 못 한다고 거절했다. 그러나 "피해자들이 지원해주기를 원한다. 지원해야 한다"라는 간곡한 요청에 마음이 움직였다. 그해 크리스마스에 소송을 위해 시모노세키에 온 일본군'위안부' 피해자들을 처음 만났다. 그 자리에서 박두리 피해자가 울기 시작했다. 깜짝 놀라, 이유를 물었더니 "일본사람들은 다 나쁘다고 생각했는데 어쩌면 이렇게 자상한 일본사람이 있는지, 뭐가 뭔지 모르겠다"라고 했다. 일본인을 나쁜 사람이라고 생각하게 만든 역사도 마음 아팠지만, 자상한 일본인이 있다며 우는 순수한 마음도 충격이었다.

두 사람은 '관부재판지원회'공동대표 마쓰오카 스미코松岡澄子·이리에 야스히로入江靖弘를 구성하여 남편 도시오가 사무국장을 맡고 에미코는 사무국에서 실무를 했다. 그 때부터 관부재판지원회는 원고 10명을 물심양면으로 돕는 든든한 버팀목이 되어주었다. 매번 재판이 있을 때마다 원고들의 침식을 제공하고, 항공료 등 모든 체류 비용을 지원했다. 재판을 방청하고 원고들을 격려하는 것도 이들 몫이었다. 증거자료 수집 차 7~8차례 자비를 들여 부산과 광주를 다녀갔다. 재판 전후로는 소식지를 발행해 각계의 관심을 불러 모았다. 소식지는 61호까지 발행되었다.

하나후사 부부는 본격적으로 재판을 지원하기 위해 지원회가 출범한 1년 후에 번화가에서 잘나가던 레스토랑을 접고 자택에서 무농약 채소로 요리하는 식당을 열었다. 수입이 절반으로 떨어졌지만, 한국에서 온 원고들을 집에서 먹이고 재우는 것이 큰 기쁨이었다.

이금주는 관부재판을 위해 일본에 가면 으레 하나후사 부부 집에서 머물렀다. 재판 때마다 제비뽑기 할 정도로 많은 사람이 와서 재판을 지켜보고, 격려해주는 것을 볼 때면 흐뭇하면서도 부끄럽기도 했다.

일본인들은 우리 개인하고는 아무 상관도 없지만, 연회비를 3천 엔씩 내고 또 수만 엔씩 기부하는 회원도 있다. 전쟁 피해자를 위한 강의도 참가비를 내고 청강하는 그들을 볼 때면 일할 용기가 샘솟지만, 한국에 와서 우리 회원들을 보면 정신 상태가 너무나 차이가 있어서 좌절하고 싶은 심정이다. 일본에서 간접적으로 들려오는 말에도 마음 아프다. 즉 한국인들은 무슨 일이든지 용두사미龍頭蛇尾 격이고 단결하지 못할뿐더러, 오래 끌면 많은 사람이 죽어버리고 희미해지니 오래 끌자는 것이다. 그러므로 우리는 더욱 열심히 매달려 더욱더 힘차게 나가야 될 것임. 재판도 무료, 변호사도 무료. 이런 데도 왜 모르는지 갑갑해요. 〈1994년 9월 10일 월례회〉

재판이 진행되면서 관부재판지원회도 함께 성장했다. 200여 명이던 회원이 500여 명으로 늘었다. 재판 지원과 함께 재판지원 활동 과정에서 이슈로 등장한 국민기금, 역사 교과서 왜곡, 일본군'위안부' 입법 운동 등을 통해 일본 사회에서 전후 보상 운동에 관한 시민운동의 한 전범을 만들었다.

관부재판 소송 원고 유찬이, 양금덕, 이순덕 할머니와 관부재판을 지원해 온 이금주 회장과 일본 지원 단체 회원들.

최고재판소 판결이 나자 회원들의 분노와 허탈감도 극에 달했다. 물론 처음부터 이길 수 없는 싸움이라는 것을 알고 시작했지만 1심 판결에서 희망의 불씨를 보았기에 끝까지 포기할 수 없었다. 2003년 6월 14일 관부재판을 지원한 관련 단체 회원 16명이 1박 2일 일정으로 한국을 방문했다. 온양온천에 관부재판 원고들과 이금주를 초청하여 따뜻하게 위로해주고 앞으로도 전후 보상 입법 운동에 전력투구하는 한편 광주유족회와 춘천유족회에서 하는 후지코시 재판을 돕겠다고 약속했다. 이금주는 그들을 보며 '친부모도, 가족도 그렇게 못할 것'이라고 생각했다.

2004년 5월 관부재판지원회 마쓰오카 공동대표와 하나후사 부부 등 5명이 1주일 일정으로 한국을 방문했다. 경기도 광주 '나눔의 집'에서 병고에 시달리는 박두리 원고를 위문한 이들은 광주유족회 사무실도 방문해 이금주·양금덕과 얼싸안았다.

이들은 그 후에도 1년에 한 차례씩 한국을 방문해서 전국 각지에 흩어져 사는 원고들을 직접 찾아가 만나는 일을 계속했다. 또한 한국에서 2004년 '일제강점하 강제동원피해 진상규명 등에 관한 특별법'이 국회에서 통과된 것을 기뻐하면서 일본에서 입법 투쟁을 계속했다. 일본의 '새로운 역사 교과서를 제작하는 모임' 등의 역사 수정주의자들과 싸우면서 전쟁 피해 진상규명법을 국회에서 성립시키기 위한 활동도 했고, 일본군'위안부' 피해자에 대한 사죄 배상법을 만들 수 있도록 후쿠오카에서 국회의원을 배출하려고 노력했다.

관부재판지원회는 결성된 지 20년이 된 2013년 스스로 해체를 결정했다. 아름다운 퇴장이었다. 그런데 2018년 10월 관부재판지원회가 다시 등장했다. 이들을 다시 불러낸 것은 영화 '허스토리'였다. 관부재판지원회에서 발표한 성명문을 요약하면 다음과 같다.

① 관부재판에서 근로정신대 부분을 삭제한 뿐만 아니라, 근로정신대로 끌려가 군 '위안부'가 되었다는 가공의 원고를 등장시켰다. 그 결과, 근로정신대와 군 '위안부'의 혼동을 증폭시키는 결과가 되었다.

② 스기야마 선생님을 모델로 했다고 생각되는 인물이 등장하여, 원고들에게 큰절하면서 사죄하지만, 스기야마 선생님은 박소득 씨가 4학년 때의 담임이었고, 6학년 담임의 권유로 정신대에 가게 된 박소득 씨를 항상 배려하여 전후 일한 우호 운동에 대처해 온 사람이다. 허스토리는 날조한 스토리로 박소득 씨와 스기야마 선생님을 모욕하고 있다.

③ 일본의 지원자들 모습을 다 감춰 버리고, 우익의 짓궂은 괴롭힘이나 재판관의 편견, 여관의 숙박 거절 등 가공된 일화를 덧붙여, 관부재판을 '일한日韓 증오'의 이야기로 만들어 버렸다.

성명은 이렇게 끝을 맺는다.

> 절대로 픽션화해서는 안 되는, 진실이라는 것이 세상에는 존재합니다. 바로, 원고인 피해자가 목숨을 걸고 법정에서 호소한 '피해 사실'입니다. 지원모임이 바랐던 것은, 원고 피해자들과 함께하며 함께 싸우는 일, 그리고 일본 사회에 그들의 피해를 알리면서 일본 정부를 향해 해결을 촉구하는 일이었습니다. 이 영화는, 재판의 진실을 전하지 못하고 있을 뿐 아니라, 원고들의 바람과 명예에 또 한 번 상처를 입히고 있습니다. 관부재판을 통해 무언가를 배우려 하지 않았던 영화 '허스토리' 제작자들에게 통렬한 반성을 요구합니다!

BC급 전범 2차 소송

일본이 동남아시아와 태평양 지역으로 전선을 확대하면서 예상치 않게 수많은 연합국 포로를 끌어안게 되었다. 1942년 2월 싱가포르에 이어 3월 자바를 점령하면서 30만 명에 달하는 연합국 포로를 관리하게 된 일제는 포로들을 동원하여 대규모 토목공사를 벌일 계획을 세운다. 전투 요원이 극도로 부족한 가운데 포로 관리에 배정할 인적 자원에서 여유가 없게 되자 일본은 식민지였던 조선과 대만에서 포로감시원 모집에 들어갔다. 1929년 '포로

대우에 대한 제네바협정'에 서명한 일본이 포로 학대에 대한 책임 회피를 위
해 식민지 청년을 이용한 것이다.

자바포로수용소의 포로감시원.

　포로감시원에게 제시된 조건은 식량 관급, 피복 무료대여, 관사 제공과
함께 월급은 전투지역은 50원, 비전투 지역은 30원이었다. 계약 기간은 2년
이었고 2년을 근무하면 공무원으로 특채한다고 선전했다. 당시 면장 월급이
55원이었기 때문에 좋은 조건이었다. 표면상 모집 형식을 취했지만 실제로
는 조선총독부가 각 읍면에 인원수를 할당하여 면서기와 순사들을 앞세워 동
원하는 방식이었다.
　동원된 3,500여 명은 부산서면 임시군무원교육대에서 1942년 6월부터 8
월까지 2개월간 훈련을 받았다. 포로감시원은 전투하는 군인과 달리 후방 업
무를 하는 데도, '군인칙유軍人勅諭', '전진훈戰陳訓' 같은 정신교육과 사격, 총검술

을 가르쳤다. 군인칙유는 '하급자는 상관의 명을 받들 것', '천황은 신성한 존재이므로 침해할 수 없다' 같은 절대적 규율이었다. 군무원인 포로감시원은 군인이 아니지만, 군인으로서 행동해야 한다는 것이었다. 당시 총리대신이었던 도조 히데키東條英機가 공포한 '전진훈'은 "살아서 포로의 치욕을 당하지 말고, 죽어서 죄과의 오명을 남기지 말라"라는 대목을 식민지 백성의 뇌리에 각인했다. 일제는 포로감시원에게 제네바조약을 가르치지 않았으며, 조약의 존재조차도 알려주지 않았다. 그들이 배운 것은 오로지 "연합국의 포로가 되면 안 된다"라는 것이었다.

2개월여 강도높은 훈련을 마친 포로감시원 3,223명이 배출되었다. 이 가운데 3,016명은 8월 19일과 21일 두 차례에 나뉘어 부산항을 출발하여 말레이시아, 인도네시아 자바, 태국 포로수용소에 배치되었다. 일본 군대에서 군무원은 육·해군 문관, 고원雇員, 용인傭人으로 분류된다. 포로감시원은 군무원 직책 중에서도 가장 말단인 육군소속 용인 신분이었다. 그들을 기다리고 있던 것은 혹독한 정글의 자연환경과 가혹한 일본인 상관, 수많은 연합국 포로들이었다.

포로감시원은 철도, 비행장, 군 기지를 건설하는 데 동원된 연합군 포로를 감시하고 감독하는 일이었다. 포로감시원 한 명이 수백 명의 포로를 맡아 강제노동에 내몰아야 했다. 일본이 전쟁에서 점차 밀리면서 포로수용소에는 음식물과 의약품 공급이 절대적으로 부족했다. 이렇다 할 장비도 없이 오직 사람의 힘으로 건물을 짓고 철도를 놓고 비행장을 건설했다. 하루 12시간에서 14시간을 일했다. 영화 '콰이강의 다리' 배경으로 유명한 '태면 철도'는 연합군 포로를 동원하여 타이와 미얀마를 잇는 철도를 건설한 대표적인 군사시설이다. 노무자 7만여 명과 포로 5만 5,000명 등 14만여 명이 투입된 이 공사 과정에서 노무자 3만 3,000명, 포로 1만 4,000명 등 4만 8,000여 명이 죽임을 당했다. 많은 포로가 영양실조와 과로, 전염병으로 세상을 떠났다.

일본에 포로가 되었던 연합국 포로 13만 2,134명 가운데 27%인 3만 5,756명이 사망했다. 문제는 이들 포로를 극한상황으로 몰고 가는 일을 조선인, 대만인 포로감시원이 맡았다는 데 있다. 포로감시원은 일본군 상사의 무시와 경멸을 받으며 말도 통하지 않는 연합국 포로를 통제하고 처벌해야 했다. 일본 군인들의 명령을 실천에 옮기는 하수인에 불과한 포로감시원 역시 포로와 같이 식량 부족과 열대의 풍토병 및 전염병의 공포에 떨어야 했다. 포로감시원은 가해자이자 피해자였다.

1945년 8월 전쟁이 끝나자 이들 포로감시원은 해방의 기쁨을 누리기도 전에 전범의 신분이 되었다. 조국에 돌아가지도 못한 채 전범이 되어 재판을 받아야 했다. 연합군 각국은 포로의 4분의 1이 넘는 숫자가 기아와 질병 및 노동 착취로 수용소에서 사망한 것에 강하게 분노했고, 포로수용소 현장에 있었던 조선인, 대만인 군무원에게 그 책임이 돌아갔다.

일본 정부는 포츠담선언의 수락을 통해서 전쟁범죄에 대한 재판을 수락하였고, 연합군은 극동 군사재판도쿄재판과 아시아 각 지역에서 BC급 전범 재판을 진행했다. 'A급 전범'은 국제조약을 위반하여 침략전쟁을 기획, 시작, 수행한 사람들평화에 대한 죄, 'B급 전범'은 전쟁법과 전쟁 관습법을 위반하고 살인, 포로 학대, 약탈 등을 저지른 사람들전쟁법규를 위반한 죄 'C급 전범'은 상급자의 명령에 의하여 고문과 살인을 직접 행한 사람들인도에 대한 죄로 분류되었다.

1946년 5월부터 도쿄에서 군사재판이 열렸다. 국제 군사 법정 도쿄재판은 전쟁지도자 28명을 A급 전범으로 판결하고, 전 수상이자 육군대장이었던 도조 히데키 등 25명병사자 3명 제외에 대해 전원 유죄판결을 내렸다. 이 중 7명을 교수형에 처했고 16명에게 종신형을 선고했다.

BC급 전범으로 체포된 사람은 주로 연합국 포로의 관리를 둘러싼 불법행위와 폭력행위가 문제가 되었다. 일반적으로 B급 전범은 포로 관리 업무의 지휘 감독을 맡은 장교나 부대장이었고, C급 전범은 직접 포로 감시 업무를

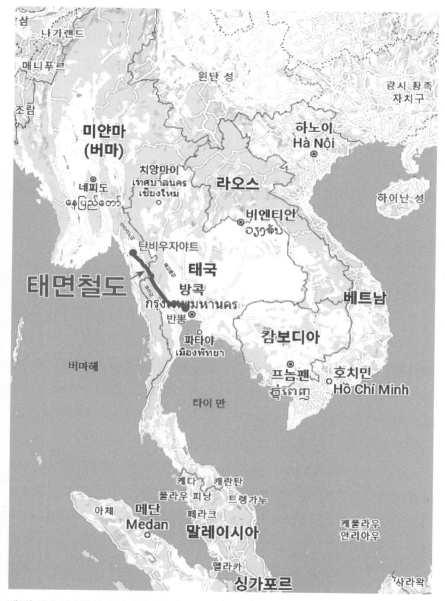

제2차 세계 대전 당시 일본 제국 육군이 인도네시아를 점령하기 위해 만들어진 태면철도(泰緬鐵道, 타이-버마, 415km). 군인과 전쟁 물자를 수송하기 위해 건설되었다. 영화 '콰이강의 다리'를 통해 '죽음의 철도'로 알려졌다.

3장 | 일본의 시간 - 조국이 우리를 먼저 버렸다

한 하사관, 병사, 군무원이 대부분이었다. 따라서 식민지 출신 전범은 거의 C급에 속했다. 조선인 군무원들은 건강하지 못한 포로를 위험한 작업에 투입하여 사망케 한 행위, 억류 시민 또는 피구금자에 대한 구타 등의 죄목으로 기소되었다.

BC급 전범 재판은 마닐라재판국·미국, 싱가포르영국, 홍콩호주, 바타비아와 메단네델란드 등 7개국 49개 법정에서 개정되었다. 약 5,700명이 전범으로 판결되었고, 그중 148명의 조선인이 최종적으로 유죄판결을 받았다. 그들 가운데 23명은 교수형에 처했고, 18명은 종신형, 나머지 107명은 유기징역에 처했다. 전범 148명 가운데 129명이 민간인 신분의 포로감시원이었고, 나머지 19명은 군인 1명, 중국 통역요원 16명, 기타 2명이었다. 129명 중 14명이 사형되고 115명은 유기징역형에 처했다. 이들의 출신지는 전남이 26명17.7%으로 가장 많았고, 경북이 18명12.2%으로 그 뒤를 이었다.

BC급 전범 재판은 포로의 증언과 직접 지목을 통해 진행되어, 포로와 가장 가깝게 접촉했던 포로감시원에게 비난이 집중되었다. 연합국 군인이 재판관인 경우가 많았고, 상소가 인정되지 않는 단심제로 진행되었으며, 제대로 된 통역이나 변호인도 제대로 없었다. 일본 대본영이 포로수용정책 실패로 포로 학대의 1차적 책임이 있는 데도, 조선인이 식민지 출신이라는 점을 고려하지 않고, 도구에 불과한 조선인을 일본인과 똑같이 취급하였다.

유기형에 처해진 115명 가운데 22명은 인도네시아, 싱가포르, 자바, 태국 등의 수용소에서 형을 마치거나 가석방되어 일본으로 송환되었고, 나머지 96명은 일본 스가모 형무소에 이감되었다. 1952년 일본과 연합국 48개국 사이에 체결된 샌프란시스코 강화조약에 따라 주권을 회복한 일본은 일본에 거주하는 조선인의 일본 국적을 박탈했다. 강화조약 발효와 함께 일본인 A급 전범 피의자 18명은 석방되었으나, 조선인 BC급 전범은 석방하지 않았다.

그때까지 수감되어 있던 BC급 전범 조선인 28명과 대만인 1명은 옥중에서 "일본 국적을 상실한 한국·조선, 대만인 전범에 대해 일본 정부가 구금을 풀지 않는 것은 위법"이라며 1952년 6월 14일 석방 청구 소송을 제기했으나, 일본최고재판소는 "형을 받았을 때 일본인이었던 이상, 그 후에 일본 국적을 상실했다고 해서 판결에 영향을 주지 않는다"라고 기각했다.

모든 사람이 풀려난 것은 종신형을 선고받았던 김창식金昌植이 가석방으로 석방된 1957년 4월 5일이었다. 감옥 밖은 더욱 냉혹했다. 이들은 '전후戰後가 오히려 전쟁이었다.'라는 말이 나올 정도로 어려운 생활을 하게 되었다. 감옥에서 나온 사람은 조선 국적으로 외국인이 되었다. 일본인 전범에게는 조위금, 가족 연금, 은급을 지급하면서도, 조선인 전범은 일본 국민이 아니기 때문에 어떠한 보상도 할 수 없다는 것이 일본 정부 방침이었다.

석방된 이들에게는 '2주일 이내에 외국인 등록을 해야 한다.'라고 쓰인 석방 증명서와 함께 군복 몇 벌, 교통비 2백 엔이 주어졌다. 2백 엔으로는 도쿄 밖으로 나갈 수 없었다. 게다가 대부분 가석방이었기 때문에 보호 감찰을 받아야 해서 형기가 만료될 때까지는 일본 밖으로 나갈 수 없었다. 20세 전후해서 포로감시원이 되어 남방南方³²에서 3년 가까이 지내다가, 전범이 되어 스가모 형무소에 이감될 때까지 일본 땅을 밟아본 적이 없는 사람들이 대부분이었다. 일본 정부로부터 어떠한 보상도 받지 못한 채 거리로 내쫓긴 이들 가운데 2명이 감옥생활의 후유증과 극도의 생계 곤란으로 자살했고, 3명이 병으로 세상을 떠났다.

출소 후 살아갈 방도가 막막했던 일본 잔류자 50여 명은 1955년 '같이 잘 살아 보자'라는 의미의 '한국출신전범자동진회韓國出身戰犯者同進會'를 만들었다. 동진회는 공동명의의 택시회사를 만들어 생계를 해결했다. 동진회는 1955년 4월 1일 총리대신 앞으로 일본인 전범과의 차별대우 철폐, 출소 후 일정 기간 생활 보장, 가족생활 원조, 일시 귀국 허가를 요청하는 청원서를 낸 것을 시작

32 동남아시아지역

으로 일본 정부를 상대로 줄기차게 투쟁했지만, 위로금 차원에서 취한 조치가 다였고, 그것마저 1965년 한일 양국의 청구권 협상을 기점으로 중단되었다.

결국 이학래李鶴來(전남 보성), 문태복文泰福(전남 구례) 등 회원 7명과 유족 1명이 이마무라 쓰구오今村嗣夫 변호사 등을 대리인으로 하여, 1991년 11월 12일 BC급 전범으로 유죄판결을 받아 23명이 사형된 부조리에 대해 배상과 보상 입법 부작위의 위법 확인, 사죄를 요구하는 소송을 도쿄지방재판소에 청구했다. 그러나 1996년 9월 9일 법원은 "이러한 희생에 대해 입법을 기다리지 않고, 당연히 국가 보상을 청구할 수 있다고 하는 조리는 아직도 존재하지 않는다"라고 기각했다. 항소심에서도 1998년 7월 13일 기각되었고, 1999년 12월 20일 일본최고재판소에서도 패소했다.

한국에 돌아온 67명도 처지가 별반 다르지 않았다. 포로감시원으로 고국을 떠났다가 전범이 되어 돌아온 사람들은 '일제 부역자'라는 또 다른 멍에를 져야 했다. 일제에 협력했다는 이유로 주변의 배척을 받았고, 친척들도 멀리하는 경우가 많았다. 포로감시원이라는 과거를 숨기고 살아야 했고, 고향에서 살지 못하고 타지로 떠나야 했다. 심지어 사형당한 BC급 전범 중에는 가족의 반대로 유해조차 고국으로 돌아오지 못한 경우도 있었다. 조국도, 일본도 이들을 투명 인간처럼 취급했다.

송두회는 일본과 한국 어디에서도 환영받지 못한 BC급 전범들이 일본의 사과와 배상을 받아야 한다고 생각했다. 1993년 송두회와 아오야기는 이금주에게 재판의 필요성을 설명했다. 이금주는 전범이 된 포로감시원이 겪어야 했던 고통에 깊이 공감했다. 일본군과 연합군 포로 사이에서 피해자이자 가해자 역할을 했다가, 막상 전쟁이 끝나자 가해자로부터 버림받고 피해자로부터 비난받게 된 그들의 처지를 생각하면 송두회의 제안이 고마울 뿐이었다. 게다가 광주유족회가 결성되면서부터 열심히 활동해온 이의도李義度가 바로 전범 피해자였다.

이의도는 1942년 무안 망운공립심상소학교현 망운초등학교 시절 담임이었던 미치이通# 군장의 권유에 따라 포로감시원을 지원했다. 미치이는 "전쟁이 오랫동안 계속되면 어차피 끌려가게 될 것이다. 나중에 끌려가면 진짜로 총을 들고 전선에 배치될 것이다. 지금 포로감시원으로 가면 돈도 벌고, 2년만 고생하면 된다. 지금 모집에 응해라"라고 했다.

이의도는 당시 21세였다. 말레이시아 수마트라 메단 제1분소 포로수용소에서 근무했으며 종전 후 네덜란드 측 재판에서 4년 8개월 형을 받았다.

> 우리는 포로들을 관리하는 일을 했고, 모든 지휘, 감독권은 일본군에 있었어요. 나는 당시 군용도로 건설에 동원된 포로들을 관리하는 일을 했는데, 매일 작업량이 정해져 있기 때문에 정해진 작업량을 채우기 위해서는 포로들에게 가끔은 가혹하게 굴 수밖에 없었지요. 그런데 그것이 모두 우리에게 책임이 떠넘겨진 것이지요.
>
> 우리 메단 제1분소 출신 포로감시원은 구금 기간 중에도 판결이 나지 않아 미결수로 3년쯤 지냈습니다. 미결수는 대우가 더욱더 형편없었기 때문에 차라리 죽는 것이 낫다고 생각할 정도였어요. 수용소 책임자는 내가 포로 관리하던 네덜란드 군인이어서 여러 번 면회를 시도했지만, 번번이 거절당했습니다.
>
> 그들이 기독교인이었기 때문에 마지막 방법으로 교회를 다니면서 접촉을 시도했더니 종교적 동지로 생각했는지 나를 불러 위로하더군요. '전범 재판은 시간이 흐를수록 유리하다.', '전범 재판은 보복적 성격이 있기 때문에 기다리면 벌이 감해진다. 힘들겠지만 조금만 기다려라.' 결국, 그 면담 이후 미결수에 대한 대우는 좋아졌고, 실질적으로 수십 건을 조사받은 사람도 사형되지 않고 유기형을 받았습니다. 속된 말로 뺨 한 대 때리고 사형된 사람도 있는데, 우리의 경우는 기다린 것이 오히려 운이 좋았지요. 〈김은숙 목포대 교육대학원 석사논문 '한국인 BC급 전범' 재판과 피해보상 청구 소송에서 인용〉

광주유족회 이사와 무안지부장으로 활동해 온 이의도는 매월 광주에서 열리는 월례회에 빠짐없이 참여하는 열성 회원이었다. "새벽에 나가 비료

30포대를 밭에다 늘어놓고 부인에게 맡기고 회의에 참석하기 위해 광주에 달려왔다. 가정일은 오늘도 내일도 할 수 있다"라고 말할 만큼 유족회 일에 열심이었다.

BC급 전범 재판을 해보자는 이금주의 권유를 받은 이의도는 선뜻 결정을 내리지 못했다. 그가 마음을 굳힌 것은 일본에서 아오야기를 만나고 나서다.

BC급 포로감시원소송 원고 이의도 씨.

아오야기는 이의도에게 '싱가포르 장기 형무소-2년 4개월'이라는 책자를 건네며 일본을 상대로 꼭 소송해야 한다고 당부했다. 이 책자는 싱가포르 장기형무소에서 복역한 조선인 BC급 전범들의 심경을 자필로 기록한 인쇄물이었다. 전범들은 사형 집행을 기다리는 심경, 수감 생활이 끝나기를 기다리는 마음이 담긴 이 책자를 한 권씩 갖고 있었으나, 석방 후 뿔뿔이 흩어지면서 책자는 세상에 공개되지 않았다.

"이 책은 당시 김황용金黃勇이란 분이 우리 재판 과정을 보고 후세에 전하기 위해 기록이라도 한 장 남기고자 사무실에 얘기하여 종이와 필기구를 구해 각자 사인한 것이다. 기소자에게는 식량이 좋고 미결자에게는 형편없었다. 연필 잡을 힘도 없어 대개는 대리 사인이다. (후략)"라는 서문에 이어 전범들의 애절한 사연이 담긴 이 책자를 보며 이의도는 꼭 재판해야겠다는 마음을 다졌다.

이의도는 BC급 전범을 백방으로 찾아 나섰지만, 생각보다 쉽지 않았다. 친일파·부역자라는 비난을 피해 숨어 사는 사람이 대부분이었고, 고통스러운 과거를 굳이 끄집어내려 하지 않았다. 그렇지만 포기하지 않았다. 재판이 성사되면 많은 사람이 나설 것으로 생각하고 한 명 한 명 수소문했다. 1993년 12월 7일 BC급 전범 회원과 관련자 15명이 처음 모여 의논한 결과 모두 재판을 희망했다.

1994년 들어 재판이 구체화하기 시작했다. 이금주와 아오야기 사이에 수십 차례 팩스가 오갔다. 이번 재판 변호단은 가와카미 에이이치川上英一, 야마모토 세이타, 나카쿠보 미쯔아키中久保滿昭, 이이지마 야스히로飯島康博 등 4명이었다. 경제기획청 관료 경험이 있는 가와카미 변호사가 한국인 BC급 전범 문제에 의분을 느끼고 송두회와 연락하여 재판을 준비하게 되었다.

야마모토 변호사가 1995년 3월 10일~11일 1박 2일간 광주에서 원고들을 만나 인터뷰를 하고, 필요한 서류를 수합하는 작업을 했다. 3월 10일은 마침 광주유족회 월례회 날이라서 월례회에 참석했던 회원 10여 명이 함께 공항에 나가서 반갑게 맞이했다.

피해자의 일부는 1995년 5월 10일 '한국인 전 BC급 전범 공식 사죄·국가 보상 청구 소송'을 도쿄지방재판소에 일본 국가를 상대로 제소했다. 이의도, 이영환李泳煥(전남 진도) 등 전범 4명과 형사자刑死者(사형사망자) 유족 1명, 복역한 전범의 유족 3명이 원고였다. 일본을 대신하여 전쟁 책임을 부담한 한국인 BC급 전범을 방치한 것에 대해 공식 사죄 촉구를 비롯하여 전범 형사자 5,000만엔, 생존자 500만 엔의 손해배상, 상관이 쓴 미지급 임금 증명서의 미지급 임금 액면을 120배로 한 금전 지급, 형사刑死를 공무상 사망과 동일하게 취급할 것에 대한 확인, 보상 입법을 하지 않는 것에 대한 위법 확인을 청구했다.

1996년 9월 25일 첫 재판을 시작으로 10여 차례 재판이 진행되었다.

도쿄지방재판소는 1999년 3월 24일 금액이 확정된 미지급 임금은 재산권 조치법으로 소멸했으며, 그 외 청구에 대해서는 일본 정부의 조치가 입법 재량의 범위 내라며 기각했다.

○ 원고들이 국가총동원법에 의해 동원된 것은 전쟁 수행을 위한 공법상 법률관계에 의해 동원되었기 때문에, 종전 후 전범 처벌을 받았더라도 적법한 법률 절차에 의한 것이므로 사죄할 수 없다.

○ 군무원 국가 계약을 2년으로 규정한 법규가 없으므로 원고들과 피고국 사이에 채무불이행의 전제가 되는 계약 관계가 존재하지 않는다. 계약 기간 연장에 대해 이의를 제기한 증거가 없으므로, 기간 연장에 대한 원고들의 동의가 있었던 것으로 인정된다. 그러므로 2년 계약으로 채용된 원고들이 2년을 넘어서 복무했더라도 피고국이 채무불이행 책임이 생기는 것은 아니다.

○ 일본 헌법 29조 3항은 전후처리에 관해 규정한 것으로 볼 수 없고, 이와 같은 전쟁 손해는 모든 국민이 똑같이 참지 않으면 안 되는 희생으로 헌법 위반의 문제가 될 수 없다.

○ 1952년 샌프란시스코 강화조약 후에 제정된 전상병자원호법, 유수가족원호법 등에 국적 조항이 설치되었기 때문에, 샌프란시스코 강화조약 발효에 따라 일본 국적을 잃고 한국 국적이 된 한국 출신자는 국적 조항에 의해 수급 대상이 되지 않는다.

○ 원고들이 주장하는 미지급 급여 청구권 등은 1965년 한일협정 2조 및 조치법 1항의 규정에 의해 소멸하였다.

도쿄고등재판소에 항소했으나 2000년 5월 25일 역시 기각되었다. 1심 판결과 똑같은 논리였다. 충분히 예견된 상황이었다. 앞서 청구된 일본 동진회 소송 역시 1999년 12월 20일 일본최고재판소에서 "반강제적으로 포로감시원이 된 것 등을 참작하고 심대한 피해를 받은 것을 인정하지만, 입법부의 재량 판단에 맡겨진 일"이라며 원고 패소가 확정되었기 때문이다.

또한 이금주 회장이 1995년 6월 월례회에서 "우리 후원단에서는 BC급 재판을 또 한 건 제소했습니다. 우리 후원단 입장은 자꾸자꾸 일본을 시끄럽게 보채고 가만있지 말고 여론화시키라는 것입니다. 그러니 여러분은 포기하거나 좌절하지 말고 계속 투쟁하자는 것입니다"라고 이야기했듯이 재판을 통해 여론을 환기하는 것이 또 하나의 목적이었다.

2001년 11월 22일 최고재판소의 판결도 기각이었다. 후지이 마사오藤井正雄 재판장은 이날 상고심 판결에서 "전쟁 희생과 손해에 대한 보상은 헌법이 예상하지 않은 것이며, 보상 여부는 입법부의 재량적 판단에 달린 문제"라는 하급심 판결을 전면 지지했다. 또, 미지급 급여 지불을 요구한 부분에서는 '재산 및 청구권에 관한 문제의 해결 및 경제협력에 관한 일본과 대한민국 간의 협정' 제2조에 따른 대한민국 등의 재산권에 대한 조치에 관한 법률을 합헌이라고 하면서, 미지급 급여는 이 법에 의해 소멸하였다고 판단했다.

일본의 태도는 미국·영국 등 구 연합국 및 서독과 이탈리아가 구 외국인 병사 등에게 자국민과 거의 동일한 일시금 또는 연금을 지급한 것과 대조적이다. 특히 재판 과정에서 드러난 일본 재판관들의 태도는 절벽 같았고, 철옹성 같았다.

> 재판이 진행되는 동안에 나는 처절하게 심경을 토로하지만, 일본 재판관 중 누구도 그 증언을 심각하게 들어주는 사람이 없었다. 내가 아무리 절실하게 얘기해도 재판관들은 이미 답을 준비한 듯이 미동도 하지 않았다. 〈이의도〉

헌신적으로 재판에 임했던 이의도는 최고재판소 판결이 내려진 지 1년여 만에 세상을 떠났다. 생전에 그토록 원했던 일본의 공식 사죄와 국가 보상을 이루지 못한 채 눈을 감은 것이다. BC급 전범 소송은 적극적인 성격의 이의도가 앞장서서 일을 했기 때문에 이금주로서는 다른 재판처럼 속 썩일 일은 별반 없었다. 그리고 소송을 주도했던 가와카미·야마모토 변호사, 이금주와 팩스를 수백 차례 주고받던 아오야기의 헌신이 절대적이었다.

법정 투쟁은 무위로 돌아갔지만 동진회는 입법 투쟁을 시작하였다. 한국 정부가 2005년 공개한 한일회담 관련 외교 문서에서 '일본 전범으로 형을 받은 한국인의 문제는 애당초 한일회담 의제에 올라 있지 않았다.'라는 사실이 입증되었다. 2008년 5월 일본 민주당 중의원은 한국·북한·대만 국적의 전 BC급 전범자와 유족에게 1명당 300만 엔의 특별급부금을 지급하는 법안인 '특정 연합국재판 피구금자 특별급부금 지급 법안'을 제출했다. 이 법안은 식민지 조선 출신 148명과 대만 출신 173명 등 총 321명을 대상으로 하고 있으며, 본인이 사망했을 경우 그 유족이 보상을 청구할 수 있도록 했다. 그러나 이 법안은 2009년 중의원 해산으로 자동 폐기됐다.

한편 국무총리 소속 '일제강점하 강제동원피해 진상규명위원회'는 2006년 11월 12일 BC급 전범으로 처벌된 조선인 포로감시원 83명을 강제동원 피해자로 인정하는 결정을 내렸다. 2010년 12월까지 총 87명이 피해판정을 받았다. 위원회의 결정은 한국 정부가 전범 재판의 결과와 관계없이 이들의 피해 사실을 공식화했다는 점에 의의가 있다.

정부로부터 피해자 인정 및 명예회복을 받은 유족들은 '한국인 BC급전범자유족회'를 발족하고 일본 동진회와 연대하여 보상 투쟁을 벌이고 있다. 동진회 이학래 회장과 전범으로 처벌받은 유족 등 10명은 2014년 10월 14일 한국 정부가 자국 출신 전범 문제를 내버려 둔 것은 위헌이라고 주장하는 헌법 소원을 헌법재판소에 제기했다. 그러나 헌법재판소는 헌법 소원을 제기한 지 7년 만인 2021년 8월 31일 재판관 5(각하) 대 4(위헌) 의견으로 각하 결정했다.

헌법재판소는 "국제전범재판소에 회부돼 처벌받은 안타까운 역사적 사실은 인정되지만, 국제전범재판소 판결은 국제법적으로 유효하고 국내 국가기관은 이를 존중해야 한다"고 설명했다. 헌재는 또 "국제전범재판소 판결에 따른 처벌로 생긴 B·C급 전범의 피해 보상 문제는 일본군'위안부' 피해자나 원폭 피해자 등이 갖는 일제의 반인도적 불법행위에 따른 배상 청구권 문제와 동일한 범주로 보기 어렵다"고 밝혔다. 다시 말해, 한국인 BC급 전범 문제는 한일청구권 협정과는 관련이 없으므로, 한국 정부가 이 협정 제3조에 따른 분쟁 해결 절차로 나아가야 할 구체적 작위_{마땅히 해야 할}의무가 인정된다고 보기 어렵다는 것이다.

이에 앞서 한국인 BC급 전범 148명 가운데 마지막 생존자였던 이학래는 2021년 3월 28일 96세를 일기로 세상을 떠났다. 4월 7일 자 아사히신문은 이학래의 죽음을 계기로 일본 정부와 일본 사회의 각성을 촉구하는 사설을 게재했다.

> 이 나라의 정의와 양식은 무엇인가? 정치의, 그리고 정치의 부작위를 못 본 체해온 국민의 책임을 묻는다.

'한일 연대의 상징' 나고야 미쓰비시 여자근로정신대 소송

다카하시 마코토高橋信는 게이오대학 사학과를 졸업하고 고등학교에서 비상근 강사로 일하면서 '나고야 역사과학연구회'에 참여했다. 1966년 10월 열린 연구회 정례회에서 재일조선인 역사학자 박경식朴慶植의 강연을 들었다. '일본 근대사에서의 조선'이라는 주제 강연에서 강제동원된 조선인 수만 명이 탄광과 댐 건설, 비행장 건설 등 대규모 토목공사에 내몰려 학대받고 학살되었다는 사실에 충격을 받았다.

그런 사실을 처음 알게 된 다카하시는 강제동원은 도시 한복판의 군수공장에도 있지 않았을까 생각했다. 1985년 다카하시는 아이치현립 아츠타熱田 고등학교 교사로 부임했다. 아츠타고교는 아이치기계, 아이치항공기 제작소라는 군수공장이 있던 부지에 있었다. 군수공장에서는 군용기를 제작했다. 진주만 공격에 출격했던 항공기들을 이 공장에서 만들었다. 그 대가로 1945년 6월 9일 미군은 초대형 폭탄 2t을 이 지역에 투하했다. 약 8분간의 공습으로 2,000명 이상 희생자가 발생했다. 그러한 역사적 연유로 아츠타고교에서는 사회과 수업에서 평화교육을 했다.

조선에서 동원된 어린 소녀들이 본격적인 공장 투입에 앞서 신사참배에 동원된 모습.

　같은 시기, 동료 교사 고이데 유타카小出裕는 지역 전쟁 피해 실태조사를 하는 과정에서 도요가와豊川 해군 공창工廠에서 조선인 강제동원 노동자 150명이 일하고 있었고, 그 가운데 23명이 1945년 8월 7일 공습에서 사망했다는 사실을 알게 되었다. 아이치현 내 군수공장에 강제동원된 조선인 실태를 직접 조사하고 기록하여 교재로 만들어야 한다고 통감한 고이데와 다카하시는 1986년 동료 교사들과 함께 '아이치현 조선인 강제동원 역사조사반'이하 역사조사반을 결성하여 조사에 착수했다.

　그해 10월 향토사학자로부터 1959년 미쓰비시중공업이 아이치현 민생부에 제출한 '도난카이東南海 지진에 의한 피해 보고서'가 존재하는 것을 알게 되었다. 그 자료는 '도난카이 지진에 의해 무너진 공장 상황의 건'을 기록하면서 도토쿠道德 공장 전몰자 59명, 이중 6명이 '반도정신대半島挺身隊'라고 적어놓았다. 사몰자 명부에 따르면 그들이 사망한 연령은 만 13세에서 16세였다.

192
어디에도 없는 나라

왜 조선의 어린 소녀들이 머나먼 일본 땅까지 와서 목숨을 잃어야 했을까?

역사조사반은 소녀들의 유족에게 일본인으로서 사죄하고 싶다고 생각했다. 그렇다면 그들의 신상을 알아야 했다. 자료에는 일본식 이름과 연행된 1944년 당시 본적지 주소만 나와 있었다. 강제동원으로부터 42년이 지난 때였다. 그들은 일제강점기의 본적에 기재된 곳이 해방 후 어느 마을에 해당하는지를 조사했다. 그리고 각지의 동(면)사무소를 통해 피해자의 유족을 알려주었으면 한다고 의뢰하는 편지를 보냈다.

당시 한국은 전두환 정권 시절이었다. 일본에서 온 편지에 회답하는 것 자체가 용기 있는 행동이었다. 그러나 각지의 동사무소로부터 차례차례 회답이 왔고, 역사조사반은 펄쩍 뛰며 기뻐했다. 이렇게 해서 2명의 한국 이름을 알아냈다.

역사조사반은 1986년 12월 16일 미쓰비시중공업 오에大江 공장을 방문하여 순직비에 설치된 명판名板을 확인하고, 명판 사진 촬영과 탁본을 했다. 확인 결과 순직자 명판에 조선에서 동원된 정신대원 6명과 조선인 징용 노무자 십 수 명의 이름이 누락되어 있음을 발견했다.

1987년 4월 기자회견에서 이 사실을 발표하자 새로운 자료들이 속속 도착했다. 당시 기숙사 사감의 차남이 부친으로부터 전달받은 당시 흑백사진과 급료 봉투를 보내주었고, 미쓰비시청년학교 교사였던 사람은 근로정신대가 아츠다신궁과 나고야성, 호국신사를 참배한 사진 17장을 제공했다. 급료 봉투에는 이렇게 쓰여 있었다.

우리는 천황폐하를 위해 살고, 우리는 천황폐하를 위해 일하고, 우리는 천황폐하를 위해 죽는다.

조사가 진행되면서 미국전략폭격조사단 보고서 미쓰비시 제11항공기제

193

작소 관련 기록에 '조선인 징용자'로서 다이몬大門공장에 135명, 후쿠노福野공장에 137명이 고용되었다고 적힌 것을 발견했다. 언론의 협력으로 사망자 3명의 본명도 알게 되었지만, 나머지 1명의 본명은 알아내지 못했다. 희생자 명단을 찾기 위해 얼마나 공장을 드나들었던지 회사 경비실에서는 그들만의 방문객 출입 대장을 따로 비치할 정도였다.

다카하시는 희생된 어린 여성들의 추도비를 건립하기 위해 1987년 7월 25일 '도난카이 지진·구 미쓰비시중공업 나고야항공기제작소 도토쿠공장 희생자 조사 추도 실행위원회'를 발족했다. 미쓰비시중공업 측에 순직비 명판에 조선에서 동원된 소녀 6명을 추가로 기록할 것을 요구하는 한편, 추도비 건립 운동을 시작했다. 추도비 건립 계획이 보도되자 뜨거운 반응이 이어졌다. 나가노현長野県의 4개 학교 학생들로부터 많은 메시지가 도착했으며, 당초 목표액 200만 엔을 초과하는 모금이 이뤄졌다. 또한, 도카이東海TV는 '도난카이 지진을 아십니까?'라는 프로그램을 제작했고, CBC는 6명의 어린 소녀에 초점을 맞춰 '모셔지지 못한 작은 영혼' 다큐멘터리를 제작하여 1988년 4월과 5월 방영했다.

CBC와 도카이TV는 다큐 제작을 위해 한국을 방문했다. 그때만 해도 여자 근로정신대를 일본군'위안부'로 생각했기 때문에 취재에 협조를 얻기가 쉽지 않았다. 다카하시는 일조협회日朝協会 아이치현 연합회 스즈키 요시오鈴木義雄 이사장과 함께 1988년 7월 하순 처음으로 한국을 방문했다. 제주·목포·광주·서울을 다니며 피해자와 유족을 열심히 찾았다. 제주에 살던 김순례金淳禮의 오빠 김중곤金中坤과 그의 아내 김복례金福禮와는 만나지 못했으나, 나주에서 도난카이 지진으로 압사한 최정례崔貞禮의 가족인 이경자李敬子, 또 이경자의 소개로 광주 근교인 영광에서 근로정신대 피해자인 이동련李東連과 만났다. 한국을 처음 방문한데다, 더운 여름에 말도 통하지 않는 곳에서 '기생 관광'으로 오해받으면서 하는 조사였지만, 이 때의 고생은 다카하시의 기억에 오래 남았다.

지진 발생 44년 만인 그해 12월 4일 미쓰비시중공업 나고야항공기제작소 도토쿠공장 자리에 있는 닛신日清방직 나고야공장 안에 추도비를 세웠다. 추도비에는 일본식으로 바뀐 이름이 아니라 한국에서 부모님이 지어준 한글 이름을 새길 계획이었다. 그런데 지진 희생자 6명 중 구레하라 아이코吳原愛子라는 이름이 누구인지 찾을 수 없었다. 하는 수 없이 추도비에 일본식 이름을 쓰면서도 본래 이름을 써야 할 자리를 비워두었다. 언젠가 본명을 찾아주겠다는 생각이었다. 추도비에는 다음과 같은 문구가 새겨져 있다.

'이 슬픔을 되풀이하지 않도록 여기에 진실을 새긴다.'

추도비 제막식에는 미쓰비시 근로정신대 이동련과 김순례의 오빠 김중곤, 지진에 숨진 최정례의 유족 등 6명이 참석했다. 이때 나고야 시민단체 회원들은 나고야를 방문한 피해자와 유족들의 항공료와 체류비 일체를 지원했다.

> 1988년에 이 사람들이 나를 찾으러 제주도까지 왔어요. 그러면서 추모비 제막식에 참석해달라는 거예요. 처음에는 의심했어요. 이 사람들이 무슨 숨겨둔 생각이 있는 건 아닐까? 이제 와서 무슨 수작을 하려는 걸까? 그런데 '슬픔을 되풀이하지 않기 위해 진실을 새긴다'라는 비문을 보고 나도 모르게 울컥했어요. 제막식에서 이 사람들이 하나같이 눈물을 흘려요. 눈물이 그냥 나오는 것이 아니잖아요. 아, 이 사람들이 보통 사람들이 아니구나! 하고 느꼈습니다. 〈김중곤〉

역사조사반에서는 미쓰비시중공업을 10차례 정도 방문하여 위령제 때까지 지진에 숨진 조선인 소녀 6명의 이름을 명판에 추가로 새길 것을 약속받았고, 1989년 1월 6일 명판에 6명의 이름이 새겨진 것을 확인했다. 1988년 추도비 건립 이후 지금까지 매년 12월 7일에 즈음하여 추도비 앞에서 아이치현 시민사회단체가 주최하는 지진 희생자를 위한 추도회가 열리고 있다.

추도비 제막식에 참석한 고 최정례의 유족이 추도비를 부여안고 오열하고 있다. (1988.12.4.)

1944년 1월 18일 '군수회사법'에 의해 미쓰비시중공업 등 150여 개 회사가 군수회사로 지정되었다. 미쓰비시중공업 나고야항공기제작소 공장은 미나토구港區 오에초大江町에 있었지만, 육군의 항공기 증산 요구에 응하기 위해 1943년 닛신방적 나고야 공장을 사들여 비행기 공장으로 개조했다. 이곳이 바로 미쓰비시중공업 나고야항공기제작소 도토쿠공장이다.

이동련은 나주대정보통학교현 나주초등학교를 졸업하고 집안일을 도왔다. 학교로 나오라는 전갈을 받고 갔더니 학생들을 모아 놓고 설명회를 했다. 일본에 가면 여학교에 갈 수 있고, 일하면서 돈도 많이 벌 수 있고, 반년에 한 번은 고향에 올 수 있다고 했다. 돈도 벌고, 여학교도 갈 수 있다는 말에 너무도 기뻤다. 부모는 극구 반대했지만 가지 않으면 부모가 헌병에게 끌려간다는 말을 들었기 때문에 반대를 무릅쓰고 일본행을 단행했다.

박해옥朴海玉은 순천남공립국민학교현 순천남초등학교를 졸업하고 여학교 진학을 포기하고 집에 있었다. 1944년 4월 30일 일본인 교장이 학교로 불렀다. "일본에 가면 돈을 벌 수 있다. 일하면 여학교에도 보내준다. 낮에는 일하고 밤에는 공부한다"라는 말에 승낙했다. 집에 가서 어머니에게 이야기했더니 "일본은 전쟁 중이라 일본에 가면 죽는다"라고 반대했다. 교장에게 가지 않겠다고 했으나 "부모가 대신 경찰에 잡혀갈 것"이라는 협박을 받고 가족 몰래 가게 되었다.

진진정陳辰貞은 오빠 셋, 언니 셋의 막내였다. 아버지는 두 살 때, 어머니는 네 살 때 세상을 떠났다. 오빠가 농사를 지었지만 애써 지은 농사를 공출로 빼앗기고 어렵게 생활했다. 나주대정보통학교를 졸업한 해 5월 동갑내기 조카와 6학년 때 담임에게 불려갔다. 오가키大垣 선생, 마사키 교장, 곤도 헌병이 있었다. 곤도 헌병은 일본의 근사한 집이 찍힌 사진을 보여주었고, 교장은 일본에 가면 여학교에 진학할 수 있고 돈도 벌 수 있다고 했다. 오빠에게 일본에 가서 여학교에 가고 싶다고 했으나 절대 반대했다. 다음 날 조카와 학교에 가서 일본에 가지 않겠다고 했더니, 곤도 헌병이 만약 가지 않으면 경찰이 와서 가족과 오빠를 잡아갈 것이라고 했다. 할 수 없이 도장을 훔쳐서 둘이 근로정신대에 가게 됐다.

1944년 5월 말 광주부청光州府廳 앞에 50여 명이 모였다. 광주에서 동원된 어린 여성들이었다. 이들은 '반도여자정신대 근로봉사단'이라고 쓰인 깃발을 앞세우고 시내를 행진했다. 이후 광주역에서 기차를 타고 여수로 갔다. 여수항에서 광주·나주·목포·순천·여수에서 동원된 150여 명이 모여 배를 타고 시모노세키에 도착했다. 시모노세키에서 나고야는 먼 거리였다. 이들이 도착한 곳은 미쓰비시중공업 나고야항공기제작소 도토쿠공장이었다. 전라남도와 충청남도에서 온 300여 명은 기숙사에 수용되었다.

미쓰비시중공업 나고야항공기제작소 공장에서 작업하고 있는 근로정신대원들의 모습.

이곳에서는 육군 사령부 정찰기를 조립했다. 전쟁이 급박한 상황에 이르자 남성이 하던 일을 조선에서 동원된 어린 여성들이 맡았다. 이 여성들은 대부분 교육을 받았고, 일본어가 가능했기에 숙련된 기술이 요구되는 업무가 주어졌다.

기숙사는 한 방이 다다미 12장 크기로 6명이 함께 생활했다. 오전 6시에 기상해서 오전 6시 30분에서 7시 사이에 아침 식사를 했다. 보리밥에 된장국과 단무지가 나왔다. 7시 30분 기숙사 앞에 모여 점호를 했다. '가미카제神風'라고 써진 머리띠를 두르고 '우리는 처녀정신대'라는 노래와 군가를 크게 부르며 대열을 지어 행진하며 공장으로 출근했다. 공장 입구에는 명찰이 있었다. 붉은 표시는 결근, 검은 표시는 출근으로 각자 명찰을 뒤집은 후 들어갔다.

작업은 오전 8시부터 시작했다. 이곳에서 비행기의 부품 제작, 본뜨기, 페인트칠을 했다. 성인 남성 기준으로 설계된 작업대와 육중한 선반, 비행기 기체가 어린 여성들에게는 맞지 않았다. 키가 닿지 않아 사과 상자를 놓고 그 위에 서서 일했다. 그날그날 작업량이 할당돼 있었다. 할당량을 채우지 못하면 심한 질책이 쏟아졌다. 열악한 환경에서 익숙하지 않은 손놀림으로 작업하다 손가락을 잘리기도 하고, 눈을 다치기도 했다. 늘 사고의 위험에 노출되어 있었다.

점심은 공장 식당에서 먹었다. 보리밥에 콩·고구마·감자가 나왔다. 오후 5시 30분에 일을 마치고 7시까지 기숙사로 돌아갔다. 저녁 식사는 기숙사 식당에서 했다. 온종일 고된 노동에 시달렸지만, 식사가 넉넉지 않아 항상 허기가 졌다. 한 달에 두 번 쉬었지만 자유로운 외출은 허락되지 않았다. 집에 보내는 편지는 사전에 검열받아야 했다.

1944년 12월 7일 오후 1시 36분, 오후 작업을 막 시작한 시간이었다. 갑자기 작업대가 흔들거리고 벽이 무너졌다. 진도 7.9의 도난카이 대지진이었다. 미처 빠져나오지 못하고 공장 건물더미에 눌려 57명이 목숨을 잃었다. 그중 6명은 조선에서 온 어린 여성들이었다.

1945년이 되자 나고야 같은 군수 도시는 미군의 주요 폭격 목표가 되었다. 공습경보가 있을 때마다 춥고 물 고인 방공호에 대피했다. 낮에는 중노동에 시달리고, 밤이면 공습 때문에 제대로 잠을 잘 수 없었다. 도토쿠공장은 지진 피해에다 이어지는 공습으로 대부분 파괴돼 지방 공장으로 이전했다. 전라남도 출신자 135명은 도야마현의 다이몬 공장으로, 충청남도 출신자 137명은 후쿠노 공장으로 옮겨갔다. 그곳에서 일하다 종전을 맞았다.

보내준다는 학교는 구경도 못 했고, 임금도 지급되지 않았다. 다달이 적금을 넣어 나중에 지급하겠다고 했다. '급여와 짐은 집으로 보내준다.'라는 말을 듣고 작업복 차림으로 10월 20일께 귀국했다. 모두 거짓말이었다.

귀국해서도 질곡의 삶은 이어졌다. 근로정신대는 곧 일본군'위안부'와 같이 인식되었다. 일본군에게 더럽힌 여자라는 이유로 손가락질받았고, 결혼도 제대로 할 수 없었다. 평생을 근로정신대였다는 사실을 숨기고 살아야 했다. 남편에게도, 자식에게도 말할 수 없었다. 뒤늦게 사실이 드러나 이혼당하거나 평생 폭력에 노출되어 사는 경우도 많았다.

1995년 일본 사회당 아이치현본부 운동여성대책회 이토 게이코伊藤啓子가 이금주에게 미쓰비시 근로정신대 피해자 3명을 초청하겠다고 요청했다. 양금덕, 김재림金在林, 박해옥 등 3명이 7월 30일부터 8월 3일까지 나고야를 방문했다. 그들은 10대 초반에 일했던 도토쿠공장을 찾아갔다. 공장에서 같이 일하다 지진으로 숨진 동료들의 추모비 앞에서 헌화하며 눈물지었다. 그때 양금덕은 관부재판 3차 원고로 참여하여 재판 중이었다.

10월 9일 이토 게이코가 일본 도카이신문사 기자와 함께 광주를 찾았다. 근로정신대 소송 문제를 상의하기 위해서였다. 광주유족회 미쓰비시 근로정신대 피해자들은 이금주를 창구로 삼아 재판을 제기하고 싶다는 연명 서한을 전달해 달라고 부탁했다. 이토는 귀국 후 역사조사반의 고이데에게 그 서한을 전달했다. 당시 다카하시는 아이치현고등학교 교직원조합 집행위원장을 맡아 정신없이 바쁠 때였다. 그 제안을 받아들일 여유가 없었지만, 그 문제에 엄청난 책임감과 중압감을 느낀 것도 사실이었다.

한편, 관부재판을 진행하던 야마모토 변호사와 하나후사 부부도 재판 과정에서 미쓰비시 근로정신대 소송이 꼭 필요하다고 생각했다. 야마모토는 1996년 4월 광주에 와서 양금덕·김혜옥金惠玉·박해옥을 만나 이야기를 들었다. 하나후사 부부도 그해 10월 광주에 와서 근로정신대 피해자들을 만났다. 하나후사 부부는 소송을 위해 나고야에 지원회가 필요하다는 생각에 미야니시宮西 변호사를 통해 지원회 조직을 도왔다.

1997년 12월에는 아시아 민중의 관점에서 일본의 역사를 조명하는 포토 저널리스트 이토 다카시伊藤孝司가 고이데와 다카하시에게 소송을 촉구하는 간절한 호소를 보냈다. 이토 다카시는 일본이 일으킨 태평양전쟁으로 피해를 본 아시아 사람들을 취재하는 과정에서 이금주와 알게 되었고, 한국에 올 때면 항상 연락하고 만나는 사이였다.

지금 기회를 놓치면 그분들은 어떻게 될까요?

이 한 마디에 다카하시는 소송하기로 마음을 굳혔다. 다카하시의 뜻에 동조하는 변호사들이 한 명씩 늘어나 10여 명이 되었다.

1998년 5월 9일 나고야 중소기업센터에서 나고야소송준비회가 발족했다. 한국에서 이금주와 박해옥이 왔고 야마모토 변호사도 참석했다. 120명이라는 많은 숫자가 참석한 것을 보며 다카하시는 이 정도 열기라면 해볼 만하다고 생각했다. 8월에는 변호단이 결성되었고, 1998년 11월 '나고야 미쓰비시·조선여자근로정신대 소송을 지원하는 회'이하 나고야소송지원회가 결성되면서 소송을 위한 모든 준비를 마쳤다. 나고야소송지원회 공동대표는 다카하시, 테라오 테루미寺尾光身, 우치카와 요시카즈内河惠一, 나카무라 노리코中村紀子, 모리 히데키森英樹가 맡았다. 다카하시와 뜻을 같이해온 고이데가 사무국장이 되었다.

소송을 앞둔 1998년 12월 7일 미쓰비시중공업 나고야항공기제작소 측과 양금덕·김혜옥 두 피해자가 면담했다. 그날은 도난카이 대지진이 일어난 지 54년째 되는 날이었다. 양금덕이 말했다.

내가 요구하는 것은 두 가지다. 하나는 순진한 어린이들을 속여 부당한 노동을 강요한 것에 관한 사죄다. 또 하나는 우리에게 지불하지 않은 임금을 현재 화폐가치로 환산해 지불해달라는 것이다. 이 두 가지를 받아들이지 않으면 나는 절대 물러서지 않을 것이다.

근로정신대 소송 원고들이 일본 지원단체, 변호단과 함께 소장을 접수하기 위해 나고야지방재판소로 향하고 있다. (1999.3.1.)

3년여 준비 끝에 1999년 3월 1일 양금덕·김혜옥·박해옥·진진정·이동련 원고 5명의 이름으로 일본 정부와 미쓰비시중공업을 피고로 나고야지방재판소에 손해배상청구 소송을 제기했다. 원고들은 불법행위, 입법·행정 부작위로 인한 국가배상, 국제법 위반, 안전 배려 의무 위반에 따른 사죄 광고, 피해자 1인당 3,000만 엔의 배상을 청구했다. 변호단은 우치카와 요시카즈 단장을 비롯해 34명으로 구성되었고 최종 44명으로 늘었다. 우치카와 변호사는 자위대 이라크 파병 금지 사건, 아이치 조선고교 무상화 재판 등을 맡아 인권 변호에 헌신해온 일본의 진보 법조인이다. 일본에서 시작된 이 소송이 한국으로 이어져 20년 동안 진행되리라는 것을 그때는 아무도 몰랐다.

소송 제기일이 3월 1일인 것은 각별한 의미가 있다. 1919년 3·1운동 당시 일제에 항거해 일어선 선열들의 용기를 생각하며 3·1운동 80주년인 3월 1일에 날짜를 맞췄다. 그날 5명의 원고와 변호단, 나고야소송지원회 회원들이 손에 손을 꼭 잡고 노래를 함께 부르며 법원에 갔다.

한국에서 오신 근로정신대 할머니들과 굳게 손을 잡고 법원 앞을 행진했던 일이 지금도 잊히지 않는다. 강제동원으로부터 60년 가까운 세월이 지나 일본재판소를 통해 당시 일본 정부와 미쓰비시중공업의 책임을 밝히라고 하는 재판은 법이라는 두꺼운 벽 앞에 몇 겹으로 막힌 그런 곤란한 싸움이었다. 〈다카하시〉

나고야 미쓰비시 여자근로정신대 소송은 한일 양국 언론의 관심을 끌었다. 여자근로정신대 소송은 1992년 후지코시, 1997년 도쿄아사이토 방적 소송에 이어 세 번째였다. 그동안 대일 과거청산소송에 관한 관심이 상대적으로 적었던 한국 언론에서도 앞다퉈 보도했다. 2월 28일 원고 일행이 일본으로 출국할 때는 KBS 방송사와 여러 신문사에서 광주공항까지 와서 촬영과 취재로 분주했다. 언론사에서 전화가 빗발쳐 이금주가 목이 아플 정도로 이야기를 한 결과 중앙지와 지방지에 널리 보도되었다. 이금주는 그동안의 고생이 보상받은 듯한 기분이었다.

내가 일본에 가면 즉시 눈치 보고 예의를 지키는 일본인들로부터 '점잖다', '부드러우면서도 강하다'라는 말을 들었지만, (내심) 고개를 들지 못한 점은 바로 언론계와 정부의 무관심, 그리고 전국유족회가 단결이 안 되는 점이었다. 그러나 이만큼 언론에서 관심이 높아진 데 대해 정말 힘이 솟고 자랑스럽다. 일본에서 '원고 5명이 잘했기 때문에 재판에 뿌리가 내리기 시작했고, 양금덕 씨가 말을 잘했기 때문에 멋진 그 말에 모두 감탄했다. 그것은 역시 이금주 씨의 사전 격려로 비롯된 것이라고 생각한다.'라는 팩스를 보내왔다. 〈1999년 3월 10일 월례회〉

제소 다음 해인 2000년 12월 6일 원고 3명이 제2차로 소송에 합류했다. 동생 김순례를 도난카이 대지진으로 잃은 김중곤과 아내 김복례, 김성주金性珠 3명이었다. 이로써 원고는 1, 2차 합해 여덟 명이 되었다.

김복례는 9형제 중 넷째 딸로 충청남도 강경에서 태어났다. 아버지는 지주였으나 금 채굴사업에 실패하자 여관을 운영하는 어머니와 여동생을 찾아 광주에 왔다. 1944년 광주북정공립국민학교현 광주수창초등학교를 졸업하고 가사를 돕고 있었다. 도나리구미隣組.최말단의 지역조직 조장이 집에 불러 친구 김순례와 함께 갔다. 2년간 군수공장에서 일하며 공부하면 졸업장을 받을 수 있다고 했다. 하루 일하면 3일 공부하고, 2년이 되면 4년 공부하고 졸업하는 것과 같은 자격이 부여된다고 했다. 부모와 오빠는 나이도 어린데 일본까지 갈 필요가 없다며 완강히 반대했다. 부모 인감이 필요하지만, 없어도 된다고 하여 인감을 받지 못하고 친구 순례와 함께 일본에 갔다. 순례는 도난카이 지진 때 벽돌로 머리를 맞아 숨졌다.

김중곤은 1924년에 태어났다. 장남이었고 동생 김순례는 넷째 딸이었다. 아버지는 지주였고 어머니와 요릿집도 운영했기에 생활은 여유로웠다. 김중곤은 일본에 유학해 1944년 간사이공학교關西工學校를 졸업하고 니혼日本대학 법학과에 입학했다. 전쟁 상황이 심상치 않자 "장남으로서 집안을 이어야 한다"는 아버지의 독촉에 따라 학교를 중퇴하고 귀국했다.

김순례는 북정北町국민학교를 졸업하고 집안일을 돕고 있었다. 근로정신대에 가겠다고 하자 부모는 끝까지 반대했지만, 김순례는 한사코 일본에 가고자 했다. 김중곤은 동생으로부터 미쓰비시 회사에서 일하게 되었고, 학교까지 보내주기로 했다는 이야기를 들었다. 그러나 니혼대학에 다닐 때 폭격을 당한 경험이 있어 위험하다고 생각했다. 걱정이 되어 동생과 나고야까지 함께 갔다. 미쓰비시 기숙사에서 하룻밤 지내고 동생을 두고 광주로 돌아왔다. 그로부터 6개월 후 동생이 사망했다는 통지가 왔다. 미쓰비시 공장을 찾아갔지만, 유골을 이미 조선으로 보냈다고 했다. 다시 광주로 왔더니 유골이 도착해 있었다.

김성주는 순천남공립초등학교현 순천남초등학교를 졸업하고 중학교에 진학하지 않았다. 1944년 5월 두 살 아래 여동생 김정주당시 6학년가 오가키 선생이 부른다고 했다. 오가키 선생은 6학년 때 담임으로 같은 마을에 살았다. 학교에 가자 동급생, 1년 선배도 와 있었다. 오가키 선생은 "일본에 가면 여학교에 진학할 수 있고 돈도 벌 수 있다"라며 백지에 이름을 쓰고 그 옆에 각자 손도장을 찍게 했다. 일본인이 감색 작업복 바지를 가져와서 세 사람에게 주었다.

아버지는 징용에 끌려가 집에 없었다. 할머니에게 출발 이틀 전에 일본에 간다고 어렵게 말을 꺼냈다. 할머니와 할아버지는 안 된다고 말렸지만, "도장을 찍어서 갈 수밖에 없다"라고 말했다. 할머니는 문어를 구워 주머니에 넣어주고 흰 실과 검은 실을 사서 쥐여 주었다. 할머니는 여동생과 남동생을 데리고 여수항까지 와서 작별했다. 그는 일장기를 흔들며 '천황폐하 만세'라고 울먹이는 소리로 노래를 불렀다.

공장에서는 비행기 형태를 따라 선을 긋는 일을 하다 얼마 후 일본인 남자와 둘이 절단기로 두랄루민 판을 자르는 작업을 했다. 하루는 두랄루민 판을 자르다 절단기에 왼쪽 집게손가락 끝이 잘리는 사고를 당했다. 손가락에서 피가 계속 흐르자 너무 무서워 고함을 질렀다. 조장이 와서 병원에 가니고작 머큐로크롬으로 소독해주었다. 손가락이 잘린 후에는 절단 작업은 하지 않았다. 어느 날 사무실에서 불러 갔더니 큰아버지로부터 갑작스레 남동생이 죽었다는 연락이었다. 도저히 믿기지 않았다. 회사에 며칠만이라도 좋으니 집에 다녀올 수 있도록 보내달라고 사정했다. 그러나 회사는 여권이 없으니 3개월 후에 보내준다고 했다. 결국 지켜지지 않았다.

원고들은 재판에서 구두변론을 통해 자신들이 살아온 이야기와 재판을 통해 무엇을 원하는가를 진술했다.

나는 일본인이라는 말만 들어도 피가 솟구쳐 오릅니다. 50여 년이라는 세월이 흘러 이렇게 늙고 병든 몸만 남아 남편에게도 미안하고 자식에게도 떳떳하지 못한 처지입니다. 일본에서 겪은 지진과 공습으로 지금까지 심장병·신경성위염·요통 등 후유증에 시달리고 있습니다. 특히 공습을 피

왼쪽부터 소송 원고 양금덕, 진진정, 김혜옥, 박해옥 할머니와 소송을 지원하고 있는 공동변호단.

해 방공호로 가려다 밀쳐 층계에서 굴러떨어져 다친 허리의 통증이 나이가 들수록 점점 더 심해지고 있습니다. 평생을 아내로서, 어머니로서, 제구실도 못 하고 병마에 시달려온 저 자신이 한없이 불쌍하고 가족에게 미안할 뿐입니다.

이 모든 불행의 원인이 일본에 있다고 생각하면 그 분함과 억울함에 치가 떨립니다. 이런 저를 일본인 당신들은 어떻게 하시렵니까? 당신들에게 인간으로서 최소한 양심이 있다면 이대로 모른 척할 수는 없을 것입니다.
〈진진정〉

나는 초등학교 때 배웠습니다. 일본인은 정직하고, 교양이 있으며, 세계 어느 나라보다도 뛰어난 나라라고. 또한 천황폐하는 신이고 '내선일체'라고. 우리가 충성을 다하면 원하는 것을 들어줄 것이라고 믿고 있었습니다. 그렇게 믿으며 열심히 공부했습니다.

초등학교 때 학적부를 보았습니다. 일제강점기 때 배운 모든 것이 하나하나 생생하게 되살아났습니다. 산술도, 국사도 열심히 했습니다. 소행 점수도 우優를 맞았습니다. 가르쳐준 대로 그렇게 열심히 배우고 따른 어린 소녀가 어찌 천황폐하를 믿지 않을 수 있겠습니까? '정신대에 출동, 순종적임'이라는 학적부에 적힌 이 글귀를 보고 어떤 말을 해야 할까요? 부모의 반대를 무릅쓰고 일본에 온 것이 원통하고 분해서 견딜 수 없습니다. 〈양금덕〉

　일본은 가해자이고 저는 피해자입니다. 우리의 처지를 서로 바꾸어놓고 생각해보십시오. 지금 당신들의 딸이 만약 우리와 같은 처지라면 당신들은 어떻게 하겠습니까? 일본사람들은 정직하다고 세계에 알려져 있고, 또 그렇다고 믿는 사람들이 많은데 12살·13살 어린 소녀들에게 한 약속을 이렇게 무참히 짓밟은 당신들의 실체를 안다면 과연 어떻게 생각할까요? 내가 요구하는 것은 내가 고생하며 일한 대가를 돌려달라는 것입니다. 당신들에게 적선을 요구하는 것이 아닙니다. 내가 일한 노동에 대한 정당한 품삯입니다. 〈이동련〉

　가장 가까운 나라가 가장 먼 나라가 되지 않도록, 한국과 일본은 가깝고 좋은 관계의 역사를 만들어가야 할 것입니다. 우리는 일본 정부와 미쓰비시중공업의 진심에서 우러난 사죄와 의무의 이행, 만약 이것이 있으면 과거를 용서하고, 이 사건을 잊을 수 있을 것입니다. 〈박해옥〉

이금주는 변호단으로부터 재판에 증인으로 서달라는 요청을 받았다. 처음에는 못한다고 거절했다. 하지만 변호단은 1년 이상 집요하게 졸랐다. 여자근로정신대들이 어린 시절 강제동원되어 고통스러웠다는 사실만 가지고는 재판부를 설득하기는 역부족이기 때문에 소송의 당위성을 객관적으로 진술해줄 사람이 필요하다는 것이었다. 이금주가 황민화 교육을 받았고, 그동안 6개 재판을 주도한 경험이 있으며, 일제강점기에 다양한 체험을 한 적임자라는 설득에 하는 수 없이 하겠다고 했다. 허락은 했지만 잘할 자신이 없어 불안했다. 2002년 11월 28일 제14차 구두 변론에서 2시간여 증언했다. 자신이 어린 시절 받았던 황민화 교육과 태평양전쟁으로 인한 남편의 죽음, 광주유족

이금주 회장이 도쿄 시나가와(品川) 역 남쪽 출입구 인근에서 시민들을 향해 근로정신대 문제에 대한 일본 정부와 미쓰비시의 사죄를 촉구하고 있다. (2008.7.18.)

회 결성과 일본에 대한 사죄와 배상을 요구하는 활동, 원고들이 입은 피해와 구제를 요구하는 염원을 이야기했다.

나는 이미 82세가 되었습니다. 이렇듯 고령이 되어서도 일본 재판소에서 증언하는 것은 나 자신이 일제강점기 전쟁 피해자의 한 사람이며, 전쟁 피해의 배상, 사죄를 요구하는 활동의 경험에 모든 것을 걸어 원고들의 호소를 재판관에게 전하고 싶다, 전달해야 한다는 절실한 염원이 있기 때문입니다.

원고들이 전쟁 중에 강제로 일본에 끌려가 괴로운 체험을 겪어야 했던 것은 벌써 58년 전에 일어난 일입니다. 일본 분들은 이제 오래된 이야기이니 잊어 달라고 할지도 모르겠습니다. 그러나 원고들은 결코 잊을 수가 없으며, 일본이나 미쓰비시의 대응에 따라서 그 원한은 더 커질 수밖에 없다고 생각합니다. 부디 전쟁 중에 겪었던 원고들의 고생에 대해 제대로 배상과 사죄를 해 주기 바랍니다. 또한 광복 후 원고들이 '일본군'위안부'로 오해받는 불안과 두려움 속에서 생활해온 고통, 아픔은 결코 과거의 일이 아닙니다. 부디 이 점에 대해서도 원고들의 피해 사실을 인정해주기 바랍니다.

일본제국, 조선총독부에 의한 식민지배, 전쟁 수행 때문에 초래된 원고들의 피해는 일본과 협력해서 전쟁을 수행한 기업에 의한 사죄와 배상이 주어지지 않은 한, 절대 치유되지 않을 것입니다. 일본제국주의의 식민지배는 너무나도 혹독한 것이었습니다. 게다가 태평양전쟁의 희생자인 우리들이 태평양전쟁희생자유족회 활동을 시작하여 일본에 대해 사과와 배상을 요구하는 실질적인 구제 활동을 계속하는 것은 결코 쉬운 일이 아니었습니다.

그러나 나고야 미쓰비시 근로정신대 소송에 임하는 우리의 소원은 우리만의 소원이 아닙니다. 한국에 대한 식민지배 피해자, 태평양전쟁 피해자 모두의 소원이 담겨 있다고 생각합니다. '목숨이 남아 있을 때 일본의 양심을 이 눈으로 확인하고 싶다'는 그 염원은 일본의 양심 있는 재판관들에게 당연히 받아들여질 것으로 굳게 믿는 바입니다.

처음에는 담담하게 시작했지만, 말을 하다 보니 감정이 격해졌다. 이금주는 증언대를 탁 때리면서 "인간으로서 이게 할 짓이냐!"라고 호통을 쳤다.

무사히 증언을 마치고 많은 환영을 받았다. 변호사들은 "인간이라면 이금주 회장의 증언을 듣고 가슴에 모두 와 닿았을 것이다. 그 증언을 듣고도 가슴에 와 닿지 않는 자는 인간이 아니다. 그 증언을 바탕으로 해서 이 회장의 증언에 뒤지지 않도록 더욱 열심히 변론하겠다"라고 말했다.

찾았다, 찾았다.

2001년 2월 24일 나고야소송 원고 김혜옥은 아픈 발을 끌고 목포 산정초등학교를 방문했다. 도난카이 지진희생자 6명 중에 유일하게 신원이 확인되지 않았던 구레하라 아이코의 본적이 목포 대성동으로 되어 있는 것에 착안하여, 일제강점기에 대성동 인근이었던 산정초등학교를 찾은 것이다. 그곳에서 구레하라의 본명이 적힌 학적부를 발견했다. 그 학적부를 근거로 전남 신안군청을 찾아가 호적등본을 확인했다.

3장 | 일본의 시간 - 조국이 우리를 먼저 버렸다

김혜옥은 흥분해서 곧바로 이금주에게 전화해 "찾았다, 찾았다"를 외쳤고, 이금주는 "무엇을 찾았단 말이냐?"라고 물었다. 그때는 근무시간이 끝난 토요일 오후였다. 김혜옥이 "일본인들이 13년 동안 계속 찾았는데, 한국인 입장에서 가만히 보고만 있을 수 없다"라고 하자 직원도 두말없이 도와주었다.

구레하라 아이코는 오길애吳吉愛였다. 그 언니와 남동생이 살아 있다는 것도 확인할 수 있었다. 이로써 이정숙李貞淑.영암, 김향남金香南.나주, 김순례광주, 서복영徐福榮.목포, 오길애목포, 최정례나주 등 도난카이 지진희생자 6명의 이름이 밝혀졌다. 비로소 추도비에 일본식 이름이 아닌 고향에서 불리던 오길애라는 이름을 새겨 넣을 수 있었다.

그해 12월 9일 이금주는 초청을 받아 오길애 남동생 오철석吳哲錫 부부, 김혜옥과 함께 추도비 앞에서 열린 '이 슬픔을 다시 반복하지 않기 위한 21세기 집회'에 참가했다. 추도비에 지진희생자 6명의 이름을 본명으로 새긴 뜻깊은 행사였다. 추도식에서 백발노인이 하모니카 독주로 '아리랑'을 연주했다. 참석자들의 마음에 감동이 물결쳤다.

연극 '봉선화'에 얽힌 사연

2003년 8월 23~24일 연극 '봉선화-조선여자근로정신대'가 나고야시 예술창조센터에서 공연되었다. '아이치현 시민의 손으로 평화를 원하는 연극모임'헤엔카이이 만든 작품이었다. 헤엔카이는 연극이라는 매체를 통해 평화운동을 펼치기 위해 1982년 만들어졌다. 해마다 아이치현 시민의 도움으로 한 차례 공연한다. '봉선화'는 나고야 미쓰비시 소송을 모티브로 일본이라는 국가의 양심을 준엄하게 묻는 내용이었다. 세 차례 공연한 이 공연은 1,800여 명이 관람하는 호응을 얻었다.

나고야 미쓰비시 원고들이 연기자로 무대에 올랐다. 원고 한 사람 한 사

조선여자근로정신대 문제를 정면으로 다룬 연극 '봉선화' 공연에는 원고들이 직접 무대에 올랐다.

람에게 꽃다발을 주고 박수갈채가 울려 퍼졌다. 다카하시가 나고야소송지원회 대표로 원고들을 소개했다.

원고 김혜옥은 아들과 함께 '봉선화'를 보기 위해 나고야에 갔다. 발이 불편해 휠체어에 의지했고, 아들이 휠체어를 밀었다. 아들은 어두운 표정이었고 마중 나간 나고야소송지원회 회원들과도 이야기하려 하지 않았다. 단지 어머니의 몸이 불편했기 때문에 휠체어를 밀기 위해 동행했을 뿐이었다. 그때까지만 해도 아들은 근로정신대는 곧 일본군'위안부'라고 생각했다.

연극을 본 아들의 표정은 이전과는 달랐다. "일본에도 양심적인 사람들이 있구나"라고 말했다. 돌아가는 길에 공항에서 휠체어를 미는 아들의 표정은 나고야에 도착할 때와는 전혀 다른 모습이었다. 어머니에 대한 오해가 풀리면서 모자간에 비로소 화해가 이뤄진 것이다. 김혜옥은 "그동안 참고 견뎌왔다. 오늘 이 자리를 주신 하느님께 감사드리고 싶다"라는 말을 남기고 출국장으로 발걸음을 옮겼다.

김혜옥은 나주 출신이었다. 아버지는 나주 역전 상권을 좌우할 만큼 소문난 재력가였다. 아버지는 밖에 나갈 때면 큰 말을 타고 다녔다. 집에 조랑말도 세 마리 있었다.

김혜옥은 어려서부터 금수저로 밥을 먹었다. 보리밥은 구경도 못 했다. 네 살 때부터 유치원을 다녔다. 유치원 원생은 그를 포함해 8명에 불과했다. 그러나 다섯 살 때 어머니를 여의는 아픔을 겪었다.

1944년 3월 나주대정보통학교를 졸업하고 일본인이 다니는 대화大和여학교에 응시했다가 떨어지고, 이듬해 다시 여학교 시험을 치르기 위해 학교에서 '재습再習' 과정 중이었다. 5월께 마사키 교장과 곤도 헌병이 교실에 들어섰다. 일본에 가면 돈도 벌고 여학교에도 갈 수 있다고 했다. 일본 여학교에 다닐 욕심으로 가장 먼저 손을 들었다. 그때 열세 살이었다.

나주역에는 모두 24명이 집합했다. 곤도 헌병과 당시 학교 임시교사였던 손상옥孫相玉이 인솔했다. 아버지와 새어머니도 여수까지 동행했고, 아버지는 당시로써는 큰돈인 30엔을 손에 쥐어줬다. 도토쿠공장에서는 비행기 부품에 페인트칠하는 일을 했다. 도난카이 대지진 당시에는 오른쪽 어깨에 철골이 떨어져 병원에 실려 갔다.

해방 후 한국에 돌아와 광주사범학교에 입학했다. 하지만 친일파로 몰린 아버지는 고향을 등지고 도피하듯 부산으로 갔다. 그는 학교를 중퇴하고 아버지를 따라갔다. 수녀가 되고 싶어 신체검사를 했는데 폐결핵 진단이 나와 수녀원도 갈 수 없었다.

어쩌다 가정이 있는 사람을 만나 아들을 낳았다. 아들을 낳았지만, 정식 결혼이 아니었기 때문에 아들을 호적에 올릴 수 없었다. 어머니가 근로정신대였다는 사실을 안 아들은 사춘기 때 방황했다. 오랫동안 쌓였던 오해가, 연극 '봉선화'를 통해 비로소 풀렸다.

김혜옥은 1980년 광주민중항쟁 당시 계엄군이 대학생을 끌고 가자 뛰어들어 이를 말리다가 군인이 휘두른 곤봉에 맞아 크게 다친 '5·18 유공자'였다. 2008년 11월 11일 최고재판소 판결 기각 소식을 들은 그는 병마와 싸우다 2009년 7월 25일 세상을 떠났다. 그의 유해는 국립5·18민주묘지에 안장됐다.

기각, 또 기각

다른 재판과 달리 미쓰비시 근로정신대 소송은 언론에서 지속해서 보도했고, 사회적인 이슈가 되었다. 2003년에는 나고야재판을 신속하고 정확하게 판결해달라는 시민 1,000여 명의 서명을 재판부와 미쓰비시중공업 회장에게 보냈고, 2004년에도 광주YWCA 회원과 원고들의 모교인 나주초등학교 학생들의 서명을 포함하여 2,000여 명의 서명을 전달했다.

변호단의 노력도 치열했다. 44명의 변호사가 참여하여 강제노역, 물자 조달, 역사 분야 등을 나눠 맡아 자료를 수집하고 법리를 연구했다. 변호단과 나고야소송지원회는 10차례가 넘게 한국을 방문하여 원고를 만나고, 현장을 방문하고, 근로정신대 관련 단체와 학자에게 자문하고, 일제강점기 당시의 신문 등 자료를 수집했다. 도토쿠공장에서 일했던 충남 출신 근로정신대원을 찾기 위해 3박 4일간 충남도청, 대전시청, 구청, 동사무소, 학교를 다니며 수소문하고 언론에도 보도했으나 한 사람도 찾지 못했다.

나고야소송지원회 회원도 1,000여 명으로 늘었다. 미쓰비시중공업 대표이사와 재판부, 그리고 일본 정부에 피해 배상과 공개 사과를 요구하는 엽서와 요청서 2만여 장을 만들어 서명 운동을 통해 여론 확산에 나섰다. 또한, 미쓰비시를 상대로 소송이 진행되는 나가사키, 히로시마, 도쿄 등 각 지역의 지원단체와 네트워크를 형성해 서로 협력했다. 2002년에 펼친 서명운동에서 자그마치 900여 단체가 함께했다. 과거와는 달라진 분위기에 이금주는 일말의

이금주 회장과 근로정신대 소송 원고들이 환영 현수막을 들고 나고야 주부(中部)공항에 마중 나온 나고야소송지원회 회원들과 함께 기념사진을 촬영하고 있다.

희망을 품었다.

2005년 2월 23일 1심 판결을 하루 앞두고 이금주는 원고 등 8명과 나고 야에 갔다. 공항에는 변호단장을 비롯한 변호사들과 나고야소송지원회 회원 등 수십 명이 '원고들을 더 이상 괴롭히지 마라'는 대형 펼침막을 들고 나와 있었다. 공항에서 즉석 기자회견을 했다.

2월 24일 나고야지방재판소 앞에서 나고야소송지원회 집회가 열렸다. 법 정에는 원고 8명과 변호단 11명이 입실했고 방청석은 가득 찼다. 자리가 부 족해 방청하지 못한 나고야소송지원회 회원들은 나고야변호사회관에 모여 재판 결과를 기다렸다.

재판장이 판결문을 낭독했다. 기각이었다. 원고들의 청구는 '재산 권리 및 이익'이 아니라 '청구권'에 해당하여, 한일청구권 협정 2조 1항, 3조에 따라 일본 및 국민에 대해 아무런 주장을 할 수 없는 것으로 되었다고 기각했다. 한일청구권 협정에 의해 '청구권'에 대해서도 주장하지 못하게 됐다는 피고 일본국의 새로운 주장을 처음으로 받아들인 판결이었다. 다만 원고들이 군수 공장에서 노역에 종사했던 사실과 일부 사람이 지진으로 사망하기도 하고 사고당하기도 한 피해 사실에 대해서는 인정했다.

재판장은 판결문을 읽고 바로 퇴장했다. 개정에서 폐정까지 채 10분도 걸리지 않았다. 한국과 일본을 오가며 22차례 구두변론이 진행된 재판이었지만 판결은 순식간이었다. 법정은 원고들의 울음바다가 되었다. 기자회견이 열렸다.

나고야 법원의 판결 요지는?

원고들의 경험과 피해에 대해서는 인정했다. 사구마 재판장은 판결 이유에서 1965년에 서명한 일한 청구권 협정 때문에 개인의 청구권에 관한 문제는 이미 해결되었다고 밝혔다. 따라서 '협정의 취지로부터' 한국인은 일본에 대해서 어떤 주장도 할 수 없다고 이해하는 것이 상당하다.'라고 말했다. 일본의 불법행위 여부에 대해서는 언급하지 않았다.

이번 판결에 대해 어떻게 생각하나?

우리의 주장은 이 문제가 전쟁 중 피해로서 강제 또는 일본인 교장의 말에 속아서 12살~13살 아이들이 강제노동하고 노임을 받지 못했다는 것이다. 그리고 전후에도 한국에서는 '근로정신대'가 일본군 '위안부'와 동일시되어 정신적 차별을 당했기 때문에, 이러한 정신적 피해가 계속되었다는 것을 주장했다. 이렇게 함으로써 법률적인 시효 문제를 해결하려고 했다.

그러나 법원은 한일협정으로 다 끝났다는 것이다. 원고들의 고통은 한일협정이라는 장벽에 의해 차단되어 버렸다. 한일협정이 이러한 의미까지 포함하고 있는지는 검토되어야 할 것이다. 한일협정이 정치적으로 맺어진 것인데, 법원이 법률적·형식적 논리로 이런 판결을 내린 데 대해 분개하고 있다. 문제가 남아 있다고 생각한다. 앞으로 일본과 한국이 연대해서 시민 운동을 벌여 나가야 한다.

강제노동과 정신적 피해 등에 대한 사실 확인을 요청했는데 법원이 이에 관해 판단하지 않았다. 그 이유는?

원고들은 속았거나 강제로 연행되었다고 주장했다. 그러나 법원은 판결 과정에서

'강제노동', '강제동원'이라는 말을 쓰지 않았다. 따라서 피해에 대한 인정이 약하다. 피해에 대해서 '평가'를 하지 않았다.

일본 법원이 기각했는데 이에 대해 어떻게 생각하나?

일본 법원은 인권에 대한 인식이 약하다. 부모 곁에 있어야 할 12살 정도의 아이가 낯선 이국땅인 일본에 끌려와서 강제 노동해야 했다. 그런데 일본에서는 그렇지 않다는 식이다. 원고들의 피해에 대해서 사실인지 언급조차 않고 있다.

미쓰비시 근로정신대 소송을 이끌어 온 우치가와 요시카즈 공동변호단 단장.

10여 분 만에 재판이 끝난 것만큼이나 변호단과 소송지원단의 대처도 빠르게 진행됐다. 판결 평가·성명문 확정 회의에 이어, 원고를 위한 판결 설명회와 판결 보고 집회를 오전 중에 마쳤다. 성명문은 다음과 같다.

나고야지방재판소는 원고들의 청구를 모두 기각했다. 한일청구권 협정을 이유로 원고들의 청구를 기각한 판결은 지극히 매정하기 짝이 없는 것이었다. 한일 청구권 협정으로 모든 청구가 배척된 점에 대해 우리는 강한 분노를 금할 수 없다. 우리는 폭거라고도 볼 수 있는 이 판결의 판단에 혼신을 다해 울분을 표하며 강력히 이를 고발한다. 그와 함께 피고국 및 미쓰비시중공업에 사죄와 배상으로 한시라도 빨리 피해자를 구제해 달라고 강력히 요구한다. 중략

판결이 이런 피해를 인정하면서도 한일청구권 협정으로 피해자 구제를 거부한 것은 부정 위에 부정을 덧씌웠다고 말하지 않을 수 없다. 전쟁 책임을 계속 은폐·회피해온 피고들의 비행을 간과하는 것이며, 사법의 정의에 대한 신뢰를 배반하는 지극히 불공정한 판결이다.

그러나 판결은 결코 피고들의 책임을 면죄하는 것은 아니다. 피고들이 한일청구권 협정을 주장하는 이상, 원고들의 청구를 수용해 이행을 명령할 수 없는 것임에 불과하다.

판결이 전제한 사실에 따르면, 원고들의 피해를 구제하는 것은 피해국 및 피고 미쓰비시중공업에 부과된 당연한 의무임을 우리는 다시 강조한다. 전쟁 피해에 끝은 없다. 역사에 대한 진지한 청산을 행하지 않는 자는 장래의 역사에 화근을 남길 것이다. 원고들이 속아 일본으로 끌려온 뒤로 이미 60여 년이 지났다. 원고들은 노년에 접어들어 사망한 분도 있다. 그들의 여생은 얼마 남지 않았다. 우리는 원고들이 살아있는 동안에 무엇보다 피고국 및 피고 미쓰비시중공업에 사죄와 배상을 받아야 한다. 앞으로도 전력을 다해 분투할 것임을 결의한다.

오후에는 다음 날 예정된 '도쿄 행동'에 관한 협의회가 열렸다. 저녁에는 수고한 사람들을 격려하는 모임을 열어 6년간의 노고를 위로하고 새롭게 투쟁할 것을 다짐했다.

2월 25일 일행은 도쿄 미쓰비시중공업 본사로 갔다. '더 이상 원고들을 괴롭히지 말라! 원고단·변호단·나고야지원회'라고 쓰인 펼침막이 매서운 겨울바람에 펄럭였다. 대표단이 미쓰비시중공업 측과 만나 성명문과 요청서를 건넸다. 다시 택시를 타고 국회의사당으로 갔다. 시민운동가 야노 히데키矢野秀喜가 활동가 10여 명과 함께 펼침막과 피켓을 들고 일행을 기다리고 있었다. 의원회관의 각 사무소를 개별적으로 방문하여 청원했다. 저녁에는 앞으로의 대책과 활동에 관한 의견이 밤늦도록 오갔다.

26일 귀국길에 올랐다. 나고야소송지원회 회원들은 "제발 살아만 계셔 주세요"라며 눈물 어린 호소를 했다. 승소할 것이라는 기대에 부풀어 일본에 갔지만 돌아오는 발걸음은 무거웠다. 광주공항에 도착해 휠체어에 앉은 원고들이 나오자 기자들이 기다리고 있었다.

이금주는 "이번 소송만큼은 반드시 승소할 것으로 확신했지만 일본은 양심을 저버린 채 한일협정을 핑계로 역사를 끝내 인정하지 않았고, 결국 또 한 번 한일협정에 발목을 잡히고 말았다"라며 "일본인들로부터 '재판 때마다 한일협정 때문에 기각당하고 있는데 당신네 정부는 왜 가만히 있느냐?'라는 질문을 받을 때면 차마 고개를 들 수 없었다. 일본인들은 자신들의 부끄러운 과거임에도 불구하고 수백 명으로 구성된 지원회가 우리를 돕고 있지만, 우리나라는 지난해 시민들의 서명운동을 제외하곤 그 어느 곳도 관심을 두지 않고 있다"라고 아쉬움을 토로했다.

2005년 3월 9일 나고야고등재판소에 항소했다. 변호단과 나고야소송지원회 회원 11명은 1심 판결이 내려진 한 달 후에 광주를 찾았다. 광주유족회에서는 굳이 올 필요 없다며 말렸으나, 이들은 직접 와서 재판에 관한 설명을 하고 싶다고 했다. 3월 26일 오후 7시 광주 남구청 회의실에서 열린 '1심 재판 보고회'에서 이들은 "일본인으로서 죄송하고 부끄럽다"라고 말했다.

우치가와 변호단장은 "재판 상황을 설명해 드리기 위해 하루라도 빨리 한국을 방문해야 한다고 생각했다. 일본에 책임이 있지만, 한국에서도 힘을 실어주지 않으면 대단히 어려운 재판이다. 원고들이 고령에도 불구하고 항소한 만큼 고등재판소에서 꼭 승리하도록 힘내겠다"고 말했다. 다카하시 나고야소송지원회 대표는 "진실을 말하지 않는 나라는 잘못을 반복한다는 말이 있는데, 우리는 그런 나라의 사람이 되고 싶지 않다. 이번 소송은 원고의 한을 푸는 것뿐만 아니라 인간의 존엄을 찾는 귀중한 투쟁이다"라고 밝혔다.

이와츠키 코지岩月浩二 변호단 사무국장은 "기각 판결을 받았지만 우리가 싸움에서 진 것은 아니다. 재판 과정에서 피해자들이 받은 상처와 고통에 공감하는 일본인이 많이 늘어났고, 이후 항소를 진행하는데도 큰 발판이 마련된 셈이다"라고 평가했다.

나고야소송지원회와 소송 변호단이 광주유족회를 찾아 근로정신대 소송 원고들과 재판에 대해 상의하고 있다. (2007.7.30.) ⓒ안현주

이금주는 이날 '한일 양국 정부에 보내는 촉구문'에서 "일본은 한일협정으로 인해 책임이 끝났다고 기각 판결을 내리려거든 일본 국민도 알 수 있도록 당장 한일협정 문서를 공개해 정당한 근거를 제시하라"라며 "우리 정부도 피해자들이 죽어가는 만큼 한일협정 문서 모두를 완전히 공개하고, 과거사 청산과 관련해 일본과 즉시 교섭할 것"을 촉구했다.

항소심에서 가장 핵심적인 논점은 한일협정의 해석 문제였다. 2006년 2월 2일 열린 제3회 구두변론은 김창록金昌祿 경북대 교수가 증인으로 출석했다. 김창록 교수는 한일조약과 한일 과거 청산의 법정 안팎의 흐름과 법적 쟁

점에 대해 오랫동안 연구해왔다. 또한 일본 도쿄대학 대학원에서 수학하고 지바대학과 홋카이도대학에서 비상근 강사로 근무한 경력이 있다. 김창록은 원고 변호인의 심문에 다음과 같이 증언했다.

식민지 지배와 관련 있는 문제에 대해서는 결국 협정 해결의 범위에 포함되는지, 아니면 제외되는지요?

포함되지 않는다고 생각합니다. 왜냐면 한일 청구권 경제협력 협정의 당사국은 한국과 일본이지만, 일본 측이 그것_{식민지배}이 문제라는 것을 명확히 부정하고 있기 때문입니다. 회담에서 다룬 문제가 아니었는데, 회담의 결과 성립된 협정으로 해결되었다고 보는 것은 논리적으로 타당하지 않습니다. 당시 한국과 일본 사이에 여러 이견이 있었지만, 한 가지 합치된 것은 한일회담은 샌프란시스코 강화조약 제4조에 의해 발생한 영토 분리분할에 따르는 민사상·재정상 문제를 해결하기 위한 것이었다는 점입니다. 따라서 그 사항은 식민지 지배에 관한 문제를 포함하고 있지 않기 때문에, 양국의 인식 범위에 들지 않는다고 봅니다.

본 건에서 항소인들의 청구권은 협정 적용범위 내의 문제입니까? 범위 밖의 문제입니까?

범위 내의 문제가 아닙니다. 항소인들이 주장하는 것은 어린 소녀들이 속아서 끌려와 자유를 구속받았고, 그러한 상황 속에서 무기한으로 노동을 강요당했다는 점입니다. 거기에 근거한 청구권이라고 생각합니다. 이것은 청구권 협정의 대상 외의 문제이므로, 이 재판에서 원고가 주장하는 청구권은 협정 범위 외의 문제입니다.

한일청구권 협정 제2조 1항 '완전히 최종적으로 해결'이라는 문언, 그리고 2조 3항의 '어떠한 주장도 할 수 없다'고 하는 문언, 이러한 내용에 대해 한국과 일본 정부는 어떠한 법적 효과를 내기 위해 합의했다고 말할 수 있을까요?

한국 정부가 법적 효과에 대해 명확히 정리했는지를 확인하는 것은 지금 불가능합니다. 그러나 일본 정부는 외교 보호권만을 포기하는 것이라고 명확히 정리했으며, 1990년대부터 일관되게 주장해왔습니다. 따라서 그 합의라는 것은 외교 보호권만의 포기라고 지적할 수 있습니다.

그렇다면 개인의 청구권에 대해서 협정은 어떠한 효력도 미치지 않는다고 보아도 좋겠습니까?

그렇습니다.

김창록 교수는 2시간 동안 증언하고 "1심 판결은 잘못된 기각이고 반드시 구제를 받아야 할 일"이라고 끝맺었다.

최봉태崔鳳泰 변호사도 변호단과 나고야소송지원회 요청에 따라 의견서를 제출했다. 최봉태 변호사는 김창록 교수와 마찬가지로 한일청구권 협정과 상관없이 피해자는 개인 청구가 가능하다고 주장했다. 한일협정 체결 시 피해 부분에 대해 합의에 이르지 못하고 한일 양 정부 사이에서 애매하게 처리되었으며, 한일청구권 협정에 의한 청구권자금 무상금액 3억 달러는 너무도 적은 금액이었다. 무상자금 3억 달러를 한국인 원폭 피해자에만 한정해서 지급한다 해도 한 사람당 1만 달러에도 미치지 못하는 만큼, 이 정도의 금액이 배상금의 성격을 지닌다고 인정할 수 없다는 것이다. 따라서 한일청구권 협정은 피해자 구제를 위한 협정이 아니었거니와, 청구권자금도 피해자 구제를 위한 자금이 아니었다고 주장했다.

평생을 재일 한국인 역사연구에 전념해온 릿교立教대학 야마다 쇼지山田昭次 명예교수도 '조선여자근로정신대의 강제동원·강제노동·민족차별'이라는 제목의 방대한 의견서를 재판부에 제출했다.

2007년 5월 31일 나고야고등재판소 항소심 판결 전날 이금주와 원고들이 나고야에 갔다. 이번에는 최봉태 변호사와 '시민의 소리' 이국언李國彦 기자가 동행했다. 공항에는 연로한 원고들을 위해 휠체어 5대가 준비되어 있었고 지원단에서 나와 기다리고 있었다. 다음 날, 어깨띠를 두르고 휠체어를 탄 원고단은 대형 펼침막을 앞세우고 북소리에 맞춰 함께 고등재판소로 행진했다. 김중곤은 아내의 영정을 들었다. 고등재판소 방청석은 사람들로 가득 찼다. 재판장은 30여 분 동안 판결 이유를 담담하게 읽었다. 마지막으로 판결주문이 선고되었다. 또다시 기각이었다. 순간 양금덕 원고가 바닥에 무릎을 꿇었다. 손으로 바닥을 치며 대성통곡했다.

나고야고등재판소에서 기각 소식을 듣고 오열하는 양금덕 할머니. (2007.5.31.) ⓒ이국언

> 어머니, 아버지, 이 한을 누가 풀어줄까? 이대로 집에 돌아갈 수는 없다.
> 억울하고 또 억울하구나.

이금주는 온몸이 떨렸다. 불쌍한 우리 민족의 한이 너무 슬펐다. 항소심 판결은 2007년 4월 27일 니시마쯔西松건설 중국인 강제동원 사건의 최고재판소 판결 논리를 한국인 피해자에게 그대로 적용했다. 다만 원고들의 동원은 기만이나 협박에 따른 '강제동원'이며 자유가 박탈된 상황에서의 노동은 '강제노동'이었음을 인정했다. 또한 구 미쓰비시중공업과 현 미쓰비시중공업은 실질적으로 '동일성'이 있고, 구 미쓰비시의 행위에 관해서 현재의 회사가 책임을 지지 않는다고 주장하는 것은 신의성실의 원칙에 반할 가능성이 있다고 인정했다.

변호단은 '청구 기각' 발표에 대해 실망하면서도 다음과 같은 사항을 평가했다.

○ 국가와 미쓰비시중공업의 불법행위 책임의 성립을 인정하고, 아직도 미해결 문제임을 명확히 한 점

○ 어린 소녀들의 향학열向學熱을 역으로 이용해 가족의 품에서 끌고 간 행위에 대해서, 기만, 혹은 협박으로 정신대원으로 지원하게 한 것을 인정하며, 이건 '강제동원'이라고 보아야 마땅하다고 인정한 점

○ 이들의 연령에 비해 가혹한 노동이었다는 것, 빈약한 식사, 외출과 편지의 제한·검열, 급료의 미지급 등의 사항이 인정되며, 또한 정신대원을 지원하기에 이른 경위 등도 종합하면 '강제노동'이라고 보아야 마땅하다고 인정한 점

○ 도난카이 지진으로 사망한 피해자와 공장에서 작업 중에 다친 피해자에 대해서, 어느 것이나 상기의 강제동원·강제노동으로 발생한 손해라고 보아야 마땅하다며, 강제동원·강제노동과의 인과관계를 인정한 점

○ 당시 일본도 비준해 등록한 ILO국제노동기구 조약 29호를 위반했다고 지적한 점

○ 원고들이 여성이기 때문에 귀국 후 고통스러운 인생을 보낼 수밖에 없었던 점도 강제동원의 결과 발생한 비극임을 인정한 점

○ 본 건에 대한 국가무답책의 법리 적용을 명확히 물리친 점, 그리고 미쓰비시중공업이 책임을 회피하기 위한 논거로 삼아온 전쟁 전의 미쓰비시중공업과 현재의 미쓰비시중공업이 다른 회사라는 의견에 대해, 실질적으로 계속성이 있으며 불법행위를 책임져야 할 여지가 있다고 판단한 점

이처럼 항소심 법원은 일본과 미쓰비시중공업을 단죄하고 양자의 불법행위 책임을 인정하면서도, 한일청구권 협정을 이유로 원고들의 청구를 기각했다.

다음 날 또다시 도쿄로 갔다. 국회의사당에 도착하니, 정의감에 불타는 야노 히데키가 현수막과 깃발, 마이크를 준비하고 기다리고 있었다. 4~5명씩 한 조가 되어 의원들을 찾아다니며 호소했다.

최고재판소 상고와 '금요행동'

미쓰비시중공업 주주총회 장소로 향하는 인도에서 주주들을 향해 근로정신대 문제 해결을 촉구하고 나선 나고야소송지원회 회원들. (2014.6.26.)

2007년 6월 11일 원고 전원이 최고재판소에 상고했다. 그날 변호단과 나고야소송지원회 연명으로 '최고재판소를 노골적으로 추종한 사법 소극주의의 과오'라는 성명문을 통해 나고야고등재판소의 부당 판결을 통렬하게 비판했다.

6월 13일은 미쓰비시중공업 주주총회가 열리는 날이었다. 나고야소송지원회는 그날 아베 신조安倍晋三 총리와 미쓰비시중공업 대표이사 쓰쿠다 가즈오佃和夫 앞으로 공개 질의서를 보냈다. 다카하시 대표를 비롯한 회원 몇 명이 도쿄에 가서 '강제동원·기업 책임추궁 재판 전국네트워크' 회원들과 함께 가두선전을 했다.

이날의 집회가 '금요행동'의 실마리가 되었다. 매주 금요일 미쓰비시중공업 본사가 있는 도쿄에서 원정 시위를 하기로 한 것이다. 나고야에서 도쿄까지는 360km로 광주-서울 297km보다 더 먼 거리였다. 신칸센 왕복 요금 1인당 2만 1,000엔, 우리 돈으로 25만 원 가량이다. 한국에서 일본군'위안부' 문제 해결을 촉구하며 매주 수요일 일본대사관 앞에서 열리는 '수요집회'에서 착안했다.

'금요행동'의 책임은 나고야공업대학 명예교수 테라오 테루미와 야마카와 슈헤이山川修平가 맡았다. 테라오 테루미는 나고야소송지원회 공동대표로 그해 봄 나고야에서 도쿄와 가까운 사이타마현 야시오로 이사를 했다. 야마카와 슈헤이는 우연히 제주도에 여행을 왔다가 김중곤 원고를 만나 인간적인 교류를 이어가다가 나고야소송지원회 열혈 회원이 되었으며 도쿄에 살고 있었다. 두 사람은 매주 '금요행동'에 참여하고, 나고야소송지원회에서는 회원들이 교대로 참여하기로 했다. '금요행동'의 철학은 '인도주의·현실주의=조기 해결'이었다. 재판의 조기 해결을 위해 이들은 현실에 기초한 행동 방식을 찾아 매주 길거리로 나선 것이다.

2007년 7월 20일 '금요행동'의 첫 날이었다. 나고야소송지원회 다카하시와 스기시타 요시마츠杉下芳松, '강제동원·기업 책임추궁 재판 전국네트워크' 회원 야스하라 하시라코安原柱子, 그리고 테라오, 야마카와 다섯 명이었다. 나고야소송지원회 장대를 세우고 대형 펼침막을 걸었다.

'5·31 나고야고등재판소 미쓰비시중공업의 강제 동원 강제 노동 단죄'
'5·31 나고야고등재판소 판결에 근거해 조선여자정신대 피해자의 구제 실현을!'

이 문구가 쓰인 펼침막은 '금요행동'의 트레이드마크가 되었다. 아침부터 찌는 듯이 더운 날씨였다. 첫 번째 '금요행동'에서는 핸드마이크를 들고 외칠 용기는 없었다. 그저 횡단막 장대만 들고 있었다. 세 번째부터 야마카와는 김

2007년 시작된 금요행동은 2022년 11월 현재도 계속되고 있다. 출근길 시민들에게 전단지를 배포하고 있는 테라오 테루미 나고야소송지원회 공동대표. (2012.8.10.)

중곤의 아내 김복례와 여동생 김순례의 영정을 안고 서 있었다. 다섯 번째 '금요행동'에서 드디어 핸드마이크를 잡고 미쓰비시 근로정신대의 과거와 오늘, 재판의 부당성을 외쳤다. 그는 협심증으로 관동맥 바이패스 수술을 받은 몸이었다. 그 몸을 이끌고 단 한 차례도 빠지지 많고 매주 '금요행동'에 나섰다. 테라오 테루미 교수 역시 장례식 등 불가피한 경우를 빼고 모두 참여했다.

다카하시 공동대표와 우오즈미 쇼조魚住昭三 변호사는 2008년 5월 27~30일 ILO 총회가 열리는 스위스를 방문하여 나고야미쓰비시 재판을 알리는 작업을 했다. 이들은 국제기준부 사무국, 노동자 측 위원 및 사용자 측 위원 등에 일제강점기 당시 피해자의 사진이 담긴 앨범과 자료를 전달하고 근로정신대 가혹행위에 관해 설명했다. 아울러 그해 8월 전문가위원회에 근로정신대 인권 구제를 호소하는 문서를 송부했다.

내가 활동하고 있는 것이 할머니들을 위해서라고 할 수 있겠지만 사실 안으로 들여다보면 나 자신을 위해서 하고 있는 행동입니다. 내가 이 나라의 국민으로서 부끄럽지 않게, 일본 국민으로 세계에 나가 활동할 때도 부끄럽지 않은 인간으로 살고 싶어서 부끄러운 나라에서 태어난 나 자신을 위한 것이라고 생각합니다. 〈테라오 테루미〉

나고야소송지원회 회원 몇 명은 매년 6월 열리는 미쓰비시중공업 주주총회에 참가하기 위해 주식을 사들였다. 직접 주주가 되어 회사 임원과 다른 주주들을 설득하기 위해서였다. 주주총회는 주식 1,000주 이상을 취득한 주주에게만 참가 자격이 주어진다. 1,000주 주식 대금은 약 35만 엔한화 400여만 원이었다. 회원들이 돈이 많아서 주식을 산 것은 아니었다. 발언 기회를 얻어 근로정신대 문제 해결을 촉구하기 위해서였다. 회원 마에야마 구니오前山邦雄는

나고야소송지원회와 변호단은 자비를 들여 광주를 비롯해 한국을 수십 차례 방문하며 원고들의 증언을 하나하나 청취해 왔다. 고이데 유타카 사무국장이 광주를 방문해 후생연금 조사 내역을 설명하고 있다. (2009.9.12.)

미쓰비시중공업 회장에게 "기업은 이익을 내는 곳이지만 윤리도 중요하다고 보는데 어떻게 생각하느냐"라고 물었다가 답변을 거절당하기도 했다.

2008년 11월 11일 최고재판소는 재판관 전원 일치 의견으로 기각 판정을 내렸다. 그동안의 모든 노력이 허사로 돌아갔다. 10년 동안 이어진 재판에 변론 횟수만 무려 29차례였고, 그때마다 일본을 방문하는 원고들의 항공료와 교통비, 숙박비를 나고야소송지원회가 지원했다. 나고야소송지원회는 변호단과 함께 원고들의 의견 청취와 자료 조사를 위해 30여 차례 한국을 방문했고, 다카하시 대표는 80여 차례 한국을 찾았다. 변호단도 무료 변론으로 임했고, 10년의 재판 기간 동안 변호단 회의만도 합숙 10차례를 포함해 무려 126차례 열었다. 변론 자료는 수천 쪽이었다.

최고재판소에서 기각 판결이 내려짐에 따라 법정에서의 싸움은 끝이 났다. 그러나 법정 밖의 투쟁은 그때부터 다시 시작되었다.

일본법의 판결은 끝났지만, 역사의 심판은 아직 끝나지 않았다.

근로정신대 동원 주범 후지코시 2차 소송

성순임成順任은 1930년 목포에서 4남매 중 막내로 태어났다. 소작농이었던 아버지는 입에 풀칠하기도 어려운 농사일을 접고 광주로 이사해 장사를 새로 시작했다. 또래 친구들은 학교에 다녔지만 성순임은 학교 다닐 형편이 아니었다. 성순임은 학교 다니는 친구들이 부러웠다. 1945년 1월 광주서석공립국민학교[현 광주서석초등학교]를 다니던 친구 담임교사였던 오카 선생이 집으로 찾아왔다. 일본에 가면 공장에서 일하면서 돈을 벌 수 있다고 했다. 무엇보다 학교를 다닐 수 있다는 말에 부모에게는 말도 하지 않고 일본행을 결심했다.

전국 각지에서 모인 144명이 부산에서 연락선을 타고 시모노세키에 도착했다. 몇 시간 기차를 타고 도야마에 내리니 눈발이 내렸다. 비행기 부속을 만드는 후지코시 강재공장에서는 군악대 반주에 맞춰 환영식이 열렸다. 4층 건물 합숙소는 공장처럼 컸다. 다음 날부터 제식훈련을 받았다. 찬바람이 몰아치는 추운 날씨에 한 달 동안 훈련이 계속됐다.

훈련이 끝나고 강철 부속품을 만드는 선반공 일을 했다. 공장에서 일하는 사람은 거의 여성이었다. 쇠를 깎는 일은 힘들고 위험했다. 키가 작아 사과 궤짝을 두 개 쌓아 그 위에 올라가서 작업을 했다. 하루에 정해진 일감을 못 해내면 두들겨 맞았다. 빨리 하지 않는다고 발길로 차는 것은 예사였다. 피곤을 못 이겨 깜박 졸면 어느새 매가 등짝을 후려쳤고, 무릎을 꿇리고 두 손을 머리 위로 드는 기합을 받았다. 기합받는 날은 일을 하지 않았다고 점심을 주지 않았다. 가장 힘든 것은 배고픔이었다. 아침저녁으로는 보리 섞인 밥이 나왔지만 점심은 세모 모양의 산가쿠三角(삼각)빵 두 조각이 고작이었다. 늘 허기에 시달렸다.

일이 끝나고 숙소에 돌아오면 매일 같이 친구들과 울었다. 울면서 고향으로 보내 달라고 하면 시끄럽다며 다시 매를 때렸다. 속았다는 것은 알았지만 어떻게 해야 할지 막막했다. 글자를 익히지 못해 집에 편지할 생각도 하지 못했다. 공장에서 일한 지 두 달쯤 지났을 즈음 작업 도중에 쓰러졌다. 열병이었다. 20여 일 병원에 입원했다 퇴원했지만 열병의 후유증으로 머리카락이 매일 한 움큼씩 빠졌다. 전쟁이 막바지에 이르면서는 공습의 공포에 시달려야 했다.

전쟁이 끝나고 고국에 돌아와 결혼을 했다. 아들 하나를 낳고 살던 어느 날 남편이 무슨 소리를 들었는지 '위안부' 아니었냐고 다그치더니 급기야 손찌검까지 했다. 결혼하자고 쫓아다니던 남편은 어느 날 다른 여자를 얻어 두 집 살림을 했다. 일곱 남매를 두었지만, 자식들에게는 평생 근로정신대였다는 말을 하지 못했다.

김정주金正珠는 순천남공립국민학교에 다녔다. 1944년 5월 일본인 오가키

여자근로정신대로 동원된 뒤, 광복 후 후쿠오카 하카타 항에서 귀국을 기다리고 있는 한국인 소녀들.
(1945.10.17.)

선생이 언니(김성주)를 오라고 했다. 언니 김성주는 학교를 졸업하고 집에 있었다. 일본에 가면 돈도 벌고 공부도 시켜준다는 오가키 선생의 말을 들은 언니는 며칠 만에 일본으로 떠났다.

1년이 지나지 않아 오가키 선생이 김정주를 불렀다. 일본에 가면 언니도 만날 수 있고 공부도 할 수 있다고 했다. 어머니는 일찍 돌아가시고 아버지는 징용 갔던 터라, 언니가 많이 그리웠다. 할머니 몰래 도장을 가져다줬다. 그때 열세 살이었다. 여수에서 밤배를 타고 일본 시모노세키에 도착했다. 그곳에서 하룻밤을 묵고 기차를 타고 도야마 후지코시 공장에 도착했다.

숙소는 높은 벽에 철조망이 둘러쳐져 있었다. 어찌나 눈이 많이 내리는지 사람이 다닐 수 있도록 치워놓은 눈이 지붕보다 더 높았다. 기숙사에서는 다다미 한 장에 한 사람씩 12명이 생활했다. 새벽 5시에 일어나 오전 6시 30분 기숙사에서 공장까지 줄지어 걸으면서 '반도정신처녀대의 노래'를 합창했다.

김정주도 선반 일을 했다. 일일이 자로 재가면서 쇠를 깎아 비행기에 들어갈 베어링을 만들었다. 공장에서 하루 종일 서서 일하면 다리가 퉁퉁 부었다. 아침저녁에는 보리밥과 된장국에 단무지 한 조각이 나왔고, 점심은 손바닥 절반 크기의 산가쿠빵 두 조각이 전부였다. 여름이 되면서 폭격기 공습이 심해졌다. 공습은 밤낮이 없었다. 하룻밤에도 두세 번씩 B-29 폭격기가 오면, 덮던 이불을 둘러쓰고 기숙사 밖으로 도망쳤다. 숙소로 돌아오는 길에 임신한 일본인 여성이 죽어 있는 것을 봤다. 바로 도망갈 수 있도록 신발을 신고 자는 날이 많았다. 폭격으로 잠을 자지 못한 다음 날도 어김없이 공장에서 일을 해야 했다. 목숨을 걸고 일했지만 약속했던 임금은 한 번도 받지 못했다.

1945년 10월에 귀국했다. 몇 년 후 결혼했지만, 얼마 지나지 않아 남편의 태도가 돌변했다. 일본에 가서 무엇을 했느냐며 폭력을 휘두르던 남편은 다른 여자와 살림을 차렸다. 결국 이혼했다. 서른세 살 때 아들을 등에 업고 행상을 시작했다. 아들에게도 평생 근로정신대였다는 말을 하지 못했다.

공업용 기계와 산업용 로봇, 각종 부품을 생산하는 후지코시는 일본 유수의 대기업이다. 1928년 도야마 시에서 창업한 후지코시는 중일전쟁과 태평양전쟁을 거치면서 대기업으로 급성장했다. 후지코시는 나치-후지코시로도 불린다. 1929년 일본 쇼와 천황이 오사카에서 후지코시가 만든 금속절삭공구를 구경했다. 당시 후지코시 사장은 이에 감동해 천황이 이용했던 군함 이름 '나치NACHI'를 상표로 쓰기로 했다.

항공기와 군함에 들어가는 자재와 부품을 집중 생산한 후지코시는 1944년 군수공장 지정을 받은 군수산업의 중핵 기업이었다. 전황이 악화되면서 노동력이 부족해지자, 후지코시는 군부에 로비해 국가총동원법의 이름을 빌려 일본 관헌의 지시와 협력 아래 조선에서 인력을 충원한다. 1944년 5월·

6월·7월에 경남·경북·서울·인천에서 1945년 2월·3월에 서울·인천·대전·충북·전남·전북에서 여자근로정신대가 연행되었다. 후지코시 사사社史에 따르면 공장 종업원은 1945년 5월 말 현재 총원 3만 6,253명이었으며, 이 중 조선인 여자근로정신대원은 1,089명, 조선인 남자 강제동원 노동자는 535명이었다. 조선여자근로정신대원 숫자로는 일본 기업 가운데 최대 규모로, 여자근로정신대 연행의 주범이었다.

근로정신대에 가라고 권유한 것은 보통학교 담임교사·교장·교직원·면장 등이었다. 그들은 "일본에 가면 학교에 다닐 수 있고, 돈도 벌 수 있다", "꽃꽂이, 재봉도 가르쳐 준다"라고 했다. 그러나 후지코시는 조선인 근로정신대

당시 후지코시 공장 작업 모습.

어린 여성들을 열악한 환경과 가혹한 노동조건 아래 노동력을 착취했다.

근로정신대는 전쟁에 출정한 남자 공장 직원 대신 비행기 부품을 깎고, 선반 기계일과 볼 베어링을 만드는 일을 했다. 작업대는 성인 남성 기준으로 설치돼 있어 키가 작은 소녀들은 사과 궤짝을 두 개 쌓아 그 위에서 작업을 해야 했다. 노동 중 사고가 자주 일어나 다쳤다. 외출은 제한되었고, 소지품과 돈은 맡겨야 했으며, 가족에게 보내는 편지도 검열을 받았다. 식사는 부실하기 짝이 없어 항상 배가 고팠다. 쑥이며 이름 모를 풀을 뜯어먹다가 설사병이 나서 병원에 입원하기도 했고, 죽은 사람도 있었다. 게다가 자주 공습을 당해 죽음의 공포에 떨어야 했다. 임금을 받은 적은 한 번도 없다. 밤이면 고향을 그리며 카네무라라는 여자가 만든 노래를 불렀다.

도야마에 올 땐 기뻤네. 하룻밤 지새니 슬퍼지네. 언제쯤 이 공장을 떠날 수 있을까? 아~ 아~ 숨어서 우는 눈물아.

1945년 3월 일본 군수성과 조선총독부에서 후지코시 공구공장과 제강소 일부를 조선으로 이설하라는 명령을 내렸다. 공구공장은 평양 근처 사리원으로 옮기고, 제강소를 역포에 세우기로 하고 먼저 기계를 보냈다. 7월이 되어 근로정신대원 420명이 사리원 공장 근무를 위해 조선으로 송환되었다. 이들은 한 달 휴가를 준다는 지시를 듣고 집으로 돌아가 기다리다가 해방을 맞았다. 소지품도 돌려받지 못했다.

도야마에 남은 사람들은 전쟁 말기에 공습이 심해지는 상황에서 계속 일했다. 해방된 후에도 후지코시에서 귀국할 방편을 제공하지 않아 10월이 되어서야 귀국했다. 이처럼 후지코시는 식민지 어린 여성들을 열악한 환경과 가혹한 노동조건 아래 혹사하고 노동력을 착취했으며, 임금조차 주지 않았다.

최고재판소 '화해' 성과의 과제

후지코시를 상대로 한 소송은 1992년 시작되었다. 강원도 춘천의 태평양전쟁한국인희생자유족회회장 김경석.金景錫가 주선하여 후지코시 근로정신대 피해자 2명과 남자 노무동원 피해자 1명 등 3명의 원고가 후지코시를 상대로 원고 1인당 500만 엔의 손해배상, 미지급 임금, 사죄 광고를 내용으로 하는 청구 소송을 제기했다.

이 소송은 도야마지방재판소와 도야마고등재판소에서 소멸시효消滅時效[33]를 이유로 기각됐으나, 2000년 7월 11일 최고재판소에서 양측 간 화해가 성립됐다. 화해 내용은 후지코시가 원고 3명과 미국에서 소송을 준비하던 이해관

---

33 일정한 기간 동안 권리를 행사하지 않는 경우 그 권리를 소멸시키는 제도

계자 4명, 이들이 소속된 유족회 등에 총 3,000만~4,000만 엔의 합의금을 지급하고, 전시 중의 노동에 감사하기 위해 회사 구내에 기념비를 설립하는 것이었다.

변호사 시마다 히로시島田広는 "시효를 문제 삼지 않는 미국에서 소송을 하려 하자 후지코시가 소송도 지고 막대한 보상금도 물어야 할지 모른다는 두려움에 법정 화해를 청했던 것"이라고 해석했다.

후지코시 강제동원 1차 소송은 일정한 보상을 얻어내고, 회사 구내에 추모비를 설치하도록 했으며, 일본에서 진행된 대일 과거청산소송 중 최초로 최고재판소에서 내려진 화해라는 점에서 매우 큰 성과였지만, 또 다른 문제의 시작이었다. 1심과 2심 모두 피해자의 강제동원·강제노동 사실을 인정했음에도 불구하고, 소멸시효와 제척기간을 내세워 피해자들의 요구를 배척했기 때문이다.

구체적으로는 소멸시효의 기산점, 소멸시효 원용의 권리남용, 제척기간除斥期間[34]과 권리남용, 국제법의 국내 적용, 한일협정과 법률 제144호[35]의 해석 등의 의문이 제기되면서 '법이란 무엇인가'라는 근본적인 의문을 일본 사회에 던졌다. 이와 함께 화해 내용에 후지코시의 기업 책임은 언급되지 않고, 공식 사과도 없이 '해결금'을 지급하는 것이었기 때문에 큰 불씨를 안고 있는 셈이었다.

'대일 과거청산소송'의 마감

후지코시 1차 소송이 마무리되자 1차 소송에 참여하지 않은 피해자들을

---

34 어떤 종류의 권리에 대해 법률상으로 정한 존속기간. 일정한 기간 안에 행사하지 않으면 해당 권리가 소멸된다.

35 1965년 한일협정 직후 일본 국내법으로 제정한 법. 한국인의 개인청구권은 정부 간 협상에 의해 1965년 6월 22일 소멸되었다며, 한국인이 일본에 대해 재산·권리 및 이익을 주장할 수 없도록 개인청구권 소멸을 법률로 정한 것.

어떻게 구제할 것인가라는 문제가 제기되었다. 1차 소송을 주도한 태평양전쟁한국인희생자유족회에 여자근로정신대 피해자들이 새롭게 신고해왔다. 광주유족회에도 후지코시 근로정신대 피해자가 3명 있었고, 관부재판 원고 중 3명이 후지코시 근로정신대 피해자였다.

광주유족회와 행보를 함께 해온 야마모토 변호사는 후지코시 소송에 매우 적극적이었고, 관부재판을 지원해온 관부재판지원회 하나후사 부부 역시 후지코시 추가 소송이 꼭 이뤄져야 한다고 생각했다.

2001년 8월 14일 야마모토 변호사가 1박 2일 일정으로 광주에 왔다. 야마모토 변호사는 광주유족회의 후지코시 근로정신대 피해자 3명을 만나서 일본에 가게 된 경위와 재판과 관련된 의견을 들었다. 그는 광주뿐 아니라 서울·부산 등지의 후지코시 근로정신대 피해자들을 만나 "법은 만인 앞에 평등하다"라면서 후지코시로부터 사죄와 배상을 받아야 한다고 설득했다. 먼저 후지코시를 상대로 사과와 보상을 요구하고, 여의치 않으면 재판을 하자는 데 대부분 동의했다.

후지코시 소송 원고 김정주, 최희순 할머니가 비가 오는 가운데 도야마 후지코시 회사 앞에서 집회를 갖고 사죄를 촉구하고 있다. (2013.11.26.)

3장 | 일본의 시간 - 조국이 우리를 먼저 버렸다

후지코시 근로정신대 피해자들의 투쟁이 시작되었다. 2001년 10월 28일 김정주를 비롯한 후지코시 근로정신대 피해자 6명과 김경석 회장이 5박 6일 일정으로 일본에 갔다. 이들이 도야마 후지코시 공장 앞에서 강제 노역에 대해 사죄하고 정당한 보상을 요구하는 시위를 벌이자, 회사 측은 정문에 철책을 치고 막았다. 미국에서 진행된 강제동원 피해자들의 소송이 계속 기각되자 후지코시의 태도가 바뀐 것이다.

이 시위를 본 일본 현지 활동가들이 중심이 되어 2002년 3월 '제2차 후지코시 강제동원·강제노동 소송을 지원하는 호쿠리쿠연락회이하 호쿠리쿠연락회'가 출범했다. 호쿠리쿠北陸는 일본 중부지방 중에서도 동해에 접한 도야마·이시카와石川·후쿠이福井현을 통칭하는 말이다. 1차 후지코시 소송 때부터 원고단을 도와 활동했던 활동가들이 합의금을 지급하고 문제가 끝난 것으로 생각하는 후지코시의 태도를 보고 모임을 결성하게 됐다. 인권운동을 해온 목사, 재일 교포를 비롯해 공무원과 회사원·교사·연구자·주부 등으로 구성된 호쿠리쿠 연락회는 2차 소송이 이뤄지도록 적극적으로 도왔고, 변호사 비용을 포함한 재판 경비도 지원했다.

관부재판지원회에서도 2002년 7월 30일~31일 7명이 광주유족회를 방문해 후지코시 추가 제소에 대해 협의하고, 성순임 피해자를 만나 이야기를 들었다. 후지코시 강제동원 2차 소송을 맡을 변호단도 16명으로 구성되었고, 단장은 시마다 히로시 변호사가 맡았다.

2003년 4월 1일 일본 도야마지방재판소에 주식회사 후지코시와 일본 국가를 상대로 후지코시 2차 소송을 제기했다. 원고는 근로정신대 피해자와 유족 21명과 남자 노무동원 피해자 1명 등 22명이었으며, 이후 1명이 추가 제소했다. 광주유족회 성순임·김정주·나화자羅花子 3명과 관부재판 원고 박소득·유찬이·박순복 3명이 포함되었다. 원고들은 후지코시에 강제동원되어 가혹한 노동을 강요당한 것에 대해 강제노동 금지 조약 위반, 민법상 불법행위, 안전 배려 의무 위반 등에 대해 피해자 1인당 500만 엔과 미지급 임금 상당액 지급, 사죄 광고 게재를 청구했다. 원고들이 근로정신대에 동원되었을 무렵 나이는 열두 살이 5명, 열세 살이 8명이었다.

변호단과 지원단체 회원들은 몇 차례나 한국을 방문하여 원고들을 만나 자세한 이야기를 듣고, 원고 진술서를 작성하여 재판소에 제출했다. 도야마 지방재판소에서는 총 여덟 차례 본인 신문이 열려, 여덟 명의 원고가 재판정에서 피해를 낱낱이 밝혔다. 이금주는 호쿠리쿠연락회 신야히로시新谷宏 사무국장과 긴밀하게 연락하며 재판 과정을 지켜보았다.

후지코시 2차 소송이 진행되면서 한국과 일본 단체 간의 활발한 협조가 이뤄졌다. 한국에서는 '태평양전쟁피해자보상추진협의회회장 이희자'와 '태평양전쟁희생자광주유족회'가 적극적인 지원에 나섰고, 일본에서는 호쿠리쿠연락회, 관부재판지원회, 나고야소송지원회가 함께 했다.

재판이 진행되는 과정에서 삼성전자가 후지코시와 공동으로 산업용 로봇을 개발했다는 사실이 드러났다. 2003년 11월 삼성전자가 공동 개발 사실을 발표하자 유족회에서 즉각 반발에 나섰다. 2004년 1월 19일 서울 삼성전자 앞에서 시위가 열렸다. 이금주도 원고 성순임과 함께 집회에 참가했다. 그 뒤로도 몇 차례 집회를 열어 후지코시와의 협력 체제를 중단하지 않으면 삼성전자 제품 불매 운동을 벌이겠다고 항의했다. 삼성전자는 후지코시와의 기술 제휴를 더 이상 진행하지 않았다. 2004년 10월에는 나고야소송지원회와 호쿠리쿠연락회가 도야마에서 만나 서로의 경험을 공유하고 교류했다.

2005년 5월 27일 후지코시 재판에서 올바른 판결을 촉구하는 집회가 서울에서 열렸다. 이금주는 나고야소송지원회 다카하시에게 부탁하여 110명의 서명을 받아, 광주에서 받은 서명 1,602명분과 함께 전달했다.

2007년 9월 19일 도야마지방재판소는 "1965년 한일청구권 협정에 의해 피고 측이 청구에 응할 법적 의무가 없어졌다"라며 원고 전원의 청구를 기각했다. 그러나 근로정신대를 권유할 때 다수의 원고가 기만과 협박을 받았다는 사실, 이러한 위법한 권유가 지방관리·교원 등 공무원이 관여해서 조직적으로 되었다는 사실, 열악한 환경에서 중노동을 강요한 사실, 임금이 지불되지 않았다는 사실을 인정했다. 소녀들에 대한 유괴납치 같은 강제 동원·강제노동이라는 범죄적 인권침해 행위가 재판소에 의해 인정되고 단죄되었다는 것에 큰 의미가 있다.

원고와 변호단은 나고야고등재판소에 항소했다. 항소심은 나고야고등재판소 가나자와金沢지부에서 진행됐다. 2008년 5월 28일 열린 항소심 제1회 구두 변론에서는 나화자가 법정에 섰다.

후지코시 2차 소송 원고들이 서울 일본대사관 앞에서 후지코시가 주주총회에 참석한 소송 원고에 대해 혐오 발언 한 것을 지적하며 규탄하고 있다. (2014.3.25.)

나화자는 이날 법정에서 후지코시 입사식 때 찍은 단체사진을 가리키며 "우측에 길쭉하게 잘려져 있는 부분에는 원래 '경상북도 여자근로정신대'라고 쓰인 깃발이 있었는데 정신대라고 하면 위안부로 오해받을까 싶어 사진을 받자마자 그 부분을 잘라냈다"라고 진술했다. 그는 "재판관 여러분, 여러분은 정의에 의거한 판결을 내릴 권리와 의무가 있습니다. 그러니 부디 약자의 편에 서서 올바른 판결을 내려주시기 바랍니다"라고 의견 진술을 마쳤다.

이날 첫 공판 참관을 위해 사람들이 길게 줄을 섰을 만큼 많은 관심을 보였다. 재판이 끝난 후 열린 보고집회에서도 호쿠리쿠연락회 회원 60여 명이 모여, 원고의 용기와 의지에 박수를 보내며 이 문제 해결을 위해 끝까지 싸울 것을 다짐했다.

변호단은 항소심에서 1965년 외무성 문서를 증거로 제시했다. 외무성 문서에는 "한일청구권 협정 2조의 의미는 국제법상 국가에 인정된 고유한 권리인 외교보호권을 행사하지 않는다고 약속한 것이고, 국민의 재산개인 청구권으로 국가의 채무를 충당한 것은 아니다"라며 "개인이 상대국 국내법상의 청구권을 갖는지, 아닌지에 대한 것이 아니다"라고 나와 있다. 당시 외무성의 태도를 보여주는 문서는 1965년 4월 6일 작성한 '강화조약에서 국민의 재산 및 청구권 포기의 법률적 의미', 1965년 9월 1일 작성한 '일한 청구권 조약과 재한 사유재산 등에 관한 국내 보상 문제' 등 3건이다.

이런 내용은 일본 정부가 한일협정문의 '모든 청구권 소멸'이라는 표현에도 불구하고, 일본군'위안부'나 강제동원 피해자의 개인 배상 청구권을 인정하고 있었음을 내비치는 것으로 해석된다.

하지만 2010년 3월 8일 나고야고등재판소 가나자와 지부는 항소심 판결문에서 "1965년 체결된 한일청구권 협정에 따라 한국 국민 개인의 청구권은 이미 소멸돼 보상할 의무가 없다"라는 1심 논리를 그대로 반복했다. 다만, 와타나베 노부아키渡邊修明 재판장은 당시 일본인 교사가 피해자들에게 "일본에 가면 공부할 수 있다"라고 속인 데 대해 "면학勉學 가능성이 거의 없었는데도 속여서 일본에 가게 했다"라며 강제동원이나 강제노동 사실은 인정했다.

원고들은 판결 직후 나고야고등재판소 앞에서 기자회견을 열어 "어린 소녀를 강제로 연행해 중노동을 시킨 명백한 인권유린 행위를 자행하고도 일본

정부와 해당 기업은 책임 회피에 급급해 분노를 금할 수 없다"라며 "최고재
판소에 상고해 끝까지 싸우겠다"라고 밝혔다. 이때 원고들의 평균 연령은 만
79세였고, 제소 후 재판 과정에서 원고 3명이 사망했다.

2011년 10월 24일 최고재판소가 상고 기각·불수리 결정을 내림으로써
이 재판은 종결되었다. 이 재판은 한국인이 일본 정부와 관련 기업을 상대로
제기한 50여 건의 청구 소송 중 거의 마지막 남은 사건이었다. 50여 건 소송
모두 패소했고, 후지코시 근로정신대 소송마저 패소함으로써 일제 강제동원
피해자들이 일본 정부와 관련 기업을 상대로 소송을 통해 권리를 찾고자 했
던 모든 시도는 좌절되었다. 특히, 재판부가 한일청구권 협정으로 피해자들이
일본 정부와 기업에 어떠한 배상 요구도 할 수 없다는 '철벽 논리'를 내세우면
서, 재판을 통해 피해를 구제받을 가능성은 사라졌다. 이로써 일본 정부와 기
업을 대상으로 하는 '대일 과거청산소송'이라는 역사의 한 장이 마감되었다.

그러나 모든 것이 끝난 것은 아니었다. '대일 과거청산소송' 소송 2라운드
가 기다리고 있었다.

후지코시 소송이 최고재판소에서 최종 기각된 뒤 원고 김정주 할머니가 참석한 가운데 변호단장과
함께 무거운 분위기 속에 기자회견을 갖고 있다. (2011.10.29.)

4장

한국의 시간
- 차라리 국적을 포기하겠소

2011년 10월 24일 일본최고재판소에서 후지코시 2차 소송이 최종 기각되면서 일본에서의 시간은 끝났다.

일본에서 진행된 대일 과거청산소송은 피폭자 소송과 일부 소송의 화해를 제외하고는 모두 기각되었다. 기각 이유는 시간의 흐름에 따라 '시효 경과', '국가 무책임론'에서 '한일협정 완전 해결론'으로 바뀌었다. 시효문제와 국가 무책임론은 일본 재판부가 1990년대까지 내세운 주된 논리였다. 그러나 2000년대 들어 하급심에서 기존의 일본 정부 주장과 재판부의 결정을 뒤엎는 판결이 나오자 일본 정부는 한일 간의 전후보상 문제는 1965년 한일협정으로 '완전히, 그리고 최종적으로 해결'되었다고 주장했으며, 재판부도 이 논리를 받아들여 원고들의 청구를 모두 기각했다. 후지코시 2차 소송도 재판부가 거짓말로 어린 소녀들을 강제 동원했으며, 노예노동을 강요했다는 점은 받아들였으나, 한일협정으로 이미 해결되었다고 판결했다.

이제 일본에서 재판을 통해 사죄와 배상을 받을 방법은 없었다. 어쩌면 일본에서의 시간이 끝났음을 보여주는 상징적인 사건은 2002년 6월 6일 송두회의 죽음이었다. 송두회가 세상을 떠난 후로 대일 과거청산소송에서 기쁜 소식은 더 이상 들려오지 않았다. 그렇지만 끝났다고 생각할 때 새로운 길이 시작되는 법이다. 일본에서의 시간이 끝난 대신 한국에서의 시간이 열리고 있었다.

일제 말기에 일본은 식민지 조선의 인력과 물자를 전쟁에 총동원했다. 조선반도 내에 연인원 약 655만 명, 일본과 중국, 남양군도, 사할린 등 국외에 약 125만 명의 조선인이 일본의 침략전쟁을 수행하기 위해 연행되었다. 남성과 여성 구분 없이 모든 인력이 일제의 전쟁 수행 동원 대상이었다.

그러나 일본은 물론이고 피해 당사국인 한국에서도 대규모 강제동원에 관한 진상규명 작업은 이뤄지지 않았다. 1945년 광복 이후 6·25전쟁과 독재 정권 시절을 거치면서 강제동원 문제는 오랫동안 묻혔다. 문민정부 들어서도 일반인들은 일본군'위안부'가 강제동원의 전부인 것처럼 생각했고, 근로정신대를 일본군'위안부'로 생각할 만큼 강제동원에 관한 사회적 인식은 매우 낮았다. 강제동원 피해자들은 국가나 시민단체의 지원을 받지 못하고 일본을 상대로 외롭고 힘겨운 싸움을 벌여야 했고, 강제동원에 관한 연구가 제대로 이뤄지지 않은 까닭에 소송에서도 정확한 증거를 제시하여 승소를 끌어내는 데 한계가 있었다.

학계에서는 일본군'위안부'에 관한 사회적 관심이 높아지고 자료가 발굴되면서 1990년대부터 일본군'위안부'와 강제동원에 관한 연구가 발표되기 시작했다. 일본에서의 소송이 한계에 부딪힘에 따라 강제동원 피해 당사자들이 한국과 미국으로 방향을 전환했다. 히로시마의 미쓰비시중공업에서 강제노역에 시달리다 피폭된 피해자 6명이 2000년 5월 1일 미쓰비시중공업 부산 사무소가 있는 부산지방법원에 손해배상 청구 소송을 낸 것이 신호탄이었다. 가해국인 일본이 아닌 피해국인 한국에서 제기된 첫 소송이었다. 법조계·학계를 중심으로 강제동원과 전후보상에 관한 체계적 연구의 필요성이 제기되었다. 2000년 6월 한일민족문제학회가 발족하면서 산하에 강제동원문제 연구분과를 설치하고 본격적으로 강제동원 문제를 연구하기 시작했다.

2000년 9월부터 민족문제연구소, 한국정신대문제대책협의회이하 정대협, 역사문제연구소, 태평양전쟁피해자보상추진협의회이하 보추협를 중심으로 대일 역사청산을 위해 진상규명법을 제정하기 위한 모임이 결성되었다. 2001년 4월에는 '나라와문화를생각하는의원모임'대표의원 김원웅과 함께 초당적 차원에서 강제동원규명법을 제정하는 데 협력하기로 했다. 언론에 특별법 제정 움직임이 보도된 시점이었다. 같은 해 5월에는 한국노동조합총연맹과 민주사회를위한변호사모임이하 민변도 가담하였다. 장완익 변호사가 진상규명특별법 법률안을 작성했다. 2001년 10월 12일 국회의원 69명이 '일제강점하강제동원피해진상규명등에관한특별법'을 발의했다. 이 법은 건국 이후 최초로 정부가 일제의 전쟁에 동원된 자국민의 피해를 조사하고 진상을 밝히는 법이었다.

2001년 12월 11일 '일제강점하강제동원피해진상규명등에관한특별법제정추진위원회'이하 추진위가 공식 출범했다. 위원회에는 5개 연구단체, 6개 피해자단체, 5개 시민단체가 참여하였으며 최봉태 변호사는 추진위 공동집행위원장을 맡았다.

'독립군' 최봉태 변호사와 맞잡은 손

한국에서의 시간을 상징하는 인물은 최봉태 변호사다. 이금주 일기에 최봉태 변호사가 처음 등장한 것은 2002년 3월 2일이다. 그날 '특별법추진위원장 최봉태 씨로부터 격려문 보내옴'이라고 짤막하게 적혀 있다.

이금주는 3월 1일 집행부와 함께 추진위 모임에 다녀왔다. 집에 도착하니 새벽 3시였다. 그날 모임에서 만난 최봉태가 이금주에게 격려문을 보낸 것이다.

일제강제동원 피해자들의 투쟁 현장에는 늘 최봉태 변호사가 있었다.

　　최봉태 변호사는 1962년 대구 출생이다. 서울대 법대를 졸업하고 사법시험에 합격한 그는 1992년 대구에서 삼일합동법률사무소를 열었다. '삼일'은 3·1절을 우리말로 옮긴 것이다. 1994년 일본 도쿄대에서 노동법을 공부했다. 한국의 강제동원 피해자들이 다투어 일본에 소송을 제기하던 시기였다. 일본군 '위안부' 피해자들이 제기한 재판에 갔는데, 한국인 변호사는 한명도 없고 모두 일본인 변호사였다. 순간 부끄러움을 느꼈다. 1997년 대구에서 '정신대 할머니와 함께하는 시민모임'을 창립했고, 1998년 강제동원 피해자의 헌법소원을 맡으면서 본격적으로 강제동원 피해자 소송에 뛰어들었다. 그가 온라인에서 쓰는 아이디는 '독립군'이다. 독립운동하는 마음으로 소송에 임하겠다는 각오가 담겨 있다.

　　이금주는 최봉태 변호사를 보는 순간 '이 사람이다.'라고 느꼈다. 일본에서 송두회를 처음 만났을 때가 떠올랐다. 함께 손잡고 일해야 하는 사람임을 직감했다. 최봉태 변호사도 마찬가지였다. 많은 활동가 중에서도 이금주의 대나무처럼 꼿꼿한 신념과 열정을 높이 샀다. 두 사람은 금세 의기투합했다.

'한국의 시간'을 함께한 또 한 사람은 정혜경이다. 한국정신문화연구원현 한 국학중앙연구원에서 식민지 시기 재일한인의 역사를 주제로 석사와 박사학위를 받은 정혜경은 '국무총리 소속 대일항쟁기 강제동원피해조사 및 국외강제동원 희생자 등 지원위원회'에서 11년간 조사과장으로 일했다. 그는 가장 존경하는 인물로 이금주를 꼽는다.

> 제가 위원회 들어갈 때 이금주 회장님이 저에게 말씀을 주셨어요. 저는 그때 다른 연구소에서 일하고 있었어요. '당신이 위원회 들어가서 일을 해라, 들어가서 일할 때 내 말도 듣지 말고, 우리 며느리 말도 듣지 말고, 누구의 말도 듣지 말고 당신 소신대로만 하라'고 하셨지요. 대개는 딴 사람 말은 믿지 말고 내 말을 들어달라고 하는데, 그분은 단호하게, 명확하게 말씀하셨어요. 결국 공익을 위해서 일하라는 말씀이잖아요. 공익을 위해 일할 때는 이금주의 개인적인 입장도 필요하지 않으니 당신 소신대로만 하라는 말이 감동적이기도 하고, 충격적이었어요. 제가 공무원으로 11년 생활하면서 그 말을 신조로 삼고 일했어요.

이금주는 2001년 4월 16일 자 한겨레신문에서 '일제만행규명특별법 만든다'라는 기사를 보았다. 그 순간 한 줄기 빛이 비추는 듯했다. 그는 긴급 회장단 회의를 열어 "우리 유족회에서는 10여 년간 재판 6건으로 일본에 60차례 가까이 다녀야 했고, 매년 3월과 8월에는 서울까지 가서 집회는 물론 경찰들과 싸우면서 일본 대사관에 들어가서 성명서 낭독하고 1등 서기관에게 전달하곤 했지만 아무런 빛을 못 보았다. 이 좋은 기회에 우리 자료를 준비하기로 하자"라고 말했다.

5월 열린 월례회에서도 회원들은 특별법 제정 이야기로 꽃을 피웠다. 그동안의 고생을 보상받을 길이 열렸다며 기뻐했다. 이금주는 회원들에게 말했다.

> 여야 국회의원 수십 명이 나서서 일제 만행을 파헤칠 특별법 초안을 준비하고, 대통령 직속 단체가 조직되었습니다. 지금까지 권세를 누리며 약자를 억압하고 심지어 우리 하는 일도 알게 모르게 방해해오던 친일파를 꺾어 누르고, 강제동원과 일본군'위안부'는 물론 요즘 문제가 된 일본 교과서 문제까지도 해결해서 우리나라 정기를 찾게 되었습니다. 이제 제대로 이름 있는 나라가 되어 후손이 기를 펴고 살 것입니다. 이 일이 제대로 진행될 수 있도록 우리 유족회에서는 세 번 모여서 여러 가지를 의논했습니다. 열심히 연구하고 준비해서 5월 안으로 국회의원들에게 보낼 자료를 만들기 위해 동분서주하고 있습니다.

파란만장한 드라마 '강제동원특별법' 제정

5월 17일 여야 의원 278명에게 자료를 보냈다. 광주유족회 10년 동안의 활동상황과 증거자료를 담은 열아홉 가지 자료였다. 의원들이 잘 받았다는 회신을 했다. 자료를 보내달라는 요청이 있어 3명에게 추가로 보낼 정도로 좋은 반응이었다.

특별법 제정을 위해 참여 단체들이 조직적으로 움직였다. 2002년 2월 4일에는 임시국회 일정에 맞춰 국회 의원회관 소회의실에서 '한·미·일 연대 공청회: 일제강점하 강제동원 피해 진상규명 어디까지 왔나'를 개최했다. 이 자리에서 전국 피해자·유족 단체들이 참가한 가운데 '특별법제정 독립군 발대식'이 있었다. 식민지 압제에서 독립한지 60년이 지났지만 아직 진정한 독립이 되지 않았다는 의미였다. 광주유족회는 이 행사에 버스 두 대를 동원하여 100여 명이 참가하는 열의를 보였다.

3월 9일부터 3월 31일까지 특별법의 조속한 통과를 촉구하는 범국민서명운동이 펼쳐졌다. 전국적으로 총 2만 4,121명 시민이 서명했다. 서울 지역 서명이 1만 2,641명이었고 광주유족회 서명이 5,815명이었다.

추진위는 그해 7월 특별법 제정에 관한 국민적 합의를 끌어내기 위해 전국을 순례하며 설명회를 했다. 최봉태 위원장과 일제 강제동원 피해자와 유족, 대학교수 등 15명으로 구성된 전국순례단 '평화지킴이'는 7월 27일 서울을 시작으로 8월 3일까지 전국 각 지역을 순회하며 특별법 제정의 당위성을 설명하고, 강제동원된 피해자를 직접 만나 증언을 들었다. 7월 28일 광주에 도착한 순례단은 다음 날 오전 광주유족회 집행부와 함께 광산구 전갑길 의원 사무실을 방문하여, 특별법의 빠른 제정과 함께 광산구가 먼저 강제동원 피해자 의료시설 지원에 관한 조례를 제정해달라고 요청했다. 특히, 최봉태 위원장은 김대중 대통령 임기 중에 특별법을 통과시켜야 한다고 강조했다.

순례단은 일제 강제동원의 집합지인 옛 광주형무소와 사직공원을 둘러보고, 오후에는 진월동천주교회에서 200여 명이 참석한 가운데 피해증언을 청취하고 특별법 제정 취지를 설명했다. 정부가 이 법을 제정하여 정부의 보호를 제대로 받지 못하고 현재까지 고통받고 있는 일제 피해자들에게 최소한의 의무를 다하고, 일본의 잘못된 역사인식에 기초한 주장을 반박할 기초자료를 후손들에게 남겨두어 부끄러운 선조가 되지 않도록 해야 한다는 것이었다. 광주에서 200명이라는 많은 숫자가 모인 것에 최봉태는 깜짝 놀랐다. 역시 광주유족회는 다르다고 생각하게 됐다. 순례단은 서울·천안·전주·광주·해남·완도·고흥·부산·대구·춘천을 순회하며 특별법 제정 필요성을 널리 알렸다.

이금주는 최봉태 집행위원장이 순례단 활동을 위해 1,000만 원을 희사하고 순례단원들도 각자 회비를 내고 참여하는 것이 고마웠다. 유족회 회원 가운데는 재판만 맡겨놓고 회비를 안 내는 사람도 있는데, 피해자도 아니면서 피해자들을 위해 활동하는 것은 하늘이 알아줄 만한 고마움이라는 생각을 했다. 8월 24일에는 서울 종묘공원에서 '우키시마호 폭침 피해자 전국합동 위령제'가 열려 광주유족회 회원 두 명이 증언을 했다. 이금주는 광주 동구·남구·북구청장을 면담하여 자치단체에서 피해자를 위한 조례 제정에 앞장서 줄 것을 요청했다.

특별법의 조속한 심의를 위해 국회의원과 사회 저명인사를 대상으로 서명을 받았다. 광주유족회는 광주·전남 국회의원 서명을 받았다. 서명이 지지부진한 다른 지역과 달리 광주·전남 국회의원 가운데 1명만 제외하고 나머지 전원의 서명을 받는 성과를 올렸다.

강제동원특별법 제정을 촉구하며 시위에 나선 일제 피해자들.

추진위는 2002년 10월 16일부터 시작되는 정기국회 행정자치위원회에서 법안 심의를 촉구하기 위해 10월 11일 법안 대표 발의자 김원웅 의원과 함께 '규명법 제정을 위한 전국총행동 촉구대회'를 열었다. 여기에도 광주 '독립군' 100여 명이 참석했다. 최봉태 위원장이 대회 석상에서 광주유족회 참석 실적이 좋다고 특별히 소개할 정도였다.

그러나 여당인 새천년민주당을 비롯한 각 정당은 그해 12월 30일 있을 대통령 선거에만 관심이 집중되어 법안 심의에는 관심이 없었다. 한국에서 특별법 제정을 위해 노력하는 것에 일본 시민단체도 관심을 두고 지원에 나섰다. 관부재판지원회 회원으로 재판이 있을 때마다 통역을 맡은 후쿠도메 노리아키福留範昭는 한국의 진상규명 특별법을 지지하는 서명 245명분과 관부재판지원회 및 히로시마 시민이 모금한 찬조금 2만 7천 엔을 추진위에 전달했다. 후쿠도메는 2005년 '강제동원진상규명네트워크'라는 시민단체를 만들어 초대 사무국장을 맡아 일본 전역을 돌아다니면서 강제징용 실태조사 및 유해 발굴을 위해 노력했다.

2002년 12월 대통령 선거에서 새천년민주당 노무현 후보가 당선되었다. 노무현 정권은 과거청산에 적극적으로 나서 역사를 바로 세울 것으로 기대했다. 추진위는 여러 단체와 연대하여 '올바른 한일 관계 모색을 위한 현 단계 문제점과 향후 방향—역사 인식과 과거사 청산을 중심으로'라는 정책제안서를 대통령직 인수위원회 앞으로 보냈다. 그러나 아무런 반응이 없었다.

2003년이 되었다. 이금주는 1월 월례회에서 말했다.

> 최봉태 위원장은 우리 광주유족회가 회원도 많고 총궐기 대회도 씩씩한 모습을 봤습니다. 설명회에도 200여 명이 참석해서 대성황인 것을 보았고 우리 사무실에서 1박하면서 모든 것을 보았습니다. 또한, 국회의원 서명도 전남·광주 실적이 가장 높고, 일본과 재판도 여러 가지 진행하고 있는 것을 보고 전국에서 가장 앞서가는 단체라 믿고 있습니다. 이것 모두 여러분이 모범이 됐다는 것입니다.

2003년 2월 17일 특별법 제정 운동의 각오를 다지는 '2003년 운동 발대식'이 서울 국회 의원회관에서 열렸다. 여기에도 광주유족회에서 36명이 참석했다.

김보나가 광주유족회 일에 본격적으로 뛰어든 것도 이때부터다. 김보나

는 이금주의 둘째 손녀다. 어려서부터 성당 일이며, 광주유족회 일에 파묻혀
사는 할머니를 지켜보며 성장했다. 컴퓨터가 도입되면서 자연스럽게 할머니
일을 돕게 되었다. 대학을 졸업하고 영어학원 강사를 하던 시절이었다. 강의
가 새벽과 밤에 있어 낮에는 쉬어야 하는데, 일하는 할머니를 그냥 보고 있을
수 없어 도울 수밖에 없는 형편이었다. 할머니는 늘상 말했다.

> 네 할아버지 일이다. 네 할아버지 일을 네가 안 하면 누가 하겠니.
> 할아버지가 베푼 사랑을 내 살아생전에 못 갚으면, 이것을 해결 못 하면,
> 나는 죽어서도 할아버지를 못 만날 것이다.

그전까지는 서류 작성을 도와주는 정도였지만, 광주유족회 일이 늘면서
영어학원 강사 일을 그만뒀다. 서울 출장이 잦다 보니 두 가지 일을 함께 해
낼 수 없었다.

금방이라도 특별법이 제정될 것으로 생각했으나 현실은 그렇지 않았다.
그해 7월 14일 추진위는 각 정당 앞으로 특별 법안에 관한 당론화 요청 공문
을 보냈다. 소수당인 민주노동당, 개혁국민정당 만이 당론으로 채택했을 뿐,
한나라당은 "당 정책에 반영하도록 노력하겠다"라는 원론적 입장을 표명했으
며, 새천년민주당은 아예 응답이 없었다.

막다른 골목이었다. 꿈에 부풀었던 때가 엊그제 같은데, 벌써 해가 두 번
바뀌고, 대통령이 바뀌어도 특별법 제정은 점점 멀어져갔다. 극약처방으로
'국적 포기'라는 방안이 제시되었다. 사실 한국은 이중국적을 인정하지 않으
므로 국적을 포기한다면 다른 국적을 취득한 상태라야 가능한 일이었다. 추
진위 내부에서도 '국적 포기'가 비현실적 운동이라는 주장이 나왔다. 그렇지
만 최봉태 위원장 생각은 달랐다. 고령의 피해자들이 막다른 지점에서 할 수
있는 최후의 의사 표현이라고 생각했다.

이금주를 비롯한 광주유족회는 적극적으로 호응했고, 최봉태 위원장의

출신지인 대구·경북지역 피해자들도 앞장섰다. 이금주는 7월 31일 '왜 우리가 국적 포기서를 제출해야만 하는가'라는 성명서를 작성했다.

> 우리가 국적을 포기하는 것은 우리가 그렇게 하고자 했기 때문이 아니다. 수천만 한국인 중 그 누가 조국의 사람됨을 포기하고 싶겠는가! '목숨을 잃었다', '평생을 울며 지냈다'라고 통곡하는 우리에게 '다 필요 없는 짓이니 입 다물고 살아라', '전쟁 범죄국에게 피해가 간다'라며, 바로 우리의 정부가 역설하며 우리를 외면하고 무시하기에, 우리가 우리 정부에 치를 떨었기 때문이다. 우리가 우리나라 사람됨을 포기하도록 종용했기 때문인 것이다.
> 우리는 한국 국민이라는 사실이 창피하고 서러워서 차라리 국적을 포기하려 한다. 우리 늙은이들이 고통받다 죽기를 천지신명에게 기도드린다면 우리를 끝까지 무시하라. 그러나 우리를 한국 국민으로 인정한다면 한국 정부는 무신경한 단잠에서 깨어나라. 이제 우리들의 고통을 듣고, 우리들을 보살피라.

광주유족회, 보추협, 일제강제동원한국생존자협회, 나눔의 집, 시베리아삭풍회 등 피해자 단체 300여 명이 국적 포기서에 서명해 광복절을 앞둔 8월 13일 청와대에 전달하기로 했다. 8월 13일 오전 기자회견이 열렸다. 이금주는 눈물 흘리며 말했다.

> 우리는 나라를 잃으면서 적의 손에 내동댕이쳐졌고, 나라를 되찾은 뒤 60여 년이 지났지만, 그때 입었던 고통을 조국이 외면하고 있습니다. 한국인이라면 누가 국적을 포기하고 싶겠습니까? 오늘 우리가 국적을 포기하는 것이 아니라 그동안 우리의 고통을 외면한 정부가 국적을 포기하도록 만든 것입니다.

기자회견을 마치고 추진위 관계자와 피해자들이 청와대로 향했으나 경찰 300여 명이 막아서 접근할 수 없었다. 자그마치 버스 7대를 동원하여 서울

국적포기신청서를 제출하려고 청와대로 향하다 경찰에 가로막혔다. (2003.8.13.) ⓒ오마이뉴스

에 간 광주유족회 회원들은 어깨띠를 두르고 꽹과리를 치며 힘차게 분위기를 이끌어갔다. 십수 년에 걸쳐 쌓아온 광주유족회의 저력이 폭발적으로 드러났다. 최봉태, 이금주, 한국원폭피해자협회 전 회장 이호경 등 대표 3명이 청와대에 갔으나 책임 있는 답변은 듣지 못하고 상징적으로 몇 장의 국적포기서만 전달했을 뿐이다.

　반전은 그날 저녁에 일어났다. 최봉태·이금주·김성수 세 사람이 KBS TV 생방송 시사프로그램 '시민프로젝트, 나와주세요'에 출연한 것이다. 이금주는 과거 10여 년 동안 일본 정부와 기업을 상대로 재판을 한 상황, 1965년 한일협정으로 종결되었다고 주장하는 일본 정부와 똑같은 한국 정부의 태도, 한일회담 기록 공개를 요구하는 100인 소송에 대해 이야기하고 이 문제의 해결을 호소했다. 최봉태는 "주어진 시간이 별로 없다. 연로한 피해자들이 지금도 세상을 떠나고 있다. 조속히 진상규명을 할 수 있는 법을 만들어서 피해

강제동원특별법 제정 추진위 주최로 국회가 법을 제정하지 않으면 유엔 인권위원회에 진정할 것이라는 기자회견을 갖고 있다. (2003.10.13.)

자들이 한을 풀게 해야 한다"라고 말했다.

'국적 포기' 운동은 국민의 관심을 끌었다. 언론에서도 앞다퉈 소개하면서 여론이 움직였다. 일제 강제동원 피해자 433명이 국적 포기서를 제출했다. 특별법은 그해 정기국회에서 심의되지 않으면 폐기될 확률이 높았다. 추진위는 10월 13일 기자회견을 열어 국회와 정부가 강제동원 피해자의 호소를 들어주지 않으면 국적 포기서에 서명한 사람들이 연명하여 국제연합UN 인권위원회에 진정할 것이라고 공표했다. 이번에도 이금주가 나섰다. 이금주는 일본군'위안부' 피해자 이옥선과 함께 세계인권선언 기념일인 12월 10일 유엔 인권위원회에 국적 포기서를 제출할 것이라고 밝혔다.

이금주는 "유엔 인권위에 국적 포기서를 제출하려는 것은 나라를 망신시키고자 하는 뜻이 아니다. 나라가 태평양전쟁 희생자들을 국제 미아 정도로 취급하고 있기 때문에, 벼랑 끝에 선 심정으로 유엔 국제인권위에 우리의 사정을 상정해 볼 수밖에 없다"라고 강조했다.

또 하나의 변곡점, 피눈물로 쓴 유서

특별법 제정 과정에서 또 하나의 변곡점은 이금주의 유서였다. 그는 2003년 12월 29일 국회 법사위원회 전원에게 "죽어서라도 희생자 및 유족들의 명예가 회복되고 보상이 이뤄지기를 바란다"라는 유서를 송부했다.

우리는 일본 침략전쟁에 남편을 잃었습니다. 아버지를 잃었습니다. 아들을 잃었고, 누이를 잃었고, 딸을 잃었으며, 형과 아우를 잃었습니다. 우리 자신은 살아 돌아왔더라도 후유증으로 평생을 고통과 약 속에 신음하며 살고 있습니다. 우리 회원들은 '아프고 낙이 없어 죽기만을 바란다.'라고 합니다.

16년간 나는 그들이 '조국이 우리를 위해 무엇인가를 해주리라.'는 희망을 잃지 말기를 재촉하고 용기를 주곤 하였습니다. 이제 죽기만을 바라고 있는 우리 회원들을 위해 마지막으로 내가 할 수 있는 일로서, 그들의 시름을 달래고 눈물을 닦을 수 있는 이 특별법을 제정해 주시기를 의원님들께 유서로 간청합니다.

우리 회원들, 나를 믿고 말없이 따라와 주었습니다. 법정에 서서 한일협정으로 다 끝났다는 기각 판정을 듣고 실신하면서, 돌아오지 못하는 아버지의 유골 앞에서 피눈물을 쏟으며, 일본 대사관까지 가서 수도 없이 데모하면서, 지치고 아픈 와중에도 군소리 없이 나를 믿고 말없이 따라와 주었습니다. 나는 우리 회원들 모두가 아무런 정부의 조치 없이 이대로 저세상사람이 되도록 결코 내버려 둘 수 없습니다.

그래서 유서로써 호소합니다. 이제 우리 노인들의 슬픔과 아픔을 거두어주십시오. 더 이상은 우리를 방치하지 말아주십시오. 우리도 사람이고, 이나라의 국민입니다. 진정 이 나라가 우리의 조국이라는 것을 느낄 수 있도록 우리 노인들을 위해 이 법안을 제정해주십시오. 나의 마지막 소원이자일제 침략전쟁으로 피해를 입은 노인들을 위한 단 하나의 간청입니다.

이 유서를 받은 최용규 법사위원장은 "유서를 거두시라. 우리가 법사위를 통과시키겠다"라고 약속했다.

'판도라의 상자' 한일회담 문서공개 백인소송

추진위는 2002년 6월 17일 외교통상부장관에게 1965년 한일국교 정상화 과정에서 양국 정부가 강제동원 피해자의 사후처리에 관한 회담 기록을 정보공개법에 따라 공개할 것을 요청했다. 추진위 소속 최봉태·장완익 변호사가 맡은 미쓰비시중공업 히로시마 징용피해자 소송에서 '개인청구권'의 소멸 여부와 관련해, 한일협정 관련 문서공개가 관건이 됐기 때문이다.

한일협정은 대일 과거청산소송에서 가장 중요한 '판도라의 상자'였다. 외

1965년 한일협정 문서에 서명하고 있는 박정희 대통령.

교통상부는 한일회담 관련 기록이 30년을 경과했지만 국가안보, 국가이익 및 개인의 사생활을 침해할 우려가 있을 경우에는 공개를 보류할 수 있다며 공개를 거부했다. 추진위는 다시 어떤 기준으로 비공개 결정을 내렸는지, 심의회 회의록 공개를 요청했다. 외교통상부는 회의록 내용이 공개되면 한일 관계에 영향을 미칠 것으로 판단되어, 정보공개법 제7조에 의거해 공개할 수 없다고 밝혔다. 추진위는 강제동원 피해자 및 유족 100명을 청구인으로 하여 한일청구권 협정에 관련된 기록을 공개할 것을 청구했다. 청구인 대표는 이금주였다. 외교통상부는 다시 정보공개법 제7조를 근거로 공개를 거부했다.

이에 추진위는 그해 10월 10일 외교통상부를 상대로 한일협정 관련 외교문서 정보공개 거부처분 취소청구 소송을 서울행정법원에 제기했다. 소위 '100인 소송'이다. 소송에서 공개를 청구한 외교문서는 제1차 한일회담 본 회의록을 비롯한 총 57건이었다.

마침내 2004년 2월 13일 '원고 일부 승소' 판결이 내려졌다. 국민의 알 권리는 헌법에서 보장하는 기본적 권리이므로 정보공개법으로 제한한다고 해도 최소한도에 그쳐야 한다고 했다. 또한 원고들이 고령인 것과 보존 연한 30년이 지났고, 해당 문서를 공개함으로써 원고들이 얻는 구체적인 이익을 고려한다면, 한일 간의 외교 관계가 약간 불편하더라도 정부는 5개 문서만이라도 공개해야 한다는 것이었다. 5개 문서는 원고들의 대일 보상요구 소송에 도움이 되는 내용이었다.

'원고 일부 승소'였지만, 외교통상부가 완강히 거부했던 중요 문서 5건을 공개하라는 결정은 사실상 전면 승소나 다름없었다. 이금주가 총대를 멘 소송에서 승리한 것이다.

'일제강점하 강제동원피해 진상규명 등에 관한 특별법'은 우여곡절 끝에 2004년 2월 13일 열린 국회 본회의에서 정식으로 통과되었다. 서울행정법원에서 100인 소송 원고 일부 승소 판결이 내려진 날이었다. 조사 기간 최대 3년,

조사보고서 작성 기간 최대 1년이 조건부로 명시된 한시법이었다. 2000년 9월 시작하여 약 40개월 동안 활동가, 연구자, 피해자단체가 연대하여 특별법 제정과 한일회담 기록 공개라는 두 가지 성과를 동시에 거둬들였다.

> 그날은 한일협정 문서공개 소송 1심 판결이 있는 날이었어요. 행정법원에서 승소 판결을 받고 기쁜 마음으로 변호사 회관에 모여 판결에 관한 설명을 자세히 듣고 있는데, 국회에서 특별법이 통과됐다는 소식이 날아온 거예요. 얼마나 기뻤던지 모두가 부둥켜안고 펑펑 울었지요. 그동안 힘들었던 모든 것이 눈 녹듯 씻겨 내렸어요. 그리고 재판도 이겼지요. 경사, 경사, 해도 그런 경사가 없었지요. 지금도 생생해요.

이금주는 당시의 심경을 "울면서 죽어가는 우리 피해자들에게 생명수를 주었고, 또한 하늘에 올라가는 사다리를 놔준 최봉태 변호사라는 은인이 있었기 때문에 이 순간이 있다"라고 말했다. 정혜경은 당시를 회고했다.

> 특별법 통과하고 나서 회장님이 어떻게 비용을 마련했는지는 몰라도 서울에 회원들과 함께 와서 뷔페식당을 잡아서 축하파티를 열어주었어요. 특별법 통과를 위해 애쓴 사람들을 불러 자축하는 자리였지요. 저도 동료 연구자들과 함께 가서 밥을 먹었는데, 우리가 여기 앉아서 받아먹어도 되나 싶었어요. 저를 포함해서 고생한 몇몇 사람에게 아크릴로 만든 감사패도 주었습니다. 여러 단체가 있었지만 특별법 통과되고 나서는 보상금이나 빨리 달라는 분위기였는데, 회장님은 일을 도와준 사람들에 대한 예우와 예의를 당신이 할 수 있는 최대치를 했다고 생각합니다. 지금 생각해도 어떻게 그 자리를 만드신 건지 모르겠어요. 제가 어지간한 감사패는 다 버렸는데, 회장님이 주신 감사패는 지금도 간직하고 있습니다. 너무 감사해서요.

특별법은 심의 과정에서 수정을 거듭하면서 누더기 법안이 되었다. 원안에 비하면 매우 약화된 형태로 성립되었다. 위원회 소속이 대통령이 아닌 국무총리 산하로 수정되어 행정자치부가 주관하게 함으로써 권한이 대폭 축소

한일협정 문서를 공개하라는 법원 판결에 대해 외교통상부가 항소하자, 항소 취하를 촉구하는 집회를 갖고 있는 강제동원 피해자와 유족들.

되었다. 위원장과 위촉직 위원 3명도 장관급 상임직이 아니라 전원 비상임직으로 바뀌어 조직력도 약화되었다. 그나마 2004년부터 과거사 관련 시민단체들이 모든 과거사 청산 관련법의 통합을 추진하면서 특별법은 시행령 공포도, 위원회 설립도 늦어졌다. 2004년 11월 10일 국무총리 산하 기구 '일제강점하강제동원피해진상규명위원회'(이하 진상규명위원회)가 일제강점기 강제동원 피해의 진상을 규명하여 역사의 진실을 밝히는 것을 목적으로 발족하였다.

한편 한국 정부는 한일협정 관련 문서의 일부 공개를 명령한 서울행정법원 판결에 항소했던 2004년 3월 4일까지는 공개에 반대하는 입장이었다. 노무현 정부는 과거청산을 통해 역사를 바로 세울 것이라는 국민 여망과 달리, 김대중 정부의 연장선상에서 '평화 번영의 동북아시대'를 열어가겠다는 구상이었다. 한일협정 관련 문서공개와 이에 따른 대책기획단 발족 방침을 발표한 2004년 12월 28일에도 이 같은 기조는 유지되었다.

유화적이었던 노무현 정권의 대일 정책은 2005년 2월 23일 '다케시마 조례안'이 일본 시마네島根현 의회에 상정되자 강경 자세로 돌아섰다. 3·1독립운동 기념식 연설에서 노무현 대통령은 "일본 정부와 국민의 진지한 노력이 필요합니다. 과거의 진실을 규명해서 진심으로 사과하고 반성하고, 그리고 배상할 일이 있으면 배상하고, 그리고 그 후에 화해해야 합니다"라고 강조했다.

2005년은 광복 60주년이자 한일 국교정상화 40주년이었다. 노무현 대통령은 본격적인 대일 역사청산 작업에 나섰다. 2005년 1월 17일 서울행정법원이 공개하라고 판결한 문서 5권을 공개했으며, 2005년 8월 26일 정부의 독자적 조치로 공개명령이 없었던 한일회담 관련 외교문서 156건이 모두 공개되었다. 이와 함께 이해찬 국무총리를 단장으로 하는 '민관공동대책위원회' 명의로 청구권 협정에 관한 최종적인 견해를 밝혔다.

① 한일 청구권 협정은 기본적으로 일본의 식민지 지배 배상을 청구하기 위한 것이 아니었고, 샌프란시스코 조약 제4조에 근거하여 한일 양국 간 재정적·민사적 채권·채무 관계를 해결하기 위한 것이었다.

② 일본군'위안부' 문제 등 일본 국가권력이 관여한 반인도적 불법행위에 대해서는 청구권 협정에 의하여 해결된 것으로 볼 수 없고, 일본 정부의 법적 책임이 남아 있다.

③ 사할린 교포, 원폭 피해자 문제도 한일 청구권 협정 대상에 포함되지 않았다.

④ 한일협정 당시 한국 정부는 일본 정부가 강제동원의 법적 배상·보상을 인정하지 않음에 따라 '고통받은 역사적 피해 사실'에 근거하여 정치적 차원에서 보상을 요구하였으며, 이러한 요구가 양국 간 무상자금 산정에 반영되었다.

⑤ 청구권 협정을 통하여 일본으로부터 받은 무상 3억 달러는 개인재산권(보험·예금 등), 조선총독부의 대일채권 등 한국 정부가 국가로서 갖는 청구권, 강제동원 피해

보상 문제 해결 성격의 자금 등이 포괄적으로 감안되어 있다.

⑥ 청구권 협정은 청구권 각 항목별 금액 결정이 아니라, 정치 협상을 통한 총액 결정 방식으로 타결되었기 때문에 각 항목별 수령 금액을 추정하기 곤란하지만, 한국 정부는 수령한 무상자금 중 상당 금액을 강제동원 피해자의 구제에 사용하여야 할 도의적 책임이 있다고 판단된다.

⑦ 한국 정부는 일제강점하 반인도적 불법행위에 대해서는 외교적 대응 방안을 지속적으로 강구해 나가며, 일본군 '위안부' 문제에 관해서는 UN 인권위 등 국제기구를 통해서 문제 제기를 계속한다.

진상규명위원회 출범과 지원법 둘러싼 갈등

진상규명위원회 초대 사무국장은 최봉태 변호사가 맡았다. 최봉태는 진상규명위원회가 구성되면 곧바로 강제동원피해자재단을 만드는 일을 시작하려고 했다. 그 일이 실질적으로 강제동원 피해자들에게 도움이 될 것이라고 판단했기 때문이다. 그렇지만 광주유족회 생각은 달랐다. 진상규명위원회가 제대로 작동하도록 시스템을 만드는 것이 무엇보다 중요하다고 생각했다. 광주유족회에서는 버스를 동원해서 최봉태 변호사 사무실이 있는 대구까지 가서 사무국장을 맡아달라고 요청했다. 최봉태는 광주유족회에 대한 특별한 애정 때문에 계획을 일단 미루고 사무국장 제안을 수락했다. 이금주는 "광주유족회로 봐서는 정말 든든하고 믿음직하다"라고 생각했다.

추진위는 2004년 3월 30일 '강제동원진상규명시민연대'이하 시민연대라는 단체로 탈바꿈했다. 시민연대에서 할 일이 많았다. 광주에서 서울까지 일주일이면 서너 번 출장을 다녀야 했다. 그동안 광주유족회 일을 해온 김보나가 시민연대 사무국장으로 일하기로 했다. 회의에 한두 번만 빠져도 상황을 제대로 알 수 없었기 때문에 시민연대 일에 집중하기 위해서였다. 당시 쪼들린 광주유족회 살림을 한 푼이라도 아끼기 위해 얼마나 절제했는지 보여주는 일화가 있다.

서울에 회의 갈 때도 우리는 KTX나 새마을호가 아닌 무궁화호를 타고 다녔어요. 도시락을 싸서 새벽 3~4시에 출발해서 용산역에 도착하면 회의 열릴 때까지 서너 시간 기다려야 했지요. 할머니는 용산역 한 구석에서 회의 시작 시간을 기다리며 노정희·김혜옥 회원과 함께 도시락 찬밥을 드셨어요. 물도 보온병에 담아 갔어요. 식당에서 따뜻한 식사를 할 수도 있었지만 회원들의 회비를 아껴야 한다는 신념 때문이었지요. 저도 덕분에 서울에서 잘 일이 있으면 싸구려 여관에서 자곤 했지요. 할머니 때문에 저도 회비를 아껴 썼어요.

2005년 2월부터 피해자 조사 및 진상규명 조사 신청이 시작되었다. 각 시도에서 서류를 접수했다. 광주유족회에는 하루 40~50통의 전화가 쏟아졌다. 사무실을 방문하는 사람도 많았다. 온종일 쉴 새 없이 회원들 서류 복사와 상담을 했다.

9월 9일 진상규명위원회 초청으로 4개 피해자 단체장 간담회가 열렸다. 각 단체별로 지원금에 대해 이야기했다. 유족회 중앙회는 생존피해자 1인당 3,000만 원, 희생자 유족에게는 5,000만 원을 지원하라고 했다. 춘천유족회는 희생자, 생존피해자 1명당 1억 원을 요구했다.

이금주는 "한일회담 이후 40년간의 이자까지 포함하면 천문학적 숫자가 나올 것이다. 희생자, 생존피해자 똑같이 2억 원씩 주되, 지원이 아닌 보상으로 줄 것을 요청한다. 개인청구권은 소멸되지 않는 조건으로 지급하고, 일본과 투쟁해서 공식 사죄를 받고 배상도 받아내 달라"고 요구했다. 특별법 제정에 전력투구했던 광주유족회로서는 정당하고도 떳떳한 요구였다. 강제동원 피해자들이 향후 무엇을 해야 할지를 제시하는 의견이기도 했다.

회원들은 정부에서 보상금이 금방 나올 것으로 생각했다. 그렇지만 이금주 생각은 달랐다. 2005년을 마무리하는 12월 월례회에서 이금주는 말했다.

지금 정부에서 보상한다고는 했지만 결정적으로 준비가 다 되어 있는 상태가 아니고, 약 20% 선에서 머물고 있는 형편입니다. 나머지 80%는 우리 피해자들이 계속 노력해서 채워야 할 것입니다. '앞으로는 데모도 그만하겠다', '회비를 안 내도 보상받는다'라는 식으로 빠질 자는 빠지는 수밖에 없을 것입니다. 나도 강권하지 않을 것이고, 각자 양심에 맡길 것입니다. 18년간 회비 내고 데모한 것을 자꾸 내세우지 마시오. 100번이고 200번이고 데모했고 회비를 냈으면 각자 자기 한풀이로 한 것이지, 남을 위해서 선심 쓴 것 아니라고 생각하시오. 여러분의 노력으로 여기까지 힘겹게 왔으나, 이제부터는 새로 다시 시작이라고 분명히 말씀드립니다.

정부법안 입법 예고 한 달 전인 2006년 2월 8일 6개 피해자단체 회장을 초청한 간담회가 열려 입법 예고할 지원 법안을 설명했다. 생존자는 보상에서 제외된다는 말에 옥신각신 큰 소란이 일었다. 이금주는 가지고 간 글을 큰소리로 낭독했다.

저는 고령으로 시청각이 둔해진 데다 언어마저도 우둔해진 탓으로 적어온 글도 제대로 읽을지 모르겠습니다. 여러분, 아시는 분은 짐작하시겠지만, 광주유족회는 일본 정부와 기업을 상대로 재판 7가지를 하고 있는데 지난해 2월 24일까지 우키시마호, 관부재판 1심에서 일부 승소했고 14번 기각당했습니다. 아직 근로정신대 두 건은 계류 중이지만 기각 원인은 모두 1965년 한일협정이었습니다. 이때 나의 아픔과 서러움은 이루 말할 수가 없었습니다. 그 후 우리 정부에 호소하니 일본과 꼭 같은 답이었습니다. 그래서 ①한일협정 문서공개 재판한 것은 내가 당사자입니다. ②한국 정부가 국민을 보호하지 않아서 결국 국적 포기 운동까지 했습니다. ③진상규명법 만들기 위해서 마지막으로 나의 유서까지 보내고 눈물로 호소했습니다.
첫째, 한일협정 당시 피해자 몫으로 가져온 것에 플러스알파 총액을 전부 우리 피해자들에게 돌려주시오. 둘째, 현재 일본에서는 후생연금 탈퇴수당을 주고 있습니다. 우리 정부가 후생연금을 받아주지 않으면 우리가받아올 것이니, 거기에 대한 경비 일체를 주시오.

피해자 14개 단체는 2월 21일 대책기획단 앞에서 집회를 열었다. 이들은 기자회견에서 "대책단 관계자들이 다른 종류의 피해자들과 형평성 문제, 예산 운운하면서 정부의 대책 방향에 순응하도록 압박한 것은 용납할 수 없다. 이것은 마치 과거 군사정권이 우리 피해자들의 인권을 짓밟은 것과 하등 다를 바가 없는 것이다"라고 강하게 정부를 비판했다.

피해자단체들의 반발에도 아랑곳없이 2006년 3월 9일 '국외강제동원희생자등 지원법'의 입법 예고안이 발표되었다. 사상자死傷者에게는 위로금 일시금 2,000만 원, 생존자에게는 의료비 지원 연 50만 원, 해방 후 사망한 강제동원 피해자 유족에게는 중학·고교생 손자녀가 있는 경우 학자금을 연 14만 원씩 3년간 지원한다는 내용이었다. 기대했던 것과 차이가 많이 나는 것에 피해자단체들의 실망이 컸다. 단체들의 입장도 갈라졌다. 그리고 단체 안에서도 생존자와 사망자 유족 간에 갈등이 생겼다.

피해자단체의 분열이 한층 심화한 것은 2006년 9월에 정부법안이 상정되고 유족회 중앙회가 주도하여 2004년 6월 제출된 '생활안정지원법안'과 동시 심의에 들어가면서부터이다. 생활안정지원법안은 강제동원 피해자 전원에게 일시금을 지급하고, 생존자에게는 월 50만 원의 지원금을 지급하는 내용이다. 국회는 두 개 법안의 공청회를 같이 개최하고 피해자단체에도 단일화를 제의했지만, 최종적인 예산 추계가 정부안 5천억 원에 비해 생활안정지원법안은 7조 3,000억 원으로 10배 이상 차이가 있어 통합 법안은 실현되지 않았다.

결국 참여단체의 이견으로 시민연대는 2007년 2월 말 1년 4개월 만에 해산했다. 최봉태 변호사는 2월 27일 회원 보고에서 "지난해 12월 법 제정 약속을 지키지 못했고, 올해 2월의 법 제정 약속도 지키지 못했습니다. 이에 대한 책임을 통감합니다"라고 밝혔다. 김보나 시민연대 사무국장은 2007년 3월 31일 회원 보고에서 "정부의 모호한 입장이 피해자들을 분열시키는 결과를 낳았습니다. 국회는 정부 입법안과 의원 입법안의 현격한 금액 차이 때문에 통합법의 기본 라인조차도 설정하지 못하는 듯합니다"라고 상황을 설명했다.

그해 7월 3일 열린 국회 본회의에서 정부안이 아닌 '생활안정지원법안'을 손질한 수정안이 통과됐다. 수정안은 강제동원으로 인한 사망자와 행방불명자 유족에게 2,000만 원, 생존자에게 1인당 500만 원을 지급하는 안이었다. 정부는 수정안은 추가예산 820억 원 상당이 소요되고, 1년에 7만 원을 받는 6·25 참전유공자 등과 형평성 문제가 생길 수 있다며 난색을 표했다. 대통령이 거부권을 행사할 것이라는 예측이 나왔다.

최봉태 변호사는 신문 기고를 통해 "정부는 거부권 논리로 약 2,000억 원 정도의 추가예산이 든다는 문제를 들고 있으나, 법리적으로나 현실적으로 타당하지 않고, 피해자들에게는 또 하나의 모욕을 주는 것이다. 피해자들은 한국 정부에 국민들 세금을 통한 지원을 바라는 것이 아니라 일본으로부터 받은 청구권자금 중에 피해자 몫을 반환해 달라고 하는 데도, 예산 타령을 하는 것은 적반하장이며, 그 금액조차 터무니없다. 일본 정부가 1998년 한일협정의 하나인 한일 어업협정을 파기하였듯이, 우리 정부가 일제 피해자들에게 피와 눈물만을 안겨주는 한일청구권 협정을 파기할 용기도 없으면서, 얼마 되지 않는 위로금이 아까워 거부권 행사로 일제 피해자들로 하여금 또 한 번 눈물 나는 광복절을 맞게 해서야 되겠는가"라고 강하게 비판했다.

결국 노무현 대통령은 거부권을 행사했고, 국회에서 다시 표결한 결과 정부의 재수정안이 가결되었다. 우여곡절 끝에 2007년 12월 10일 '태평양전쟁 전후 국외 강제동원 희생자 등 지원에 관한 법률'이 제정되고, 2008년 6월 18일에는 강제동원 피해자 지원 업무를 수행하는 '태평양전쟁전후국외강제동원희생자지원위원회'가 발족한다. 1975년 대일민간청구권 보상으로 보상을 종료했다고 한 한국 정부가 30년 만에 입장을 바꿔 피해 지원 대책을 마련한 것이다.

지원법 명칭도 우여곡절이 있었다. '일제강점기'라는 말 대신 '태평양전쟁'

이라는 이름을 꼭 넣고자 고집한 단체 때문이었다. 그러면 태평양전쟁 기간
에 포함되지 않은 강제동원 피해자는 어떻게 할 것이냐는 질문에 전후라는
말이 또 들어가게 되었다.

특별법은 사망·행방불명된 피해자 유족에 대해 1인당 위로금 2,000만
원, 장해를 입은 경우 2,000만 원 이하 범위에서 장해 정도에 따라 지급, 생
존피해자는 의료지원금 연간 80만 원, 징용 기간 중 받지 못한 미수금은 공
탁금 내역 확인 시 1엔당 2,000원 환산 지급 등의 내용이었다. 1975년 정부
로부터 보상금 30만 원을 받은 유족은 지원 금액에서 현재가치로 환산한
234만 원을 빼고 지급하기로 했다.

법안은 통과되었지만, 회원들은 부글부글 끓었다. 보상이 아닌 '인도적

노정희 태평양전쟁희생자광주유족회 회원이 피켓을 들고 시위에 나서고 있다.

차원의 지원'인데다 유족 범위가 피해자의 형제자매 또는 손자녀 2촌까지만 해당되는 점, 강제동원되었다가 해방 후 생환하였으나 법 시행 전에 사망한 피해자와 생존피해자는 위로금 지급 대상에서 제외된 점, 미수금 환산 금액이 너무 적은 점, 국내 강제동원 피해자 지원 제외 등등 회원들의 불만이 쏟아졌다.

> 똑같이 징용 가서 죽도록 일하고 구사일생으로 살아와서 후유증으로 고생했고, 또는 나이가 많아서 사별했는데 왜 안 주는가? 또 큰아버지, 작은아버지를 위해 20년 넘게 싸운 조카에게는 왜 안 주는가?

> 같이 가서 죽도록 일하고 같이 고생했는데 왜 80만 원인가? 같이 2,000만 원 받겠다.

> 1975년에 보상으로 준 돈 30만 원은 위로금에서 제하면 안 된다.

> 이 돈을 받은 것은 고귀한 젊은 나이에 남의 나라 전쟁에 짐승처럼 끌려가서 죽을 고생하다 전사戰死나 병사病死한 그 피와 땀의 대가로 받았다. 장본인한테는 아무 말도 없이 각 기업에 뿌려줘서 기업은 성장했으나 피해자에게는 40년간 이자 한 푼 준 일도, 받은 일도 없다. 40년간의 복리를 계산하면 천문학적 계산이 나올 것이다. 그리고 우리나라 경제 발전에 얼마나 큰 역할을 했는가? 못 줘도 1억 원은 줘야 된다.

광주유족회로 항의 전화가 계속 왔다. 20년간 투쟁해서 겨우 위로금을 받게 되었는데, 이것마저 차별받으니 억울하다는 것이었다. 그렇지만 방법이 없었다. 회원들의 쓰라린 마음을 다독이고, 공감해주는 것밖에 다른 방법이 없었다.

특별법에 따라 위로금 지원 업무가 시작되면서 이금주가 직접 작성한 징용자 명부가 빛을 발했다. 회원들이 요청할 때마다 복사해서 제공했다. 많은 강제 징용 피해자가 세상을 떠나거나 당시 상황을 기억하지 못해 사실관계

파악에 어려움을 겪게 되면서, 이 징용자 명부가 중요한 근거가 되었다. 꼼꼼하게 작성된 이 기록을 정부에서 피해자들의 입증자료로 인정해 주었다. 광주유족회가 비록 대일 과거청산소송에서 번번이 패소했지만, 그 기록 자체가 소중한 자산이자 역사임을 입증한 것이다.

진상규명위원회와 태평양전쟁지원위원회의 기능이 중복됨에 따라 2010년 3월 22일 새롭게 '대일항쟁기 강제동원 피해조사 및 국외강제동원희생자 등 지원에 관한 특별법'이 제정되고, 두 위원회의 업무를 통합한 '대일항쟁기강제동원피해조사및국외강제동원희생자등지원위원회'가 2010년 4월 20일 설치되었다. 위원회는 2004년 출범 이후 강제동원 피해조사 22만 6,583건과 진상조사 32건을 완료하였고, 사망자·행방불명자, 부상자, 미수금 피해자, 생존자 등 7만 2,631명에 위로금을 지원했다. 또한 강제동원 사망자 유해 국내 봉환사업, 부산에 국립 '일제강제동원역사관'을 건립하는 등의 활동을 하고 박근혜 정부 때인 2015년 말 해산되었다.

강제동원 피해자 목숨 값 '공탁금'

송두회와 함께 광주천인소송과 우키시마호 소송을 적극적으로 지원했던 아오야기는 2004년 3월 광주를 방문했다. 그때 이금주가 남편의 신상조사표와 우키시마호 사망자의 신상조사표를 보여주며 문의했다. 국가기록원에 신청하여 받은 자료라고 했다. 신상조사표에는 '급여給與', '공탁供託'란이 있고 '유족부조료遺族扶助料'가 산정돼 있었다. 유족부조료란 유족에게 지급하는 부조금을 말한다. 아오야기나 이금주도 그때까지 유족부조료가 있을 것이라고는 생각하지 못했다. 이때부터 아오야기는 공탁금과 유족부조료에 관심을 두게 되었다.

2005년 1월 정부가 한일협정 문서를 공개하면서 미불임금·공탁금·후생연금 문제가 수면 위로 떠올랐다. 아오야기는 2005년에 펴낸 '조선인 징병, 징용에 대한 일본의 전후책임—전후 일본의 이중 기준'이라는 책에서 "일본제국주의가 식민지 침탈 이후 징병이나 징용 등을 동원한 책임은 현재 일본 정부에 있으며, 한일협정 등으로 배상책임이 없어진 게 아니라 지금도 피해자 개개인에 대해 사죄하고 배상할 책임이 있다"라며 "군인·군무원의 신상조사표에 유족들에게 일본이 지불할 예정으로 계산하고 공탁한 금액이 '유족부조료'라는 이름으로 명시되어 있지만, 유족들도 모르는 사이에 무효화되었다"라고 지적했다.

피해자 단체에서는 공탁금 문제에 관한 논의가 계속되었다. 시민연대가 2006년 11월 2일 강제동원 피해자 공탁금 관련 기자회견을 개최한 데 이어, 광주유족회 등 3개 단체는 2007년 4월 2일 서울 동북아역사재단 대회의실에서 일제강점하 강제동원 피해자 공탁금에 관한 토론회를 개최했다.

이금주는 "공탁금은 일제 피해자들이 비인간적인 고통 속에 강제노동을 통해 얻어낸 노동의 대가이자 정당한 임금인데도 지금까지 돌려받지 못하고 있는 만큼, 일본에 남아 있는 공탁금의 상황파악과 정당한 환수를 위한 대책을 강구해야 한다"라며 "한일 양국 정부는 피해자들에게 공탁금 환수에 관한 양국의 협의 과정을 공개하고, 피해자들의 요구를 귀담아들어 협의 과정에 정책적으로 반영해야 한다"라고 주장했다.

이금주는 2007년 7월까지 아오야기에게 78명분의 공탁금 조사를 부탁했다. 아오야기는 노무자 조사는 어렵고, 군인 군무원 조사부터 하겠다며 개개인의 위임장이 필요하다고 요청했다. 주민등록표, 사진이 붙어 있는 신분증 사본, 호적등본 등의 필요서류와 유수명부留守名簿[36] 등의 부대 기록이 있으면 첨부해달라고 했다. 이금주는 개개인의 서류를 꼼꼼하게 챙겨 송부했다.

---

36 원 소속 부대에서 전쟁터 등으로 파견된 부대원 명단. 일본군이 작성한 총 114권에 기재된 명단.

일제강점하 강제동원피해 진상규명위원회 초청 워크숍에서 조선인 징병 피해자에 대한 공탁금 조사 결과를 발표하고 있는 아오야기 아츠코. (2009.4.25.)

아오야기는 9월 25일 일본 후생노동성에 '공탁금, 재대在隊.재직 부대 등의 기록, 개인 자료의 개시청구'를 요청했다. 육군 자료는 12월 18일, 해군 자료는 2008년 3월 6일 회답이 왔다. 아오야기는 간단한 설명을 붙여 이금주 회장에게 보냈다. 그리고 이 개인자료를 토대로 조사에 들어가 2009년 4월 25일 일제강점하강제동원피해진상규명위원회 주최로 열린 '네트워크 관계자 초청 워크숍'에서 발표했다. 공탁금 문제는 지금도 해결되지 않았다. 여전히 '현재형'으로 남아 있다.

한일회담 문서공개 일본 소송

2005년 8월 한국 정부는 한일회담 문서공개를 요구한 100명 소송 결과에 따라 한국 정부가 작성·보관한 한일회담 관련 문서 약 3만 6,000쪽을 공개했다. 일본에서도 법조계와 시민단체를 중심으로 일본 측 한일회담 문서공개 운동이 일어났다.

고다케 히로코小竹弘子는 나고야소송지원회에서 활동하면서 이금주와 친분을 쌓았다. 2005년 6월 도쿄에서 '한일회담부터 40년 일본의 식민지 지배를 묻는다'라는 제목으로 심포지엄이 열렸다. 심포지엄에서 김창록 교수와 니가타국제정보대학 요시자와 후미토시吉澤文壽 교수가 강연했다. 김창록 교수는 강연에서 한일회담 결과로 일본이 한국에 지불한 것은 독립축하금과 경제원조 자금이며 피해자들의 미불임금이나 공탁금이 아니라고 말했다.

고다케는 이 내용을 나고야 미쓰비시 근로정신대 소송 변호단에게 제공했다. 변호단은 일본에서도 한일회담 문서를 공개해야 한다고 생각하고 나고야소송지원회 회원 중에 일할 사람을 물색했다. 결국 시간 여유가 있는 고다케가 맡게 됐다. 고다케는 그해 10월 나고야 백합회원들과 함께 광주를 방문했을 때, 이금주에게 '일한회담 문서 전면 공개를 요구하는 모임'[37] 자료를 주며 한일회담 문서공개 요구를 준비하고 있다고 전했다.

2005년 12월 18일 '일한회담 문서 전면 공개를 요구하는 모임日韓会談文書·全面公開を求める会'이하 요구모임이라는 단체가 결성됐다. 공동대표로 오오타 오사무太田修 도시샤同志社대학교 교수, 다나카 히로시田中宏 히토쓰바시一橋대학교 명예교수,

---

37 한일회담 문서는 한일 양측이 합의한 최종 합의 문서가 있는가 하면, 회담이 진행되는 동안 양측이 회담 준비 및 대응 과정에서 각각 작성한 문서가 별도로 있다. 2005년 한국정부가 한일회담 문서 중 한국 측 자료 일부를 공개해 그 실상이 드러나긴 했지만, 한일회담 당시 일본 측이 일제피해자 문제를 어떻게 인식하고 있는지를 보다 명확히 파악하기 위해서는 일본 외무성이 보관하고 있는 당시 일본 측 자료를 공개시키는 것은 매우 중요한 관건이 되었다.

니시노 루미코西野留美子 여자들의 전쟁과 평화 자료관 관장, 야마다 쇼지山田昭次 릿교立教 대학교 명예교수, 요시자와 후미토시 니이가타新潟 국제정보대학교 준교수가 취임했다. 사무국장은 고다케 히로코, 사무차장은 재일교포 이양수李洋秀가 맡았다. 모임의 취지는 일본 정부에 한일회담 관련 문서의 전면 공개를 요구하고, 한반도에 대한 일본의 식민지 지배 사실과 책임을 인정하게 하는 한편, 태평양전쟁으로 인한 조선인 피해자와 유족에 대한 사죄와 보상을 실현하는 것이었다.

고다케는 이금주에게 문서공개 청구 운동에 참여할 청구인을 한국에서 모집해 달라는 팩스를 보냈다. 이금주는 그 글을 읽으면서 부들부들 떨렸다. 한일회담은 대일 과거청산소송의 거대한 벽이었다. 한일회담 문서가 전면 공개되면 재판마다 어김없이 기각 판결을 내리던 일본의 양심이 만천하에 드러날 것이라고 확신했다. 즉시 최봉태 변호사에게 팩스 내용을 알리고 고다케에게 회신했다.

유인물에는 이렇게 적혀 있었다. "한국은 변했다. 일본은 어떻게 할 것이냐" 이금주는 이 글만 읽어도 마음이 놓이고 얼굴의 주름살이 펴지는 기분이 들었다. 2006년 2월 11일 1차로 광주유족회 자문위원 안진오安晉吾·문병란文炳蘭·최순덕과 이금주 그리고 국회의원 정동채鄭東采·최인기崔仁基·양형일梁亨一·지병문池秉文·강기정姜琪正·염동연廉東淵·조배숙趙培淑 등 12명의 명단을 보냈다.

요구모임은 일본 거주자 143명, 한국 거주자 188명 총 331명이 일본 정부를 상대로 2006년 4월 25일 한일회담에 관한 문서 모두를 공개하도록 청구했다. 일본 정부는 약 3개월 후에 불과 65쪽을 공개했다. 곧바로 이의 신청을 했다. 그 결과 한일회담 본회의 회의록 163쪽과 2차로 1,930쪽을 추가 공개했으나 모두 주변 자료에 불과했다.

원고단은 2006년 12월 18일 일본 정부를 상대로 부분 공개는 정보공개법에 위반한다고 도쿄지방재판소에 제소했다. 원고 331명 가운데 일본의 요시자와 후미토시 '요구모임' 공동대표를 비롯한 7명, 한국의 이금주와 일본군'위안부' 피해자 이용수李容洙, 최봉태 변호사 등 3명이 대표 원고로 나섰다. 원고들은 일부 비공개 문서의 비공개 결정 취소, 비공개 부분의 공개, 공개 여부 결정 지연의 위법 확인, 미공개 문서공개를 요구하며 제소했다. 재판 과정에서 뒤늦게 외무대신한국의 외교부장관은 2007년 4월 1,930쪽, 11월 5,339쪽의 문서를 공개했다.

　그러나 1심 재판부는 2007년 12월 26일 공개 청구 후 1년 7개월이 지난 후에 공개하는 것은 위법이라고 판결했다. 일본 정부 측의 항소로 재판은 몇 개월 더 이어졌으나, 2008년 6월 항소를 취하하고 일부 문서를 공개했다. 1차 소송은 한일회담 문서 전면 공개를 일본 정부에 압박하는 전초전으로, 정보 공개법에 관해 처음으로 국가의 '부작위의 위법'을 확인한 판결이라는 점에서 일본의 유력한 판례 잡지에 소개되었다.

도쿄지방재판소에서 외무성을 상대로 한 문서공개 소송에서 승소한 뒤 원고 이용수 일본군'위안부' 피해자와 최봉태 변호사가 일본 지원단체 관계자들과 기뻐하고 있다. (2007.12.26.)

외무대신은 2008년 들어 4월 18일에 3,482쪽, 5월 2일에 1만 6,263쪽, 5월 9일에 3만 1,071쪽의 문서를 공개했지만, 그 안에는 완전히 비공개한 문서 22개와 중요한 부분에 먹칠한 부분 공개문서 509개가 포함되어 있다. 핵심 부분 25% 가량이 먹칠로 지워진 이 문서는 '먹칠 문서'라 불리며 강한 반발을 낳았다.

이에 따라 요구모임에서는 비공개 부분의 전면 공개를 요구하며 2008년 4월 23일 2차 소송을, 같은 해 10월 14일에 3차 소송을 도쿄지방재판소에 제기했다.

고다케 사무국장은 2009년 10월 7일 자 아사히신문에 '한일회담 문서, 검게 칠한 25% 분량도 공개를'이라는 제목의 글을 투고했다.

오카다 가쓰야岡田克也 새 외무대신은 핵반입 금지와 오키나와 반환을 둘러싼 미-일간의 '밀약'에 대해 11월말께 조사 결과를 보고하도록 외무성에 명령했다고 한다. "밀약을 공개한다"라고 말해온 오카다 외무상이 새로운 정권의 시작과 함께 밀약의 진상규명과 우리가 요구해온 한일회담 문서 전면 공개를 향해 외무성이 굳게 닫았던 문을 열어줄 것을 기대한다.

한국과 일본의 국교정상화 교섭은 1951년 시작되어 1965년에 체결되었다. 한일회담 문서는 당시 교섭 과정의 의사록이다. 2005년 한국에서는 같은 한일회담 문서공개를 요구하는 '100인 소송' 결과 약 3만 페이지에 달하는 관련 문서가 공개되었다. 한국의 정보공개법은 일본과 달리 재판관이 직접 실물을 보는 것이 가능한 '인카메라 방식'을 채용하고 있다. 재판관은 원고의 주장을 받아들여 한국 정부도 문서공개로 돌아선 것이다.

우리는 일본의 정보공개법이 누구나 공개를 청구할 수 있다는 것을 알고 한국의 당사자와 한일 양국 시민으로 '한일회담 문서 전면 공개를 요구하는 회'를 설립했다. 그리고 2006년 4월에 한국 거주 188명, 일본 거주 143명이 당시 아소 다로麻生太郎 외무대신에게 문서의 공개 게시를 청구했다. 일본 외무성은 1년 8개월이 지난 후 약 6만 쪽의 문서를 공개했지만, 그중 25%, 즉 4분의 1은 검게 칠해서 가린 채 공개했다. 공개하지 않은 내용을 쟁점으로, 현재 도쿄지방재판소에서 분쟁 중이다.

'정관政官 유착'의 자민당 정권 아래 굳게 문을 걸어둔 외무성. 새 정권은
오키나와 밀약의 진상규명과 함께 한일회담 문서를 전면 공개해야 한다.
문서 내용을 명확히 밝히고, 일본 정부는 조선반도에 대한 식민지 지배의
사실과 책임을 인정하고, 아시아 태평양전쟁에 의한 조선인 피살자 및 유
족에 대한 사죄와 보상을 완결해야 할 책무가 있다고 생각한다.

요구모임은 10월 21일 오카다 외무대신에게도 '한일회담 문서의 감추어
진 25% 부분의 공개를 명령해 주십시오.'라는 제목의 요청서를 전달했다.
"한일회담에 있어서 일본 측 공개문서는 회담 내용에서 개인청구권의 숫자는
물론 당사자들의 목숨의 대가라고 할 수 있는 체불임금 및 공탁금 등 가장 중
요한 부분이 모두 먹칠된 상태입니다.… 이 한일회담 문서의 은폐 행위야말
로 진정한 한일 간의 우호친선 구축을 방해하는 원흉입니다. 신新정권은 오키
나와 밀약 진상규명과 함께 먹칠투성이인 한일회담 문서의 25% 공개를 결단
해주기를 바랍니다"라는 내용이었다.

재일교포 이양수가 거둔 '뜻밖의 수확' 독도

재판을 측면에서 지원하기 위한 번역 작업이 함께 이뤄졌다. 한국에서 공
개된 3만여 쪽 가운데 재일교포 3세 이양수가 7,350쪽을 번역했다. 또한, 한
국 공개문서와 일본 공개문서를 공개하는 작업도 병행했다. 이 과정에서 일
본 공개문서 중 독도에 관한 정령政令이 발견되어 큰 화제를 불러일으켰다.

이양수는 한국과 일본 문서를 비교 대조하던 중 제5차 한일회의 40항―조
선총독부 교통국 공제조합의 본토 내에 있는 재산 정리에 관한 정령을 발견
했다. 이 정령은 조선총독부 도쿄사무소의 부동산과 교통국 직원공제조합의
재산처리에 관한 법률로, 조선에 본사를 두었던 회사의 일본 내 재산을 어떻게
처분할 것인가 하는 내용이었다. 이 정령 40호는 조선총독부 교통국 공제조합

의 본토 내 재산의 정리에 관한 정령 시행에 관한 '총리부령 24호' 2조를 통해 재산 처분의 대상이 되지 않는 도서로 울릉도, 독도 및 제주도를 명시했다.

그는 최봉태 변호사에게 이 사실을 알렸다. 문서 내용을 복원하기 위해서는 한일 관계 전문 감식 기관의 도움이 절실했다. 최봉태 변호사는 독도 관련 전문 부서가 있는 한국해양수산개발원에 한일 양국 문서 비교 판독을 의뢰했다. 한국해양수산개발원은 일본이 1951년 6월 6일 공포한 '총리부령 24호'와 같은 해 2월 13일 공포한 '대장성령大藏省令 4호'에서 일본 정부가 2차대전 패전 뒤 전후처리 과정에서 독도를 자국 부속도서에서 제외한 것을 확인했다. '대장성령 4호'는 연금 지급을 위한 특별조치법과 관련된 것으로, 여기에서도 독도를 일본의 부속도서에서 제외했다. 이양수는 또한 먹칠된 내용이 △문화재 반환 문제 △청구권 문제 △독도 문제 등임을 밝혀냈다.

일본이 독도를 자국 영토로 여기지 않고 있었던 정령을 발견한 재일동포 이양수 씨가 동북아역사재단에서 일본 외무성 자료를 공개해 설명하고 있다. (2009.1.21.)

4장 l 한국의 시간 – 차라리 국적을 포기하겠소

2차 소송 1심 판결에서는, 비공개 정보에 일반적 또는 유형적으로 해당하는 것을 국가가 입증하면, 원고가 비공개의 불합리성을 주장해 입증해야 한다며 기각했다. 원고는 항소했으나 2심에서도 같은 이유로 기각되었고, 2011년 5월 10일 최고재판소는 불수리했다.

3차 소송에서는 2012년 10월 11일 1심 판결에서 "비공개 문서가 작성된 지 30년 이상 지났으면 비공개 근거를 추측할 수 있는 사실을 구체적으로 제시하고 입증해야 한다"라며 382건 문서 중 212건 문서의 비공개를 전부 취소, 56건 문서를 일부 취소했다. 원고 측이 공개를 요구한 문서에 대해 약 70% 가량 공개를 명령하여 원고의 손을 들어준 셈이었다. 일본 정부는 47건 문서에 대해 항소하고 나머지 문서는 공개했으며, 원고는 67건 문서에 대해 부대항소했다.

도쿄고등재판소는 2014년 7월 25일 항소심 선고공판에서 독도 관련 한일 교섭, 한일청구권 협상, 일본 내 한국문화재 등과 관련한 48건의 문서에 대해 1심 재판부의 공개 명령을 취소했다. 재판부는 한일 청구권 협상 관련 문서가 공개되면 북한과의 청구권 협상에서 북한에 유리하게 작용할 수 있고, 독도 관련 문서도 한일 협상에서 일본에 불리할 수 있다는 등의 일본 외무성 주장이 타당하다고 판단했다.

한국 측 원고단은 8월 8일 발표한 성명에서 "더 이상 판결이 아니라, 일본의 양식과 민주주의 힘으로 관련 문서의 전면 공개를 촉구한다"라며 상고를 포기했다. 일본 측 원고단 입장도 같았다.

일본 정부는 3차에 걸친 소송 과정에서 적지 않은 문서를 공개했지만, 독도 문제 등과 관련한 민감한 내용은 끝내 공개를 거부했다. 이로써 2005년 한국 정부가 한일기본조약 한국 측 문서를 전면 공개한 뒤, 2006년부터 총 세 차례에 걸쳐 진행된 일본 내 정보공개 소송이 일단락됐다.

한국과 일본의 한일회담 문서공개를 통해 그동안 밝혀지지 않았던 많은 사실이 드러나는 성과를 거뒀다. 한국과 일본 양국의 문서공개도 한일 양국 지식인들의 노력에 힘입은 귀중한 결실이었다.

'선조들의 핏값' 포스코 상대 청구권자금 환수 소송

선조들의 핏값으로 짓는 제철소다. 건설이 실패하면 우리는 모두 우향우 해서 영일만에 투신해야 한다.

1970년 4월 1일 포항 영일만 모래벌판에서 열린 포항제철 착공식에서 박태준朴泰俊 포항제철 사장이 한 말이다. 박정희 대통령의 강력한 의지에 따라 종합제철소를 짓기 위해 세계은행IBRD을 비롯한 많은 외국 기관에 차관을 요청했으나 거절당한 박태준은 대일청구권자금에 착안했다.

대일청구권자금은 1965년 한일협정 타결에 따라 제공받은 무상공여 3억 달러[38], 유상자금 2억 달러, 민간차관 3억 달러를 가리킨다. 포항제철에는 무상자금 3,080만 달러와 유상자금 8,868만 달러 등 1억 1,948만 달러가 투입됐다. 한국 정부가 일본에서 받은 무상·유상 자금 5억 달러의 23.9%에 이르는 액수다. 이후 포항제철은 한국을 대표하는 굴지의 대기업 포스코POSCO로 성장했다. 포스코는 1998년 1월 신일본제철과 상호 주식을 취득·보유하고 기술협력 등의 우호관계를 강화하기로 합의하고, 2000년 8월에는 운영위원회를 두는 등 전략적 제휴를 맺었다. 2006년 당시 신일본제철의 포스코 지분

---

38 많은 사람들은 일본이 한국에 제공한 경제협력자금을 현금으로 이해하고 있지만 사실과 다르다. '대한민국과 일본국 간의 재산 및 청구권에 관한 문제의 해결과 경제협력에 관한 협정' 제1조 1항 (a)에 의하면, 현금이 아니라 "3억 아메리카합중국 불($ 300,000,000)과 동등한 일본 원의 가치를 가지는 일본국의 생산물 및 일본 인의 용역"을 제공하는 것이었다. 그것도 일시에 제공하는 것이 아니라 "10년 기간에 걸쳐" 무상으로 제공되었다. 2억 달러 차관 또한 마찬가지였다. 특히, 제1조 1항 (b)에 의하면, "전기 제공(무상자금) 및 차관은 대한민국의 경제발전에 유익한 것이어야 한다"며 사용 용도를 규정함으로써, 당시 한국에 제공된 자금이 한국인 에 대한 피해 배상이 아니라 경제협력 성격임을 명확히 했다.

1970년 4월 1일 경북 포항 영일만에서 열린 포항제철소 1기 설비 착공식에서 박태준 포항제철
사장, 박정희 대통령, 김학렬 부총리가 발파 버튼을 누르고 있다.

3.32%, 포스코의 신일본제철 지분 2.17%였다.

시민연대 소속 피해자단체 회원 100명은 최봉태 변호사 지휘 아래 2006년 4월 25일 포스코를 상대로 위자료 청구 소송을 서울중앙지법에 제기했다. 최봉태 변호사는 2002년 11월 19일 일본 오사카고등재판소가 신일본제철을 상대로 제기한 한국인 징용 피해자의 미불임금 지불 및 손해배상 소송에서 한일 청구권 협정에 의해 원고들의 권리가 소멸되었다며 패소 판결을 내린 것을 보고, 신일본제철과 긴밀한 협력관계인 포스코 역시 한일 청구권 협정 자금으로 건설된 만큼 책임이 있다는 생각을 했다. 이 소송의 원고들이 포스코를 상대로 책임을 묻기 위해 다시 2005년 2월 28일 서울지방법원에 위자료 청구 소송을 제기한 것이다.

원고 측은 포스코가 포항제철을 설립하는데 청구권자금을 사용하여 청구권자금이 원고들에게 귀속되는 것을 방해했을 뿐 아니라, 전범 기업인 일본제철을 승계한 신일본제철의 주주로서 일본제국주의 침략전쟁에서 발생한 법익 침해를 방조하지 않도록 해야 하는 의무를 하지 않음으로써, 원고들이 입은 정신적 고통에 대하여 각 100만 원의 위자료를 지급하라고 요구했다. 이 소송에는 이금주를 비롯한 광주유족회 회원 10여 명이 원고로 참여했다. 이금주는 4월 25일 법의 날에 소송을 제기한 것이 더욱 뜻깊다고 생각했다.

소송 제기와 함께 시민연대에서는 다양한 방법으로 여론에 호소했다. 5월 2일 포스코 광양제철소 보조축구장 앞에서 일제 강제동원 희생자 위령제와 '한일협정 청구권자금 환수대회'를 열어 청구권자금을 사용해 세계 굴지의 기

"포스코는 전범기업 일본제철의 앞잡이 노릇 그만두라!". 포스코 빌딩 앞에서 포스코의 사회적 책임 이행을 촉구하고 있는 일제강제동원 피해자들. (2009.2.27.)

업으로 성장한 포스코가 피해자들에게 도의적 책임을 지고 일제 강제동원 문제 해결에 적극 나서줄 것을 촉구했다.

이날 시민연대 회원 300여 명은 청구권자금으로 성장한 포스코의 재산을 환수한다는 상징적인 의미로 축구장 건물 외벽에 일명 '차압 딱지'를 붙였다. 이어 5월 9일에는 경북 포항 포스코박물관 앞에서 포스코 차압 행동 대회를 개최했다. 서울 포스코센터 앞에서는 시민연대 단체들이 돌아가며 집회를 하고 기자회견을 했다.

2007년 8월 23일 서울중앙지법 민사88단독은 "포스코가 국가와 공모해 청구권자금이 원고들에게 귀속되는 것을 방해했다고 보기 어렵고, 포스코가 원고들에게 어떤 법적 의무를 부담해야 한다는 것을 인정할 증거도 없다"고 판결했다.

2009년 1월 7일 포스코소송 원고들은 서울 광화문에 있는 박태준 명예회장 사무실을 찾았다. 그 전날 열린 서울고등법원 포스코재판 2차 조정 자리에서 포스코 측 관계자가 "그동안 소송 내용에 대해 이사회에 보고하지 않았다"라고 말했기 때문이다. 2006년 4월에 시작된 재판을 최고 의사결정기구인 이사회에 아직까지 보고조차 안 했다는 발언에 분개한 회원들이 박태준 명예회장에게 직접 호소하겠다고 전국 각지에서 새벽길을 나선 것이다. 사무실에 문서 한 장이라도 전달하고 가겠다고 했으나 경비 직원이 완강히 막아서자, 이들은 사무실 앞 복도에서 연좌농성에 돌입했다. 이금주도 끼니를 거른 채 농성대열에 합류했다. 그렇게 밤 10시까지 있다가 막차 시간 때문에 결국 무거운 발걸음을 돌렸고, 나머지 회원 4명은 복도에서 꼬박 밤을 샜다.

서울고등법원 민사5부는 2009년 1월 19일 포스코에 대해 강제조정 결정을 내렸다. 강제조정안에는 포스코가 피해자와 유족들을 위한 공익 재단 기금을 출연하거나 그 자녀들을 위한 장학기금을 출연한다는 내용이 포함됐다. 재판부는 "포스코에 대해 법적 책임보다는 기업으로서의 윤리적 책임을 묻는

이금주 회장이 포스코 박태준 명예회장 사무실 복도에서 경비 직원들에 둘러싸여 연좌농성에 참여하고 있다. (2009.1.7.)

방안을 검토했다"라며 "강제조정 결정이 확정되면 강제 징용 피해자와 유족들에 대한 사회적 관심을 환기시키는 계기가 될 것"이라고 밝혔다.

이에 대해 포스코는 민영화된 기업이 일제 강점 피해를 보상하는 선례를 남길 수 없다며 즉각 이의를 신청하여 소송이 재개되었다. 원고단은 2009년 1월 23일 국회에서 기자회견을 열고 "포스코가 서울고법의 청구권자금 수혜 기업에 대한 역사적 강제조정 결정에 대해 이의를 제기했다"라며, "포스코의 이번 행위는 일제강점기의 참혹한 역사에 눈 감는 반민족적 행위이자 일제 피해자들의 눈물과 고통을 외면한 배은망덕한 행위"라고 규탄했다.

이금주는 그해 8월 17일 또다시 피눈물 나는 유서를 박태준 명예회장 앞으로 썼다.

포스코가 징용 피해자들에 대한 책임을 회피한 채 내가 눈을 감는다면,

죽어서도 죽지 못할 것입니다. 이제 살날이 얼마 남지 않은 상태에서 우리 피해자들의 오랜 고통과 한숨에 포스코가 조금이나마 희망을 주는 것을 보고 조용히 두 눈 감고 싶습니다. 그렇게 해야 저승에서 남편과 태평양전쟁에서 불귀객이 된 모든 피해자를 만나 볼 면목이 생길 것 같습니다. 피해자들의 희생으로 설립된 포스코가 지금이라도 재판부의 권고에 따라 사회적 책임을 다해주길 바랍니다. 박태준 포스코 명예회장이 시작했으니 박 회장이 그 끝을 맺어주길 바랍니다.

서울고법 민사5부는 2009년 7월 12일 "청구권자금 전액이 강제 징용 피해자들에게 보상금으로 지급돼야만 하는 것은 아니며, 포스코는 적법한 절차에 따라 일부를 투자받았다"라고 원고 패소 판결을 내렸다. 재판부는 다만 "역사적 배경과 국제적인 동향, 포스코의 설립 경위와 사회윤리적 책임 등에 비춰볼 때, 피해자들을 위한 상당한 노력을 하는 것이 바람직하다"라고 주문했다.

강제동원 피해자와 유족들이 규합한 '일제피해자공제조합' 주최로 이윤재 부이사장과 유족 한영용, 한정순, 김선호 회원들이 서울 강남구 대치동 포스코 빌딩 앞에서 포스코의 사회적 책임 이행을 촉구하는 시위를 벌이고 있다. (2010.9.27.)

다시 포스코 2차 소송이 시작되었다. 원고들은 '일제피해자공제조합'과 함께 매주 금요일 서울 강남의 포스코 본사와 미쓰비시중공업 한국사무소 앞에서 기업의 사회적 책임 이행을 촉구하는 금요시위를 1년 넘게 계속했고, 마침내 2010년 2월 26일 포스코 주주총회에서 정준양 포스코 회장이 일제 피해자들을 위해 협력하겠다는 답변을 내놓기에 이르렀다.

재판 과정에서 민주당 이용섭 의원의 대표 발의로 정부와 한일협정 청구 권자금으로 혜택을 본 기업이 출연해 피해자를 지원하는 것을 골자로 하는 '일제강제동원 피해자 지원재단 설립에 관한 법률안'이 2010년 11월 1일 국회에 제출됐다. 이 법안은 피해자 지원을 위해 '일제 강제동원 피해자 지원재단'을 설립하고 일본 정부나 일본 기업이 피해자를 위한 재원 마련에 나서도록 국가가 외교적 노력을 다할 것을 규정하고 있다.

원고 측에서는 "만약 포스코가 전체 피해자를 가정하고 기금을 낼 경우 그 규모가 납득할 수준이면 소를 취하할 수 있다"라며 포스코 측의 입장을 명확히 하라고 촉구했지만, 포스코의 대리인은 "피해자 수가 100만 명에 달해 개별조정으로 사건을 해결하는 것은 적절하지 않다. 피해자 지원에 관해서는 정부와 공감대를 형성하고 있지만 당장 규모를 밝히라는 것은 무리한 요구"라고 선을 그었다.

서울고법 민사9부는 2011년 2월 24일 1심과 같이 원고 패소 판결을 했다. 재판부는 "청구권 금액을 설정할 때 강제동원된 한국인에 대한 보상금은 고려되지 않았다"라며 "정치적 협상을 통해 총액으로 일괄 타결한 것이므로 보상금 성격의 자금이 포함됐다고 보기 어렵다"라고 밝혔다. 다만 피고에 대하여 "현행법상 불법행위 책임을 묻기는 어렵다 하더라도, 강제동원 피해자들에 대한 사회적·도의적 책임을 부인하기는 어렵다"라며 "정부와 협력하여 공적 자금을 확대함으로써 강제동원 피해자의 지원을 위한 공익재단 설립 등을 위한 노력을 기울여, 입법적으로 강제동원 피해자들의 문제가 해결되도록 노력하는 것이야말로 우리 민족의 아픈 과거사로 인한 상처와 고통을 극복하고 치유하는 데 반드시 필요한 과제"라고 했다.

그해 8월 민주당 이용섭 의원 대표 발의로 일제 피해자 지원을 위한 재단 설립 근거조항이 들어간 '대일항쟁기 강제동원 피해조사 및 국외 강제동원 희생자 등 지원에 관한 법률'이 개정됨에 따라 정부는 재단 설립 작업에 들어갔다. 피해자들의 오랜 염원이었던 재단 설립이 구체화되면서 포스코는 2012년 5월 26일 정부 주도로 설립되는 일제 강제동원 피해자 지원재단에 2014년까지 100억 원을 순차적으로 지원하겠다고 밝혔다.

2014년 6월 '일제강제동원피해자지원재단'이 출범했다. 2013년 3월 피해자 단체와 학계 인사 등으로 구성된 재단설립준비위원회가 출범한 지 1년 3개월 만에 출범한 재단은 일제 강제동원 피해 희생자와 유족에 대한 복지 지원, 문화·학술사업, 희생자 추도·위령, 유해 발굴·봉환, 역사기념관 건립 사업 등을 수행한다.

재단 기금은 정부와 민간 기업이 출연하는 방식을 택했다. 출범 첫해에 정부예산 30억 3천만 원과 포스코가 3년에 걸쳐 출연하기로 약정한 100억 원 중 1차분 30억 원이 배정됐다. 출범 당시 한국도로공사나 한국전력 등 1965년 한일청구권 협정으로 경제협력자금 혜택을 받은 기업을 비롯해 일본 정부, 일본 전범기업과의 모금 협의에 주력할 방침이었으나 더 이상 논의가 진척되지 않았다. 심지어 3년 동안 100억을 출자하겠다고 약속한 포스코마저 60억 원을 낸 후 아직까지 나머지 40억 원을 내지 않고 있다.

한편 최봉태 변호사는 일찍부터 강제동원 피해자들을 지원하는 재단이 출범해야 한다고 생각했다. 한계 연령에 이른 피해자들의 처지, 개별 피해 사실 입증의 어려움, 재판에 걸리는 시간 등을 감안하여 독일식 방법으로 2+2 방식에 의한 포괄적 해결이 해법이라고 촉구했다. 즉 일본 정부와 일본 기업들이 기금을 출연하고, 여기에 한국 정부, 그리고 포스코 같은 대일 청구권

자금 수혜기업들도 도의적 책임 차원에서 기금을 출연하는 재단을 구상했다. 그가 포스코를 대상으로 소송을 제기한 것도 그 같은 생각에서였다.

재단 설립에 앞서 2009년 3월 6일 20여 개 단체가 참여하는 '일제피해자총연합회'가 출범한 데 이어, 6월 19일에는 일제 피해자의 완전한 권리회복과 정당한 보상을 실현하기 위해 국내외 소송 등 제반 활동을 수행할 '일제피해자공제조합'이 창립총회를 열었다. 초대 이사장은 이팔봉이 추대됐고, 이금주는 최봉태와 함께 고문을 맡았다.

『일제피해자신문』. 4p~8p 타블로이드 대판 크기로 준비 1호부터 7호까지 발행되다 중단되었다.

일제피해자공제조합은 정부의 지원법 개정, 일본 정부를 상대로 한 손해배상 소송, '일제피해자신문'편집장 이국언 발간 등의 활동 등을 펼쳤다. 특히 대일청구권 수혜기업 포스코를 상대로 한 재판 및 투쟁을 통해 포스코로부터 사회적 책임 차원에서 일제 피해자를 위한 기금 출연을 이끌어내 '일제강제동원피해자지원재단' 출범의 실마리를 제공하고, 2015년 활동을 마무리했다. 재단이 설립되면 일본의 전범 기업 및 일본 정부의 출연을 이끌어내 한일 양국에 의한 일제 피해자문제 포괄적 해결의 길이 열리게 될 것으로 기대했으나, 그 뒤 재단 역할은 전혀 기대에 미치지 못했다.

이금주는 '한국의 시간'을 함께한 최봉태 변호사를 끝까지 신뢰하고 은인으로 생각했다. 그리고, '호랑이 같은' 그와 함께 역사의 새로운 장을 열었다.

최봉태 변호사님은 국내에서, 송두회 선생님은 일본에서, 우리에게 없어서는 안 될 지도자요, 버팀목이죠. 이들을 만나지 못했다면 그 많은 재판과 활동을 할 수 있었을까 상상이 안 돼요. 나 같은 늙은이가 무슨 재주로 그런 일을 했겠어요. 법률적 검토나 행정 처리, 그리고 일본에서의 여론 조성과 공문서 처리 등을요. 최 변호사는 심성도 얼마나 착한지 할머니들을 그렇게 잘 챙겨줄 수가 없어요. 꼭 어머니를 모시는 마음으로 할머니들을 대하지요. 자식 같은 생각이 들어요. 〈'사람일보', 2010년 4월 10일〉

5장

광주의 시간
- 한일연대의 장

광주유족회가 일본과 한국에서 소송을 하고, 특별법 제정을 위해 치열하게 싸우는 한편, 유족회 생존을 위한 노력 또한 눈물겨웠다. 유족회 살림이 한 번도 넉넉한 적은 없었지만, 시간이 흐르면서 활동에 지장을 받을 만큼 타격이 왔다. 그도 그럴 것이 광주천인소송을 비롯하여 우키시마호, 관부재판 등 대일 소송이 계속 늘어나면서 한국과 일본을 오가는 일이 잦아졌다. 물론 일본 지원단체에서 항공료나 숙박비 대부분을 전액 지원해주었지만, 부수적으로 들어가는 비용도 만만치 않았다. 더군다나 원고들이 재판받으러 일본에 갈 때면 일본말도 못하고, 지리도 모른다는 이유로 이금주와 함께 가기를 원했다.

또한 광주유족회 활동이 두드러지면서 국내외에서 끊임없이 사람들이 방문했고, 각종 행사와 집회도 늘어났다. 사람이 움직이는 데는 돈이 필요했다. 처음 몇 년은 입회비와 회비로 충당했지만, 재판이 길어지면서 회비가 점차 고갈되어 갔다. 회비를 1994년에 연 2만 원으로 올렸지만 연로한 회원들이 세상을 떠나면서 회비 내는 회원 수가 점점 줄었다. 각 소송마다 지원단체나 후원회가 결성되어 적극적으로 지원해주는 일본과 달리 한국에서는 관심 있는 사람이 거의 없었다. 그래서 후원하는 사람이나 기업도 없었다.

日帝下 勤勞挺身隊 被害賠償 請求訴訟

訴狀 **내 生前에 이 恨을**

나고야 미쓰비시 朝鮮女子勤勞挺身隊 訴訟 第1集

韓國太平洋戰爭犧牲者光州遺族會 後援會

나고야 미쓰비시 조선여자근로정신대 일본어 소장을 한국어로 번역해 출판한 책 '내 생전에 이 한을'.

광주유족회의 어려운 사정을 알고 있던 장두석은 도와줄 방법을 모색하다가 후원회를 결성할 생각을 했다. 장두석張斗碩은 야학운동, 가톨릭농민운동, 신용조합운동, 양서협동조합운동 등 꾸준히 사회운동을 펼쳐온 사회운동가이자 '자연의학'의 대가였다. 그는 1997년 '태평양전쟁희생자광주유족회후원회'를 결성하고 회장을 맡았다. 이금주로서는 너무 기쁜 일이었다. 10여 년 동안 무거운 짐을 어깨에 메고 외롭게 걸어온 그는 천군만마를 얻은 것처럼 힘이 났다.

1998년 9월 23일 나고야 미쓰비시 소송을 앞두고 변호단과 나고야소송지원회 회원 10명이 광주를 방문하자, 장두석 후원회장이 광주변호사협회장을 비롯한 광주 변호사 7명과 일본 변호사 8명이 함께하는 초청만찬을 마련했다. 1999년 7월 나고야 변호단이 다시 광주를 방문했을 때도 후원회원들과 자리를 함께했다.

2000년에는 후원회가 주도하여 '내 생전에 이 한을'이라는 책자를 펴내고 그해 3월 25일 광주학생독립운동기념관에서 출판기념회를 열었다. 이 책은 나고야 미쓰비시 조선여자근로정신대 소송의 소장訴狀 원본을 편집하여 발간한 일본어판 책자를 한국어로 번역한 것이다. 후원회에서는 책자 발간을 위해 광주유족회에서 300만 원을 보조해달라고 요청했다. 이 안건을 두고 월례회에서 의견이 오갔다.

광주유족회에서 책 장사한다는 나쁜 소문이 날 수 있다.

무슨 돈으로 할 것인가? 요새 그런 책 살 사람이 없을 것이다.

광주유족회로서는 출판이 대단히 영광이다.

책은 누구에게나 필요하다. 2차로는 우리 역사이고 자랑이다.

그런 만큼 우리 유족회 전체에게 알리자.

이금주는 책을 출판하는 것은 꼭 필요한 일이라고 생각했다. 후세에게 올바른 역사를 가르치고 일본에 대한 경각심을 심어주기 위해 필요한 작업이긴 하지만 300만 원이 큰 부담이고, 책을 팔 일도 막막했다. 고심 끝에 출판비 100만 원을 지원하고 찬조금 50만 원을 내는 것으로 했다. 3월 25일 광주학생독립운동기념관에서 열린 출판기념회는 광주시장, 국회의원, 각 구청장, 광주학생독립운동 원로들을 비롯하여 200여 명이 참석하는 성황을 이뤘다. 특히 일본 나고야에서 변호단 9명을 비롯해 42명이 참석해 책자 출간을 축하했다.

가해자여, 역사 앞에 무릎 꿇어
우리의 눈물 받으라
짓밟힌 양심을 펴
그 눈물 적셔
더럽혀진 살점
역사 속에 엎질러진 죄악
눈물로 씻으라
참회로 공덕 닦으라
숭엄한 역사 앞에선
가해자도 피해자도 없고
오직 진실만이 남는다
위대한 사랑만 남는다

이 작품은 '직녀에게'로 유명한 문병란 시인이 책자 간행에 부쳐 지은 기념시 일부이다. 광주유족회 후원회원과 자문위원으로 활동한 문병란은 2015년 타계하기 전까지 매년 새해에 이금주와 연하장을 주고받으며 안부를 확인했다.

후원회는 오래 가지 못했다. 광주유족회와 추구하는 것이 달랐기 때문이다. 광주유족회에서는 후원회에서 매달 고정적인 액수를 지원해주면 유족회를 안정적으로 이끌어가는 데 도움이 될 것으로 생각했으나, 후원회에서는 외연 확대를 위한 대외적인 활동을 중시했다. 일본에서 오는 사람들을 잘 대접해 보내고 대외적인 행사를 성대하게 치르는 일을 우선으로 했다. 물론 그것도 필요한 일이었다. 하지만 행사를 위해 모금하는 것에 광주유족회 회원들이 반발했다. 모금을 통해 후원금을 마련하는 방식은 적절치 않으며, 후원회 없이도 10년 넘게 운영해온 만큼 후원회와의 관계를 정리하자는 의견이 제기되었다. 결국 후원회는 몇 년 못 가서 해체되었다.

2000년 6월 3일 한국도로공사 호남지역본부에서 임직원이 광주유족회를 찾아왔다. 그들은 '자랑스런 남도인 찾아보기 이금주 태평양전쟁광주유족회 대표'라고 쓰인 현판과 현금 30만 원, 고속도로 통행권 6매, 꽃다발을 전달했다. 이금주는 돈도 돈이지만, 유족회 발족 이후 처음 받아보는 이 성의에 '울어야 할지 웃어야 할지 모를 정도로 감개무량' 했다. 이 모든 것은 회원들이 단결해서 열심히 하기 때문에 이뤄진 것이라고 공을 회원들에게 돌렸다. 현판은 사무실에 걸었다.

2000년 들어서면서 사회 인식에도 변화가 생겼다. 10여 년 넘게 광주유족회가 전력투구하는 것이 언론에 보도되면서 태평양전쟁희생자광주유족회의 활동이 알려지기 시작했다. 그동안 나 몰라라 했던 관에서도 관심을 두기 시작했다.

2005년에는 이금주를 소재로 한 '푸른 노을'이 출판되었다. 황일봉黃一奉

광주 남구청장과 직원 이운선이 공동 집필한 이 책은 이금주의 이야기가 소설 형식으로 담겨 있다. 평소 광주유족회 활동을 적극적으로 지원해온 황일봉 청장은 이후에도 광주유족회 활동을 꾸준히 지원했다.

후원회는 기대한 만큼 힘이 되어주지 않았으나, 광주유족회가 하는 일에 조언하고 협력하는 자문위원회가 2004년에 구성되었다. 자문위원회 위원장은 이금주와 오랫동안 인연을 쌓아온 박상배 교수가 맡았다. 월산동성당에서 이금주와 인연을 맺은 박 교수는 그가 광주유족회 활동을 마무리할 때까지 지원했다. 이금주를 가장 오랫동안 지근거리에서 지켜보면서 필요할 때면 손길을 내민 후원자였다.

이금주는 보통학교 때 일본어를 배웠지만 몇십 년 세월이 흐르면서 거의 잊은 상태였다. 처음에는 일본어를 말하는 것도, 쓰는 것도 서툴렀다. 일본에 보낼 서류나 원고를 작성할 때면 박 교수에게 교정을 봐달라고 청했고, 박 교수는 틀린 글자나 문맥을 잡아주었다. 1년쯤 지나자 박 교수가 손댈 것이 없을 만큼 완벽에 가까운 일본어를 구사했다.

자문위원회는 박상배 교수, 문병란 시인, 임재복 남북공동선언광주전남실천연대 상임의장, 임동규 통일운동가, 서명원 반부패국민연대 광주전남본부 상임대표, 안진오 교수, 이광우 교수, 이상식 교수 등으로 구성되었다. 혈혈단신 일해 온 이금주에게 자문위원회는 큰 힘이요, 기댈 언덕이었다.

자문위원회는 광주유족회에 특정 사안이 있을 때면 자문을 하고, 힘을 보탰다. 일본에서 변호단이나 후원회원이 방문할 때면 자리를 함께했고, 서명이 필요할 때면 가장 먼저 서명했다. 일본에서 세 차례에 걸쳐 진행된 한일회담 문서공개 소송에서도 후원회원이 되어 지원했다. 자문위원회는 정치권에서도, 시민사회에서도 외면하고 무관심했던 광주유족회가 그나마 기댈 수 있는 언덕이 되어주었다.

'일제 강제동원자 명부' 전국순회 전시회가 2003년에 열렸다. 광주유족회

이금주 태평양전쟁희생자광주유족회 회장이 일제강제동원자 명부 광주순회 전시회 개막 테이프를 끊고 있다. 왼쪽부터 황일봉 광주남구청장, 김태홍 국회의원, 김경천 국회의원, 이금주 회장, 광주학생독립운동 최순덕 선생, 근로정신대 동원 피해자 김혜옥, 강제동원 피해자 정화근, 최봉태 변호사, 광주유족회 노정희 이사. (2003.5.5.)

주최로 2003년 5월 5일부터 8일까지 남도예술회관에서 열린 광주 전시회 개막식에는 광주지역 국회의원들과 최봉태 변호사, 자문위원단, 광주유족회원 100여 명이 참석했다.

민족정기를 세우는 국회의원 모임과 민족문제연구소, 일제강제동원진상규명특별법제정추진위원회 주최로 열린 전시회에서는 일제강점기 강제동원 피해자 90만 명의 명부가 공개되었다. 공개된 자료는 재일조선인총연합회朝총련 산하 조선인강제동원진상조사단이 입수한 41만 3,407명의 명부와 정부가 보유하고 있는 명부를 합한 것이다. 재일교포 2세인 홍상진洪祥進은 1970년부터 일본 전역, 미국 문서기록보관소, 유엔 도서관과 북한 평양 등지에서 강제동원자 명부를 조사했다. 그 명부에는 우키시마호 폭침 사망자와 원자폭탄 희생자, 학도병으로 끌려간 조선인 2,339명과 일본군'위안부' 명단 184명,

일제 말기 '농경대農耕隊'라는 형태로 일본에 끌려간 피해자의 명단도 있었다. 명부에는 한국 내 본적 및 주소, 사망 일시와 장소, 직업, 징용 당시 임금에 대한 공탁 내용 등이 기록돼 있었다.

광주유족회원 10여 명은 전시 기간 동안 사람들이 이름 찾는 것을 도왔다. 자료 대부분이 일본어로 되어 있어 이름 찾기가 쉽지 않았다. 강제동원 피해자들이 각 지역에서 모여들어 명부를 보고 자신의 이름을 직접 기록에서 찾는 모습은 특별한 느낌을 주었다. 이름을 찾은 이는 크게 소리 지르며 기뻐했다. 강제동원 희생자 유족들도 와서 아버지·남편·형제 이름을 간절하게 찾았다. 끝내 이름을 찾지 못하고 못내 발걸음을 돌린 사람들이 더 많았다.

독립인가, 통합인가?

1990년 대일 소송 과정에서 견해 차이로 태평양전쟁희생자유족회광주지부가 광주유족회로 독립하면서 광주유족회는 중앙회와 갈등 관계에 놓이게 된다. 중앙회뿐 아니라 중앙회 산하 광주지부, 전남지부와도 잡음이 계속되었다. 광주유족회가 하지 않은 일인데도 명칭이 같다는 이유로 항의 전화를 받는 일은 예사였다. 대체로 소송과 관련된 돈 문제였다. 특히 중앙회가 미국 소송과 관련된 문제로 상당 기간 내부 갈등이 계속되면서 전혀 관계없는 광주유족회로 불똥이 튀는 일도 잦았다.

일본과의 소송도 힘들었지만, 단체의 정체성을 지켜가는 일도 못지않게 무거운 과제였다. 중앙회 회장이 교체될 때마다 광주유족회와 광주지부 통합 권유가 반복되었다. 같은 지역에 단체가 두 개 있다 보니 끊임없이 말들이 오갔다. '태평양전쟁희생자유족회'라는 간판은 같았지만 생각이 달랐기 때문에 통합은 쉽지 않았다. 회원들 가운데서도 통합하자는 의견이 있었지만 소수였고, 대다수는 '통합 불가'를 고수했다.

우리 광주유족회에서 큰일을 하고 있는 만큼 광주지부나 전남지부에서 화합하자고 하면 같이 가는 것이 좋을 것 같습니다. 그쪽 회원들을 보고만 있을 것이 아니라 우리가 이끌어주면 우리도 더욱 많은 회원이 늘어 힘이 될 것이고, 일본에서도 더 무시 못 할 것 같으니 다시 한번 생각하기 바랍니다.

회원이 많다고 좋은 것만은 아닙니다. 만약 그들을 받아들이게 된다면 우리 광주유족회 1,000명의 동의를 얻어야 합니다. 집행부에서만 승낙해도 안 될 것입니다. 그네들하고 우리하고는 생각이 다릅니다. 우리 회장님은 시종여일 일본에서 돈 받을 수 있다고 하는 것이 아니라 끝까지 투쟁해야 된다고 말씀하시는데, 나는 그 말씀을 신임합니다. 절대 나는 반대합니다.

이제 와서 합칠 것 없습니다. 무엇이 아쉬워서 합칠 것입니까? 우리는 잘 단합이 되고 가장 큰 일을 하고 있는데 합치는 것은 반대합니다.

이금주도 '무엇 때문에 일본과 싸우는가'라는 원론적인 부분이 일치해야 통합할 수 있다고 생각했다. 서로 생각이 다른 데 굳이 통합하여 고생할 필요가 없다고 판단했다. 그러나 통합이 아닌 독립을 지켜가는 과정에서 끊임없는 중상모략·비방·잡음에 시달려야 했다. 광주유족회와 관련한 허위사실이 유포되면 그때그때 회원들에게 공문을 보내 정확한 사실관계에 근거하여 해명하고 설명했다. 각종 재판에 전력투구하는 것만도 힘겨운 한편으로, 밖에서 들려오는 온갖 소음을 막아내야 하는 이중고를 겪어야 했다.

할머니는 회원들이 용산유족회_{중앙회}로 간다고 하면 막지 않으셨어요. 그러나 그쪽 회원이 우리 유족회에 들어오겠다고 하면, 같은 일을 하고 있고 결과가 나오면 같이 혜택받을 것이니 그 회에 머물러 있으라고 했지, 탈퇴하고 우리 회로 들어오라는 말은 단 한 번도 안 하셨어요. 회원 대부분은 그간 할머니의 언행을 보고 할머니만 믿는다면서 유족회를 떠나지 않으셨죠. 전국의 유족회를 다 돌아보고 내린 결론이, 단 한 분, 할머니 인격만 믿을 수 있다면서 우리 유족회에 가입하신 유족들도 꽤 많아요. 〈김보나〉

항상 문제가 되었던 것은 '재판을 통해서 돈을 받아낼 수 있을 것인가?'였다. 일부 단체에서는 금방이라도 배상금, 혹은 보상금이 나올 것처럼 이야기하며 회원들을 끌어갔다. 실제로 보상금을 받게 해주겠다는 사기 사건도 흔했다. 하지만 이금주는 절대 '돈 나온다'라는 이야기를 하지 않았다.

여러분 각자 자기 일을 나한테 맡겨 놓고 도대체 무슨 일입니까? '일본에서 돈이 나오면 내 회비 제하고 달라'는 얌체도 있습니다. 이런 분은 자기가 가서 돈을 받아서 자기 회비 제하길 바랍니다. 좌우간 우리 유족회는 돈을 받든지 못 받든지 자자손손 이어나갈 것입니다. 각 책임자께서는 좀 더 수고하셔서 일하는 나에게 용기를 주시오. 〈1995년 1월 21일 해남유족회와 회의〉

이런 부분에 불만을 갖고 광주유족회를 떠나는 회원들도 있었다. 형편이 어려운 회원 입장에서 돈을 받아주겠다는 이야기에 귀가 솔깃한 것은 어쩌면 당연한 일이다. 그러나 이금주는 떠나는 회원 잡기 위해 지키지 못할 약속을 하는 법이 없었다.

할머니는 회원들께 확정된 것 외에는 절대 약속하지 않으셨어요. 다만 '우리 일이니까 우리가 해야 한다.'라는 말을 계속하셨어요. 그래서 한 번도 거짓말하신 적이 없어요. 언제나 설득하고 설명했지요. 그러나 외부로부터 유족회를 겨냥한 각종 음해에는 늘 굳건했어요. 할머니 덕분에 회원들은 녹록지 않은 현실을 알고 있었어요. 〈김보나〉

2000년을 전후해 관련단체가 줄지어 생겨났다. 그럴 수밖에 없는 일이었다. 강제동원과 관련되어 국외 연행과 국내 연행, 군, 군무원, 일반노무자, 근로정신대, 일본군'위안부', 사망자, 생환사망자, 생환자, 유족 등 다양한 집단이 있었고, 그 다양한 집단의 이해관계가 달랐기 때문에 단체가 계속 생겨났다.

2007년 광주유족회는 명칭을 '일제강점하강제동원피해자유족회'로 바꿨다. 광주유족회라는 지역적인 한계를 벗어나 일제강점기의 피해자 전체를 아우르는 이름으로 바꾸고 전국적으로 활동 폭을 넓히자는 생각이었다. 또한, 사단법인으로 등록하여 정부의 지원을 받아 안정적인 사업을 할 계획이었다. 사단법인 지정에 필요한 서류를 준비하고 기금도 모금했지만, 인가 과정에서 다른 단체가 그 명칭으로 등록하는 바람에 다시 광주유족회라는 이름으로 돌아오게 되었다. 한편으로는 오랫동안 유지해온 '광주유족회'라는 이름을 다시 갖게 된 것은 다행스러운 일이었다. 짧은 기간 '일제강점하강제동원피해자유족회'로 이름을 바꿨을 때도 계속 '광주유족회'라고 불렸다. 그만큼 소중한 이름으로 자연스럽게 다시 돌아온 것이다.

이국언과 '근로정신대할머니와함께하는시민모임' 결성

이국언은 조선대 정치외교학과를 졸업하고 대학원에서 정치학을 전공했다. '오마이뉴스'와 '시민의 소리' 기자로 일했다. 2003년 오마이뉴스 기자 시절 처음 강제동원 피해자들을 취재하면서 이금주를 만났다. 그해 8월 피해자들이 청와대에 국적 포기신청서를 제출하러 상경 투쟁할 때였다. 도대체 어떤 사연이길래 할머니·할아버지들이 대한민국 국적을 포기한다는 것일까 궁금했다. 상경 투쟁을 밀착 취재하면서 그들의 피맺힌 한과 핍진한 삶을 만났다.

서울 집회에 참석하기 위해 전세 버스로 새벽에 출발하는데, 완도나 해남 등 지방에 있는 분들은 당일 출발해서 새벽에 출발하는 전세버스 시간을 맞출 수 없어요. 그래서 그 전날 미리 광주에 사는 아들·딸 집에 와서 잠만 자고 나와 출발하는 사람들도 있었어요. 그 수고를 무릅쓰고 나선 분들의 사연을 들어보니 다들 깊은 한을 안고 있는 분들이었어요.
그때까지만 해도 저는 일제강점기라면 먼 옛날 역사책에나 있는 얘기로

만 알고 있었죠. 일제에서 광복을 맞은 것이 벌써 몇십 년인데, 여태 이 문제가 이렇게 방치되고 있었다는 것이 저한테는 적잖은 충격이었어요.

가장 기억에 남는 것은 항상 흐트러짐이 없었던 이금주였다. 이국언이 기억하는 이금주는 기름값을 아끼느라 한겨울 온기도 없이 썰렁한 유족회 사무실 조그만 좌식 탁자에서 무언가를 쓰고 있는 모습이다.

열 번 찾아뵈면 그중 여덟 번은 방바닥과 좌식 탁자 위에 사전이나 각종 자료를 펼쳐놓고 쪼그려서 일을 하고 계셨죠. 구순을 앞둔 연세에 새벽부터 그렇게 온종일 탁자 앞에 쪼그려 앉아 서류와 씨름하는 일이 보통 일이 아니었을 것입니다.

이국언은 특히 "1년 중 가장 바쁜 날이 두 번 있는데, 하루는 삼일절이고 하루는 광복절이다"라는 이금주의 말이 가슴에 아프게 박혔다. 기자들이 그날만 찾아와서 소감을 묻고, 취잿거리를 찾는다는 말에, 마치 자신을 두고 하는 말처럼 얼굴이 화끈거리고 부끄러웠다. 감히 피해자들의 한을 풀어드릴 힘은 없지만, 하소연이라도 들어줄 사람은 있어야 하지 않을까 생각하게 됐다. 그렇게 피해자들과 인연을 이어오면서 보다 깊은 역사의 생채기를 알게 되었다. 그리고 어느 때부터인가 이 문제에 깊은 책임감이 느껴졌다.

2006년 일본 내 강제동원 현장을 돌아보는 기획취재를 다녀온 데 이어, 2007년 5월 나고야고등재판소에서 열리는 근로정신대 항소심 선고 현장에도 동행했다. 결과는 또다시 '기각'이었다. 이국언은 그날 말을 잊은 채 법정에서 고개를 숙이고 있는 원고 김성주, 법정을 나오며 오열하던 원고 양금덕의 모습을 놓치지 않고 카메라에 담았다.

아쉬운 것은 결과만이 아니었다. 한국 언론에서는 재판 소식을 일본 통신을 인용해 단신으로 간략하게 보도했다. 부끄러웠다.

일본인들 볼 면목이 없었습니다. 일본인들도 어려운 여건에서 근로정신
대 소송을 돕는 마당에 우리 언론에서는 잡범 사건만도 못하게 취급하고
있으니. 이렇게 무관심하면서 일본 재판에 이기기를 바라는 것 자체가 모
순이라는 생각이 들었죠.

이국언은 이 문제를 이슈화하기에는 시간이 많지 않음을 느꼈다. 원고 측
은 최고재판소에 즉각 상고했지만, 그동안 사례를 보면 판을 뒤집기는 어려
워 보였다. 더군다나 최고재판소에서도 패소로 끝나버린다면 더는 이 싸움이
어려우리라 생각했다. 판을 뒤집지는 못하더라도 판결이 끝나기 전에 이 사
건의 진상과 일본에서 고군분투하는 모습을 많은 사람에게 알려내야, 그다음
이라도 모색해볼 수 있다는 생각이 들었다.

2007년 광주·전남지역 강제동원 피해자들을 인터뷰해 '빼앗긴 청춘 돌
아오지 않은 원혼'이라는 책을 펴낸 그는, 결국 2008년 3월 기자를 그만두고
본격적으로 근로정신대 일에 뛰어들었다.

먼저 당시 학적부 자료를 근거로 재학 중에 일본으로 연행돼 졸업장조차
받을 수 없었던 피해자들에게 명예 졸업장을 수여하도록 나섰다. 그 결과 나
주초등학교는 그해 5월 10일 개교기념일에 맞춰 6학년 재학 중에 동원된 양
금덕·이유녀 두 명에게 명예 졸업장을 수여했다. 일제 강제동원 피해자에게
모교에서 명예 졸업장을 준 것은 처음이었다.

이어 독립 영상 활동을 하는 정우영鄭祐榮과 함께 다큐멘터리 제작에 나섰
다. 일본 취재에는 광주에서 목회 활동을 하는 김희용金熙鏞 목사, 그리고 이금
주도 89세의 노구를 이끌고 긴 일정을 함께 했다. 미쓰비시 여자근로정신대
피해자들의 사연과 일본 지원단체 나고야소송지원회의 헌신적 활동을 담은
다큐멘터리 '14살, 나고야로 끌려간 소녀들'감독 정우영은 국가인권위원회 광주인
권사무소가 주최한 '2008 인권영상공모전'에서 대상을 받았다. 또한 이 영상
은 그해 광주인권영화제 폐막작으로 상영되었는데, 영상을 통해 처음으로 근

근로정신대 할머니와 함께하는 시민모임 결성식에서 축사를 하고 있는 이금주 회장.

로정신대 피해자들의 사연을 접한 관객들은 슬픔과 부끄러움이 교차한 가운데 쉽게 자리를 뜨지 못했다.

우려했던 일은 현실이 되었다. 그해 11월 11일 일본최고재판소는 미쓰비시 조선여자근로정신대 상고심 재판에서 최종 기각 판결을 내렸다. 더 이상 일본에서는 사법적 구제의 길이 없어지고 만 것이다.

참으로 막막함뿐이었다. '이미 다 끝난 마당에 무엇을 할 수 있겠느냐? 이건 안 되는 일이다.'라는 주변의 반응도 없지 않았다. 그러나 그대로 받아들이기에는 너무 억울했다. 특히, 나고야소송지원회가 최고재판소 패소에도 아랑곳하지 않고 미쓰비시중공업 본사 앞에서 해오던 '금요행동'[39]을 계속하기로 했다는 소식이 들려왔다. 일본인도 싸움을 포기하지 않는 마당에 광주에

---

39 근로정신대 피해자들에 대한 미쓰비시중공업의 사죄와 배상을 촉구하기 위해 '나고야미쓰비시조선여자근로정신대소송을지원하는모임'이 2007년 7월 20일부터 매주 금요일 도쿄 미쓰비시중공업 본사 앞에서 진행하고 있는 선전 및 시위. 현재도 이어지고 있다.

서 이대로 있을 수는 없다고 생각했다. 뜻을 같이하는 사람들이 한 명 두 명 모이기 시작했다.

2009년 3월 12일 전남대에서 '근로정신대할머니와함께하는시민모임'창립 대표 김희용. 이하 시민모임[40] 결성식이 열렸다. 결성식에는 이금주, 나고야 미쓰비시 소송 원고인 양금덕·김중곤과 일본에서 다카하시도 참석했다. 시민모임은 이금주의 뜻을 이어 미쓰비시자동차 광주판매전시장 철수 촉구 시위를 시작으로, 일본 정부와 기업을 상대로 끈질긴 싸움을 하고 있다.

특히 광주광역시가 2012년 광주광역시의회 김선호金善浩 의원 대표 발의로 전국 지방자치단체 최초로 '광주광역시 일제강점기 여자근로정신대 피해자 지원 조례'[41]를 제정한 것도 시민모임이 거둔 큰 결실이다. 지원내용은 △월 30만 원의 생활보조금 △월 20만 원 이내의 건강관리비 △사망 시 장제비 100만 원 지원 등이다. 평생을 그늘에서 숨어 살아온 여자근로정신대가 사회에 당당하게 존재를 드러내게 된 것이다. 광주광역시에서 시작된 '여자근로정신대 피해자 지원 조례' 제정은 이후 다른 지방자치단체로 점차 퍼졌다.[42]

---

40 '근로정신대할머니와함께하는시민모임'은 처음 근로정신대 문제에서 출발했지만 2019년, 2020년 강제동원 피해자 집단 소송을 제기하는 것을 계기로 13년간의 성과와 경험을 계승해 2021년 4월 '사단법인 일제강제동원시민모임'으로 조직이 개편되었다.

41 2020년 8월 3일 '광주광역시 대일항쟁기 강제동원 피해 여성노동자 지원 조례'로 개정.

42 광주 사례가 알려지면서 이후 전남, 서울, 경기, 인천, 전북, 경남 등 2022년 11월 현재 전국 7개 광역자치단체에서 근로정신대 등 여성 노무동원 피해자들을 대상으로 일정액의 생활보조금을 지원하는 조례가 시행되고 있다.

통일운동 여정의 인연들

내가 여고·대학 시절을 보냈던 월산동성당. 시골학교 음악교사 발령을 받고 결혼식을 올릴 때까지 성가대 반주를 맡으면서 드나들었다. 통일운동을 하는 남편 김양무가 붙들려가서 옥살이를 하고, 일곱 명의 안기부 직원에게 고문당하고, 독방에 갇혀 지내면서 병을 얻어 사망에 이르기까지, 나는 오랫동안 젊은 시절에 만났던 이들과 교제를 하지 못하고, 숨어 지내듯 피아노 가르치는 일에 몰두했다.

국가보안법에 옭매여 상처받고 돌아온 남편을 어루만져주는 대신 '가족보안법'을 내세워 그에게 면박을 주고 괴롭혔다. 가족 친지와 학부모에게서 받은 강박관념을 남편에게 퍼부어내며, 하루하루를 버텨내는데, 네 번째 수감 중이던 어느 날 그는 병든 몸으로 감옥에서 풀려났다. 병이 나으면 다시 감옥으로 돌아오라는 조건이었다.

명동성당 들머리 천막을 드나들면서, 나는 비로소 반성과 후회와 비명으로 그의 옆자리를 지켜보았다. 바닷가 학교 길에서 시작하여, 명동 들머리 투쟁 현장까지, 사랑하는 시간보다 미워하는 시간이 더 많았는데…. 철이 들고 돌이켰을 때 남아있는 시간은 너무 짧았다. 그나마 처절한 통증 속에서 그의 운명을 지켜보아야 했다.

병든 남편 주변에는 우리 시대의 전사들이 모여 있었다. 외세의 침탈 앞에서 저항하는 청년 학생들, 근대사 백 년의 숙명을 몸으로 맞서 갖은 고문과 옥살이를 걸쳐온 노 투사들, 양심수 가족, 민주화운동 희생자 유가족, 그리고 소녀 시절 월산동 본당에서 뵈었던 어르신 두 분을 남편의 마지막 전쟁터에서 뵙게 되었다.

태평양전쟁 희생자 유가족 이금주 회장님과 광주학생독립운동 백지동맹을 주동하였던 최순덕 선생! 지구에 와서 만나야 할 사람은 어떤 환경에서도 다시 만나는가 보다. 이 땅에 생명으로 와서 사랑해야 할 사람은 어떤 시간을 걸쳐서라도 사랑하게 되는가 보다.

조국통일범민족연합이하 범민련을 이끌었던 통일운동가 김양무金良茂의 아내 양은찬梁恩燦이 쓴 글이다. 양은찬은 1970년 초반 여고 시절부터 월산동성당을 다녔다. 농업학교 음악교사였던 할아버지의 영향으로 피아노를 운명처럼 받아들인 양은찬은 성당에서 피아노 반주를 맡았다. 이곳에서 봉사 활동에 열심이던 이금주·최순덕을 만났다.

대학생 양은찬 눈에 비친 이금주는 무섭고 단호하고 바늘로 찔러도 안 들어갈 것 같은 사람이었다. 항상 비녀 꽂은 단정한 차림새, 티끌 하나 묻지 않는 외모만큼이나 단단한 품성이 조금만 잘못해도 금방 들킬 것만 같았다. 성가대 피아노 반주를 맡고 있어 신부님·수녀님과는 잘 알고 편하게 지냈는데 이금주는 어쩐지 불편했다. 대학을 졸업하고 완도에서 음악교사를 하면서부터 월산동성당을 다니지 못했다. 결혼하고 길에서 우연히 이금주를 만났을 때도 반갑기보다는 어색했다.

1990년대 후반 김양무가 감옥에서 나와 다시 활동하던 어느 날 동명동한 식당에서 여러 사람이 함께 식사했다. 이금주는 그날 감기가 심하게 들어 얼굴을 온통 감싸고 있었다. 양은찬은 한참 지나서야 이금주를, 아니 월산동성당의 할머니를 알아보았다. 통일운동이 가장 치열하게 펼쳐졌던 역사의 현장에서 이금주를 다시 만난 양은찬은 그를 통해 한국의 굴곡진 역사와 여성의 핍진한 삶을 관통하게 되었다.

> 이금주 할머니의 친정어머니께서 스물넷에 남편을 잃은 딸에게 '어서 늙어라', '어서 늙어라' 했대요. 어서 늙으라는 것밖에 친정어머니가 해줄 수 있는 말이 없었지요. 너무 가슴 저리는 말이어서 그분 생각하면 어서 늙으라는 그 말이 떠올라요. 이금주 할머니는 단호하게 시멘트처럼 옹벽을 치고, 자신의 분노와 슬픔과 불행한 현실과 맞서서 살아온 것이지요. 그 단단한 태도와 눈빛, 인내심의 인생을 제가 오해했다는 것을 그때서야 알게 되었어요.

이금주를 통일운동으로 이끈 사람은 김양무였다. 김양무는 평생 통일의 한길을 달려왔다. 1994년 범민련 광주·전남연합 결성으로 구속된 이래 1998년 8·15 9차 범민족대회 남측추진본부장을 맡아 구속되기까지 네 차례 옥고를 치렀다. 그해 10월 수감 중 암 진단을 받고 형집행정지로 나와 11월 전남대학병원에서 직장암 수술을 받았다.

김양무는 누구도 알아주지 않았지만, 이금주가 태평양전쟁 피해자들을 위해 포기하지 않고 싸우는 것을 마음 깊이 이해하고 존경했다. 1929년 광주학생독립운동 당시 전남여고보 백지동맹 투쟁의 주역 최순덕 또한 김양무가 존경하는 인물이었다. 최순덕도 지갑에 김양무의 사진을 넣고 다닐 정도로 아들처럼 아끼고 사랑했다. 이금주 역시 통일운동에 헌신한 김양무의 외길인생에 공감하고 지지했다. 김양무가 주최하는 행사에는 빠지지 않고 참석했다. 머나먼 서울 길도 마다하지 않았다. 최순덕과 함께 '통일의 집' 마련에도 힘을 보탰고, 필요하다고 하면 노구를 이끌고 앞장섰다.

김양무 역시 행사가 있을 때면 반드시 두 사람을 초청했다. 아내에게도 몇 차례나 '명절이면 꼭 찾아가 인사를 드려야 할 두 분'이라고 당부했다.

김양무는 투병 중에도 범민련남측본부 상임부의장으로서의 책무를 다했다. 평생을 통일운동에 헌신한 그는 2000년 1월 26일 서울 고려대학교 안암병원에서 "광주에 가기 전에 평양에 가야 한다. 죽어서라도 평양에 가겠다"라는 유언을 남기고 눈을 감았다.

김양무가 세상을 떠나기 1년여 전인 1999년 2월, 3·1절 대통령특사로 광주교도소에서 비전향 장기수 6명[43]이 풀려났다. 길게는 36년, 짧게는 29년 동안 감옥에 갇혔다 풀려난 이들 비전향 장기수들은 갈 곳이 없었다. 대부분 북한 출신인 이들의 광주와의 연고는 단지 광주교도소에서 옥고를 치르다 풀려났다는 것뿐이었다. 보호자가 없으면 갱생원으로 가야 했다. 민주의 성지 광주에 머물고자 하는 이들을 위해 광주지역 인사들이 나서 '광주전남양심수후원회'를 결성하고 십시일반 기금을 모아 비전향 장기수가 머물 공간을 마련했다.

이금주는 장기수들이 출소한 날 광주교도소에 갔다. 그곳에서 많은 사람이 참석한 가운데 열린 '양심수 석방 환영회'에서 가슴 뭉클함을 느꼈다.

---

43 김동기, 양희철, 이공순, 이경찬, 최수일, 이재룡.

양심수 후원회원으로서 이 행사는 너무나 뜻있는 행사였다. 6명의 거처를 마련하여 생활할 수 있게 하는 이 일이야말로 하느님은 무척 기뻐하실 것이다. 우리 광주 여성계도 이렇게 활동하는 줄은 오늘에야 깨달았다. 위대한 광주 시민이여!

광주전남양심수후원회가 주도해 광주시 북구 두암2동 주택가 단독주택을 임대했다. 30여 평 규모인 이 살림집에는 '통일의 집'이라는 현판을 달았다. 그때까지 전국에 있는 비전향 장기수의 거처는 대부분 '만남의 집', '나눔의 집'이라는 이름이었다. '통일의 집'이라는 이름을 붙인 것은 통일운동이 삶의 전부였던 김양무의 제안이었다.

1999년 4월 2일 열린 통일의 집 현판식에서 김동기 장기수는 "우리들이 어둡고 침침한 차디찬 0.75평 독감방에서 근 40년간 보름달 한번 보지 못하고 생활하였는데, 이 집은 사방에 문이 있으니 달과 별을 볼 수 있는 기쁨을 가지게 되어 감회가 깊습니다"라고 감사의 뜻을 표시했다.

통일의 집에 사는 장기수들은 주민등록증이 없었다. 형집행정지로 출소하면서 광주교도소 소장이 발행한 출소증명원이 주민등록증 역할을 했다. 60대 중후반인 데다 주민등록증도 없는 이들이 경제활동을 하기는 쉽지 않았다. 정부에서 매달 주는 지원금 19만 2,000원이 생활비 전부였다. 그나마 65세가 되지 않은 사람은 7만 9,000원을 받았다. 공공근로 취로사업에 나가 등산로에서 쓰레기를 줍거나 학교 청소를 했다. 후원회에서는 이들의 생활비를 조금씩 지원했다. 장기수들은 이금주와 최순덕을 '어머니'라 불렀다.

2000년 6월 30일 남북이 북송 희망 비전향 장기수 전원을 송환하기로 합의함에 따라 통일의 집에서 생활하던 장기수들도 가족에게 돌아간다는 희망에 부풀었다.

2000년 8월 31일 아침부터 비가 내렸다. 이금주는 일찍 집을 나섰다. 장기수들에게 광주는 제2의 고향이었다. 장기수들은 많은 사람과 작별 인사를

영산강교회 김병균 목사의 초청으로 '고난받는 이들과 함께하는 예배'에 마주한 사람들. 아랫줄 왼쪽부터 김병균 목사 모친 최망래 피택권사, 1929년 광주여고보 백지동맹 사건 주역 최순덕 선생, 태평양전쟁희생자광주유족회 이금주 회장, 김은수 광주전남양심수후원회장, 뒷줄 왼쪽부터 국보법 장기수 방양균, 통일운동가 김양무, 정재영 태평양전쟁희생자광주유족회 총무, 비전향 장기수 김영태, 김병균 목사, 비전향 장기수 이공순, 재일동포 간첩단 사건 무기수 이상록 누님, 비전향 장기수 이재룡. ⓒ김병균

나누고 범민련, 민주노총, 민주주의민족통일광주전남연합 관계자와 함께 승용차 여덟 대에 나눠 타고 서울로 출발했다. 이금주는 단짝 최순덕·양은찬과 함께 서울까지 동행했다. 다음날 뜨거운 포옹과 눈물로 장기수들과 헤어져 광주로 돌아왔다. 다시 만날 날을 기약할 수 없는 이별이었다.

2000년 9월 21일 망월동묘역에서 김양무 탄생 50주년 생일잔치가 펼쳐졌다. 비록 김양무는 세상을 떠났지만 푸른 하늘을 배경으로 많은 펼침막과 깃발이 걸려 축제 같은 분위기였다. 그 행사에서 이금주는 추모사를 했다. 생일잔치를 마치고 통일의 집에서 김양무추모사업회 현판식이 열렸다. 북에 간 장기수들의 각별한 요청과 이 집을 마련했던 광주전남양심수후원회의 배려로 김양무추모사업회에서 통일운동의 터전으로 사용하게 된 것이다.

309

5장 | 광주의 시간 – 한일연대의 장

김양무를 보내고 남은 이금주와 최순덕·양은찬은 더욱 돈독하고 의지하는 사이가 되었다. 양은찬은 남편의 유지를 이어 통일운동가로 거듭났다. 그리고 이금주의 일을 적극적으로 도왔다. 이금주는 차가 있는 양은찬에게 가끔 도와달라고 청했다.

한번은 일본에서 기자가 일본군'위안부' 문제를 취재하러 한국을 방문했는데, 내 차로 봉사해달라고 부탁하셨어요. 그 기자는 자기 나라의 역사가 부끄럽다고 했습니다. 멀리 바닷가에 있는 집까지 찾아가 식당에서 기다리면 인터뷰해주겠다는 약속을 받아냈습니다. 식당에서 음식이 나오는데도, 주인공이 나타나지 않았습니다. 밥상을 미뤄놓고, 그분 댁을 다시 찾아가 설득하고, 인터뷰 안 해도 좋으니 밥이라도 함께 먹자고 했는데도 끝내 거절하더군요. 바닷바람 차가운 날 이토록 어려운 여정을 반복하니 밥맛도 씁쓸했습니다. 선생님은 한두 번 겪은 일이 아닌 듯했지요.

양은찬은 주월동 집 풍경도 생생하게 떠올렸다. 태평양전쟁희생자 광주유족회 간판이 붙어 있는 집에는 잠근 문을 열 수 있는 열쇠가 끈에 달려 있어서, 한두 번 와본 사람은 벨을 누르지 않아도 들어갈 수 있다. '보살 같은' 자부와 아들 가족은 아래층, 이금주는 풍풍 계단을 딛고 2층에 주로 거주했다. 풍풍 구멍 알루미늄 계단에 눈이 얼어붙은 날은 젊은 사람들이 내딛기에도 아슬아슬 식은땀이 날 지경이다. 며느리는 손에 쟁반을 들고 그 계단을 수십 번씩 오르내리며 시어머니와 방문객들까지 극진히 챙겼다.

이금주와 양은찬은 광주여고보옛 전남여고 '백지동맹' 사건의 주역인 최순덕이 독립유공자로 인정받지 못한 것을 바로잡기 위해 '항일독립지사 최순덕선생 명예회복추진위원회'를 결성하는 데도 앞장섰다. 최순덕은 광주학생운동 당시 광주여고보생 전 학년이 그해 11월 11일 치러진 중간고사 시험에서 시험 답안지를 일제히 백지로 제출한 '백지동맹'을 주도하여 무기정학에 이어 퇴학 당했는데도 광주학생독립운동사 등 각종 사료에서 누락되고, 독립유공자로 인정받지 못했다. 추진위원회는 2005년 광주여고보 동기생의 증언내용과 사진 자료, 독립유공자 공적조사서 등 각종 자료, 사회 각계인사의 호소문·탄원서 등이 담긴 '백지동맹으로 항일투쟁한 최순덕 선생' 책자를 펴냈다.

이 책자 작업을 양은찬이 했다. 2000년 1월 양은찬 집에서 이금주와 최순덕 세 사람이 얼굴을 마주했다. 최순덕의 이야기를 듣고, 양은찬이 글을 쓰기 위해 만난 자리였다. 양은찬이 말했다.

이제 우리 셋이 과부 3총사가 되었네요.

양은찬은 심란하고 마음 아플 때면 농담하면서 감정을 삭였다. 그럴 때면 두 사람은 자주 웃어주었고, 꼭 안아주었다. 웃음기 많은 소녀 같은 최순덕에 비하면, 근엄한 세월의 얼굴 이금주. 그 표정이, 그 눈빛이 양은찬의 가슴에 남아 있다. 양은찬은 2007년 8월 8일 오후 8시에 맞춰 케이크를 사 들고 이금주 집에 갔다. 88세가 된 이금주를 축하해주기 위해서였다. 이금주는 예상치 않은 방문에 화들짝 놀랐고, 의미 있게 마주한 추억이 되었다. 서울로 거처를 옮긴 양은찬은 99세가 되면 9월 9일 오후 9시에 찾아가고, 100세 때는 10월 10일 오후 10시에 케이크를 사 들고 갈 것이라는 약속을 지키지 못했다. 모진 시간의 흐름 속에서 그 '엄한' 눈빛이 소멸되었다고 생각하면 양은찬의 가슴이 미어진다.

오랫동안 단체를 운영하면서 외로운 속앓이를 해온 금전 출납부는 민족사의 보물로 모셔져야 합니다. 그분의 일거수일투족이 담긴 투명한 금전 출납부와 더불어 그분의 고무신! 안 보이는 길을 헤쳐 나가고 때로는 모욕당하기도 하고, 그런데도 매 순간 좌절하지 않은 발자국을 민족의 유물로 잘 보존해야 할 것입니다. 손녀 김보나가 일본 정부의 사죄를 위한 국도 걷기 대행진을 부산에서부터 개최한다고 같이하자고 했는데, 그 더운 여름 엄두가 안 나서 거절을 한 기억은 오랜 세월 부끄럽습니다.

6장

내 한 몸
누일 곳 없으니

그토록 원하던 지원법이 통과되었고, 정부 차원에서 피해자들에게 위로금을 지급하기 시작하면서 정작 광주유족회에는 위기가 찾아왔다. 광주유족회가 없으면 불가능한 일이었다고 할 정도로 회원들이 고생을 많이 했던 터라 실망 또한 컸다.

　예전에는 친인척 일을 조카들이 내 일처럼 발 벗고 나서던 것이 당연했다. 큰아버지, 작은아버지 일을 '내 아버지' 일처럼 나서서 20년, 30년을 생존자, 직계 자손들과 함께 싸웠다. 그런데 지원법이 제정되면서 이들은 위로금 지원 대상에서 제외되었다. 한마디로 버려진 것이다.

　토사구팽兎死狗烹 당한 그들의 낙담은 컸다. 더 이상 활동할 기력도, 의미도 남아 있지 않았다. 법안 제정이 시급했기 때문에 일단 법안을 만들어놓고 수정하자는 것이 시민연대의 입장이었지만 현실은 더 이상 달라지지 않았다. 김보나는 "가장 외롭고, 가장 고생한 사람들이 가장 손해 보는 결과를 낳았다"라고 생각한다. 그래서 지금도 그 일만 생각하면 마음이 괴롭고 아쉽다.

광주유족회 간판 내리다

광주 생활을 정리하기 며칠 전 마지막으로 집을 둘러보고 있다. 대문에 내건 광주유족회 현판도 어느새 세월과 함께 빛이 바랬다. (2012년 5월.)

지원법에 따라 위로금 지급이 시작되면서 생존자나 유족들은 "나라에서 돈을 주니까 이제 단체가 필요 없다"라며 돌아섰다. "이제 다시 시작이다, 앞으로 해야 할 일이 많다"라고 설득해도 소용없었다.

거기다 오랫동안 내부 문제에 시달려온 중앙회에서 적극적으로 회원 배가 운동에 나섰다. 회원들 입장에서는 "이기려고 소송하는 것이 아니다"라는 광주유족회보다는 "소송해서 돈을 받아주겠다"라는 중앙회에 마음이 쏠리는 것은 어쩌면 당연했다.

이런저런 이유로 광주유족회를 찾는 회원들의 발길이 뜸해지기 시작했다. 긴급이사회며 총회가 열리면 좁은 집안이 터질 것처럼 북적대곤 했던 때가 언제였을까? 하루 150명, 200명이 오면 1층, 2층도 모자라 별채까지 가득 모여 며느리와 손녀까지 동원되어 점심상을 몇 번씩 차려 날랐다. 회원들끼리 웃고 떠들고, 때로는 논쟁하며 얼굴 붉히던 그 시절은 아스라한 추억이 되었다.

매월 10일 모이는 월례회에 나오는 임원진 숫자도 점점 줄었다. 20여 명씩 모이던 것에서 10여 명, 대여섯 명, 서너 명으로 점점 줄었다. 그나마 2009년이 되면서는 단 두 명이 월례회를 하는 일이 잦았다. 그렇지만 단 한 명 남을 때까지 월례회는 계속되었다.

2011년 4월 10일 제229차 월례회를 끝으로 월례회는 더 이상 열리지 않았다. 마지막 월례회에서 이금주는 말했다.

우리 태평양전쟁 피해자 가족들은 모든 일이 끝났다고 생각한다. 우리는 그 무서웠던 2차 세계대전을 잊어버릴 수도 없고 또 잊어서도 안 될 일이다. 그러나 피해자들은 모두 끝났다고 무관심이다. 우리는 죽더라도 자식들에게 인계해서 계속 제사도 드리고, 또 모임에도 참석함으로써 사망한 분을 잊지 말아야 한다.

오래전 어느 때 아들, 며느리, 손녀 3명과 함께했던 가족사진. 이금주 회장에 이어 아들, 며느리, 그 뒤를 이어 손녀 김보나 씨에 이르기까지 3대가 일본을 상대로 한 명예회복 투쟁에 앞장서왔다.

이금주 개인적으로도 불운이 잇따라 닥쳤다. 2011년 투병 중이던 며느리가 세상을 떠났다. 평생을 시어머니에게 순종한 며느리였다. "남의 집 열 며느리하고 안 바꾸겠다"라며 아끼던 며느리였다.

엎친 데 덮친 격으로 불과 두어 달 뒤 아들마저 생을 달리했다. 평생 아버지 얼굴 한 번 못 본 아들, 말수도 없고 그저 술 좋아했던 아들이었다. 아버지 없이 꼬장꼬장한 어머니와 함께 사느라 남모를 고충이 많았을 아들을 보냈을 때 이금주 심정이 오죽했을까? 남편을 먼저 보내고, 부모를 여의고, 6남매 맏딸로 동생들을 모두 먼저 보내고 혼자 남은 이금주였다. 거기다 며느리, 아들마저 앞세워야 했으니, 참 모진 운명이었다.

마음이 무너져 내린 때문인지 몸에도 이상이 왔다. 더는 찾아오는 회원도 없었고, 사무실을 운영할 수 없게 되었다. 낡은 단독주택 이곳저곳이 고장 나고, 한겨울에 물난리를 몇 번 겪고 나니 이제는 끌어나갈 엄두가 나지 않았다. 몸도 마음도 날로 쇠약해가는 할머니를 혼자 두고 일하러 나가는 것도 손녀 입장에서는 마음에 걸렸다. 그러던 차에 순천에 사는 동생이 "엄마 아빠도 안 계시니 서로 의지하면서 살자"라고 권했다. 순천으로 옮기기로 하고 진월동 집을 매각했다.

막상 이사를 하려 하니 평생 모은 자료가 문제였다. 일본과 일곱 차례 소송을 진행하면서 쌓인 자료가 집안 여기저기에 가득했다. 이금주는 하루에도 몇 번씩 일본 관계자와 주고받았던 팩스 원본 한 장, 메모 한 장도 버리지 않았다. 자료가 곧 역사라고 생각하고 금쪽처럼 귀하게 여겼다. 1천여 명이 넘는 피해자들의 강제동원 장소와 피해 내용이 구체적으로 적혀 있는 대학노트 10권 분량의 자료를 비롯해 1990년부터 2010년까지의 일기와 월례 회의록, 국내외 언론 보도자료 등 문서류 609묶음, 간행물 603권, 비디오테이프 112개, 집회·행사 관련 용품 346개 등 라면 상자 30개 분량에 달했다. 고민 끝에 자료를 '근로정신대할머니와함께하는시민모임'에 맡기기로 했다.

2012년 5월 12일 순천으로 이사를 했다. 1948년 스물아홉에 친정아버지를 따라 처음 밟았던 광주에서 그는 치열한 전사로 다시 태어났다. 일본 정부를 상대로, 한국 정부를 상대로 총성 없는 전쟁을 치러내면서 온몸과 마음이 만신창이가 되었다. 의지할 데 없는 유족들을 위해 평생 살았으나 상처뿐인 영광이었다. 하루도 편할 날 없이 싸웠던 광주, 제2의 고향이었던 광주를 64년 만에 떠나는 마음은 착잡하고 무겁기만 했다. 김보나 역시 마찬가지였다.

진월동 집이 좋았어요. 햇빛 들고 확 트인 전경 덕분에 2층에 올라가면 저 멀리 비가 몰려오는 거나 소나무가 송홧가루 뿜어내는 것이 보이고, 문을 열어놓으면 꽃향기가 살살 불어왔죠. 엄마가 그 집을 마련하셨는데, 집이 웃고 있는 것 같아 보고 있으면 마음이 따뜻해졌어요. 할머니는 2층에서 머리를 내밀고 엄마를 부르곤 하셨죠. 집 전면에 4층짜리 학원 건물이 세워진 후 집에 그늘이 졌는데, 떠날 때는 부모님 돌아가시고 할머니는 노환 걸리시고 유족회는 문 닫고 저도 일이 풀리지 않아 여러모로 최악의 상태가 되었어요. 유족회 어르신들이 돌아서신 후 재정도 열악해져서 우리는 마지막 공문도 보내지 못하고 나왔어요. 이사 나오는 길에 지부장님들 몇 분께만 전화로 인사드리고…. 지금도 그때를 생각하면 괴로워서 몸서리가 쳐져요.

이사 가기 전 손녀 김보나 씨와 진월동에서 마지막 모습.

순천으로 이사해서 평온한 나날을 보냈다. 그러나 편안한 생활도 잠시였고, 얼마 지나지 않아 건강에 이상이 와서 담양 창평의 노인전문병원에 입원하게 됐다. 병원에서의 이금주는 마치 우리에 갇힌 새와 같았다. 그는 평생 일을 손에 놓지 않고 살았다. 젊은 시절에는 성당에서 봉사활동에 밤낮이 없었고, 나이 들어서는 광주유족회 일로 하루 24시간이 부족했다. 그렇게 살다가 병원에서 하는 일 없이 시간을 보내는 것은 무엇보다 큰 고통이었다. 더구나 바깥세상하고도 단절되고 보니 답답하고 무기력해져 갔다.

그런 그에게 재일교포 조건치趙健治가 일본으로 와서 함께 살자고 했다. 조건치는 1986년 일본에서 지문날인을 거부하여 고발되자 "재일한국인은 일본인이기 때문에 지문날인을 거부하는 것은 당연하다"라며 시모노세키지방재판소에 국적 확인 소송을 제기했다가 패소했다. 한국 해산물을 수입해 일본에 파는 유통업을 하는 조건치는 1990년 이금주가 대일 소송을 시작한 즈음 알게 되어 한국을 올 때마다 이금주를 찾아왔다. 송두회가 아버지, 혹은 스승 같았다면 조건치는 아들 같았다. 두 사람이 독실한 가톨릭 신자였다는 것도 돈독한 신뢰에 한몫했다. 조건치는 이금주의 건강이 나빠지자 일본에서 같이 살 것을 권유했다. 이금주는 고민 끝에 허락했다.

피고 미쓰비시중공업은 원고 5명에게 총 6억 8,000만 원을 배상하라.

2013년 11월 1일 광주지방법원 제12민사부는 양금덕 등 강제동원 피해자 5명이 미쓰비시중공업을 상대로 제기한 손해배상청구 소송에서 원고 일부 승소 판결을 내렸다. 1999년 나고야지방재판소에 손해배상을 청구해 결국 일본에서는 패소했는데, 그때로부터 14년 만의 승리였다. 재판부는 피해자들에 대한 위로까지 덧붙였다.

일제강점기 시절 강제 징용으로 고통받고, 대한민국이 일본으로부터 해
방된지 68년이 지나 원고들의 나이가 모두 80세가 넘은 이 시점에서, 대한
민국 법원이 뒤늦게 판결을 하게 된 데에 심심한 위로를 드립니다.

이금주는 승소 판결을 받은 양금덕과 얼싸안고 환하게 웃었다. 그 판결이
그나마 위로가 되었을까?

광주지방법원에서 승소 소식을 듣고 기쁨을 감추지 못하고 있는 이금주 회장과 양금덕 할머니.
(2013.11.1.) ©김태성

배상 판결을 받아냈으니 정말 눈물 나게 좋은 일이지요. 그 험한 싸움의
보람도 찾았고, 유족들이 그동안의 고통에서 놓여날 수도 있게 됐고요. 말
도 못 하게 힘들게 싸웠어요. 내가 살아서 승소하는 것을 봤으니 저세상 가
서 남편 볼 면목이 생겼네요.

2013년 11월 7일 이금주는 94세의 병든 노구를 이끌고 30년 동안 치열

하게 싸운 일본 땅으로 떠났다. 조건치는 일본의 치매 치료가 세계적으로 뛰어난 수준이라고 했다. 그러면서도 이금주가 치매라는 사실을 받아들이지 않았다. 어쩌면 안정된 환경을 제공하면 이금주가 정상적인 생활을 할 수 있을 것으로 생각했다. 그러나 치매가 진행되면서 이금주는 자신이 일본에 있는 이유를 이해하지 못하고 계속해서 집에 가자고 졸랐다. 결국 얼마 후 다시 한국에 돌아와 순천의 한 요양병원에 입원했다.

이금주를 기억하는 사람들

이금주는 엄격해 보이는 겉모습만큼이나 내면도 강한 사람이었다. 겉과 속이 같았다. 스스로도 "내 잘못이 있으면 백번 사죄하되, 잘못이 없을 때는 목에 칼을 들이대도 굴복하지 않는다"라고 말할 만큼 강직한 성품이었다.

> 말로나, 법으로나, 경우로나, 힘으로나 하고 싶은 사람이 있으면 해보세요. 사랑과 겸손에는 내가 굽혀도 억지를 행사하면 백절불굴입니다. 〈1992년 6월 10일 월례회〉

에둘러 표현하지 않고, 돌직구 같은 화법을 구사했다. 회원이 1,000명이 넘다 보니 별의별 사람이 다 있었다. 천 사람이 천 가지 소리를 해도 모두 듣고, 조율하고, 삼켜야 했다. 광주천인소송을 하던 시기에 몇 사람이 무리 지어 온갖 말도 되지 않는 이야기를 하면서 월례회를 난장판으로 만든 일이 있었다. 그 일로 총무는 충격을 받아 병원에 입원까지 했다. 이금주는 "정신이 상자인가 싶었다. 한 번만 더 미치광이 노릇 하면 가만둘 수 없다"라고 하면서도 조목조목 논리로 제압했다.

오랜 시간 설득하여 소송을 제기한 후 중도에 힘들다고 포기하겠다는 원고들도 있었다. 일본에 가서 본인 신문이나 증언을 하기로 해놓고는, 온갖 핑계를 대며 안 가는 사람도 있었다. 그럴 때마다 붙들고 설득하고, 또 설득했다. 같이 소송한 원고 간에 사이가 벌어져 만날 때마다 큰 소리로 싸우고, 서로 안 보겠다고 반목한 일도 있었다. 그럴 때면 원고들을 불러 모아 때로는 어르고, 때로는 꾸짖으며 끝까지 가게 했다.

한번은 한 원고와 큰 오해가 생겼다. 재판 과정에서 필요한 인감증명을 두고 원고와 그 가족이 오해한 일이었다. 이금주가 요청한 인감증명도 아니고, 원고와 원고 사이에 일어난 일인데 이금주가 덤터기를 쓰게 되었다. 인감증명이 돈에 대한 보증이 아니고, 같이 끌려가서 고생한 사람임을 보증하는 인우보증이라고 설명해도 통하지 않았다. 원고의 동생·아들·큰딸·작은딸이 돌아가면서 전화해서 막말을 퍼부었다. 전화했다 하면 30여 분 동안 일방적으로 자기들 말만 하고 끊었다. 상대방이 일방적으로 오해한 사안이어서 더는 확대되지 않았다.

돈 문제로 오해가 생겨도 큰 문제로 번지지 않았던 것은 결벽증에 가까울 만큼 완벽했던 이금주의 성격 때문이다. 광주유족회가 출범하자마자 경찰에 불려가 조사받았던 경험, 그리고 피해자단체 내부에서 벌어졌던 잦은 소송이 그렇지 않아도 금전 문제에 철저했던 그를 더욱 단련시켰다. 자료를 정리하다가 자신에게 도움을 준 사람을 뒤늦게 알게 되면 몇 달 후, 심지어 1년 뒤에라도 꼭 감사의 편지를 보낼 정도로 철저했다. 그 같은 성품은 바로 옆에서 일을 도왔던 김보나가 잘 알고 있다.

얼마나 꼼꼼하셨는지, 공문을 작성하면 몇백 장 되는 걸 글자 한 자 때문에 봉투 다 열어서 고쳐 쓰고 다시 붙이는 작업을 심심찮게 했어요. 너무 번거로웠지만, 정확히 전달하고 싶어 하셨기 때문에 따를 수밖에 없었어요. 그렇게 매사에 꼼꼼한 반면, 한번 결정한 일은 대범하게 실천하고 뒤돌아보지 않으셨어요.

목에 칼이 들어와도 굽히지 않는 성격이지만, 불우한 사람을 보면 먼저 달려가서 챙겼다. 타고난 성품에다 성당에서 오랫동안 봉사하면서 낮은 곳에 임하는 것은 너무도 당연한 일이었다.

관부재판 원고로 일본 정부의 일부 승소 판결을 끌어냈던 이순덕이 2002년 남편이 세상을 떠나자 밤이면 무섭고 외로워서 혼자 살 수 없다고 하소연했다. 이금주가 집에 찾아가니 도저히 혼자 살 수 없다며 눈물 바람을 했다. 양로원에 입소시키기 위해 여섯 번을 찾아갔으나 생활보장대상자가 아니라며 입소 자격이 없다고 했다. 그렇다고 유료양로원에 가자니 돈이 부족해서 딱한 실정이었다. 동사무소에 들러 의논하고 양로원 측에 통사정해서, 우선 임시로 들어갔다가 딴 곳으로 옮기기로 약속하고 입소시켰다. 오가며 몇 번씩 들러보는데, 한 번은 입이 아파 침을 맞는데 약값이 없다며 전화가 온 일도 있다.

이순덕은 양로원에도 적응 못하고 한 달 반 만에 수양아들 집으로 옮겼다. 그러다 다시 두어 달 만에 다른 양로원으로 들어갔다. 이금주는 이순덕이 2004년 광주 생활을 정리하고 서울 서대문구의 일본군'위안부' 피해자 쉼터 '우리 집'으로 옮기기까지 건강을 살피며 뒷바라지했다.

유치원 가방을 멘 아들 손을 꼭 잡고 출근하는 것이 가장 큰 낙이었던 이금주는 아들이 결혼하고 세 손녀가 생기자 사랑을 온통 손녀들에게 쏟았다. 어버이날이나 명절에 시집간 손녀들이 식구들과 함께 오면 가장 기뻐했다. 일기에서 "손녀 세 자매가 모였다. 증손까지 10식구가 한자리에 모여드니 사람 사는 것 같다. 그다음 날 비가 쏟아지는데 모였던 손녀 증손 8명이 모두 떠나가 버리니 허망했다" 같은 내용이 자주 눈에 띈다.

둘째 손녀 김보나가 광주유족회 일을 도와줄 때는 손녀를 짠하게 생각하는 마음을 자주 내비쳤다. 서울로 출장 가서 며칠이고 돌아오지 못하거나, 밤 늦게 올 때면 기다리느라 잠을 설치곤 했다. 한창 일이 많았던 2006년 어느 날 일기다.

보나 사무국장은 너무 일이 많다. 시민연대 기자회견, 또 토론회가 있을 때나 전국연대 회원에게 알리는 통지문 등 혼자서 글을 만들고 회의 때마다 회의 준비 등 너무나 각양각색으로 수고하는 것이 할미로서 대단히 마음 아프다. 이번에도 7일 만에 귀가하면서 얼마나 괴로웠던지 자기 짐을 택배로 부치고 들어오는 즉시 손발도 씻지 못하고 침대로 들어가 눕는 것이 대단히 마음 아팠다.

이금주는 광주유족회 활동을 하면서 많은 사람을 만났다. 특히 일본의 사회운동가·활동가들은 한국에 오면 으레 이금주를 찾았다. 미쓰비시 근로정신대 소송을 다룬 책 '인간의 보루'를 펴낸 야마카와 슈헤이는 2020년 광주의 한 신문에서 김정훈金正勳 전남과학대학 교수와 한 지상대담에서 말했다.

이금주 회장은 내가 존경하는 한국인입니다. 1999년 9월 29일 자 아사히신문 '논단'의 기고문을 보고 알았어요. 물론 뵌 적이 없었죠. 전 기사를 읽고 감동했습니다. 그 후로 일본에 오실 때마다 뵙게 됐죠. 이금주 회장의 기사를 얼마나 일본인이 마음에 새길지 모르지만, 이 이상의 문장은 없으리라 생각해요. 기고문 끝부분을 '일본인들이 인간으로서 양심을 회복하기를 바란다.'라는 문장으로 맺었죠. 인격도 훌륭하다고 생각합니다. 항상 냉정하며 조용한 미소를 잃지 않으시는 분이죠. 옳은 일이라면 감정을 노출하지 않으면서도 강력하게 이론적으로 주장을 펼치죠. 만나 뵐 때마다 굳게 악수를 했어요. 참으로 마음이 통하는 분입니다.

일본에서 20여 년간 대일 과거청산소송을 진행하며 이금주와 '일본의 시간'을 함께한 야마모토 변호사는 2020년 출간된 책 '완전하지도, 끝나지도 않았다' 한국어판에서 "나는 이 책의 한국어판을 일본의 전후보상 재판 과정에서 만난 이금주 씨와 양금덕 씨 두 분에게 바친다"라고 썼다.

이금주 씨는 군무원으로 남양군도에 동원된 남편을 잃었다. 그는 전후 태평양전쟁희생자 광주유족회 회장으로서 결코 명예를 위해서가 아니라 오직 성실로써 일본의 강제동원 문제에 대응해왔다. 무려 2,000명에 달하는 피해자들을 일일이 찾아다니며 피해 사실을 듣고, 설득해 여러 차례에 걸쳐 그들을 소송 원고 단체로 조직했다. 내가 원고 대리인으로 관여한 관부재판, 우키시마호 소송, 광주천인소송 등은 이금주 씨의 헌신적인 노력으로 실현된 것이다.… 1990년대부터 반인도 범죄 피해자들의 인권회복을 둘러싼 국제법은 눈부신 진보를 이룩했다. 그러한 진보의 원동력은 바로 이금주·양금덕 씨 같은 피해자들이 결코 침묵하지 않고 평생을 걸고 계속해온 싸움 덕분이다. 이 두 분의 투쟁에 감사와 존경을 가득 담아 이 책의 한국어판 출간을 축하한다.

이금주를 기억하는 것은 일본인뿐만이 아니다. 치열했던 '한국의 시간'을 함께한 사람들도 이금주를 기억한다. 먼저 최봉태 변호사의 말이다.

이금주 회장님이 아니었으면 강제동원 피해자 운동이 여기까지 오지 못했을 것입니다. 일본에서 그 많은 재판을 할 수 있었던 것도 그분의 정치력이 아니었으면 가능하지 않다고 봅니다. 워낙 신망이 높아 따르는 사람도 많고, 특출한 분이었지요. 제가 전국을 다니며 피해자들을 만나고 집회하다 보면 지칠 때도 있는데, 광주 가서 회장님 만나면 힘을 얻곤 했어요. 제가 오히려 용기를 얻었지요. 또 워낙 겸손한 분이었어요. 집에 가면 꼭 방석을 꺼내서 상석에 앉으라고 권해서 제가 몸 둘 바를 모르곤 했습니다.

한일협정 문서공개 소송에서 승소해 한일회담 당시 한국 정부의 책임을 규명하고, 피해자를 위한 진상규명 특별법을 만들어낸 것이 가장 기억에 남습니다. 피해자들이 원하는 것이 진상규명이라도 해달라는 것이었는데, 특별법을 통해 피해자들의 한을 풀 수 있겠다며 기뻐하시고, 잔치도 했어요. 북한 역시 피해자 문제 해결이 안 되고 있어 통일되면 북한 피해자까지 아울러야 한다고 생각했는데, 특별법이 10년 정도밖에 지속하지 못하고 폐지된 것이 아쉽습니다.

회장님은 남쪽 피해자와 북쪽 피해자까지 아우를 수 있는 분이었어요. 평양 출신으로 나라가 없어서 당한 고통, 나라가 분단되어 당한 고통까지 이중의 고통을 겪으면서도 피해자들을 위해 한평생을 바친 분입니다.

정혜경도 이금주와 관련된 이야기를 풀어 놓았다.

빛바랜 광주유족회 현판과 일제 피해자들의 눈물과 아픔이 고스란히 배어 있는 각종 자료들. 이금주 회장이 열정을 부어 생산한 역사적 기록물이 마땅한 보존 장소를 찾지 못한 채 허름한 사무실 한켠에 방치돼 있다.

　　제가 큰 영향을 받은 이금주 이분은 피해자성을 정말 올곧이 지켜가는 분이라고 생각합니다. 회장님이 기가 막힌 말씀을 하셨는데요. 천인소송을 위해 일본에 소송하러 비행기를 타고 가는데 '내가 적국에 소송하러 갈 때마다 치욕감에 견딜 수가 없어서 약을 먹고 죽고 싶다.'라고 했습니다. '내가 나라가 없어서 내 남편을 잃고, 여기 있는 사람들도 나라가 없어서 이렇게 된 것 아닙니까? 지금은 나라가 있지 않습니까? 그런데 왜 우리가 적국에 가서 우리 피해를 이야기해야 합니까?'라고 하시더라고요. 그때 우리 정부가 해야 할 일이 무엇인가를 명확히 느꼈습니다.
　　피해자성을 유지하는 가장 기본적인 것이 자료를 모으는 것입니다. 자료가 있어야 우리가 이런 일을 겪었으니까 이런 권리가 있다, 혹은 이런 일을 겪었으니까 앞으로는 이런 일을 겪지 말자고 할 수 있어요. 그래서 자료를 모으고, 모은 자료를 사람들이 활용하고 공유할 수 있는 시스템을 만드는 것이 중요합니다.

이금주 회장님은 국가가 해야 할 일을 일 개인이 해냈습니다. 제가 역사학을 전공해서 여러 사람의 자료를 볼 기회가 있었지만, 이분의 자료처럼 헌신적인 자료는 없다고 단언합니다. 일본의 저명한 포토 저널리스트로 일본군'위안부' 사진집을 출간한 이토 다카시나 조선인 강제동원 기록작가 하야시 에이다이林榮代도 활동하면서 회장님의 영상과 기록에 큰 도움을 받았지요. 저는 이금주 회장님이 평생 집대성한 자료는 국가의 귀중한 자산인 만큼, 전 국민이 공유할 수 있는 시스템이 하루빨리 만들어져야 한다고 생각합니다.

어떤 외풍에도 흔들림 없을 것처럼 강직하고 의연해 보인 이금주지만 그의 가슴 깊은 곳에 남겨진 그리움은 어쩔 수 없었던 모양이다.

그동안 수없이 뵀지만, 남편에 관한 얘기는 거의 하지 않으셨어요. 그런데 요양병원에 입원하신 뒤 한동안은 여쭤보지도 않았는데 돌아가신 남편 얘기를 하시더라고요. 남편 자랑이에요. 얼마나 멋진 남자인 줄 아느냐, 그렇게 날 사랑해줬다면서…. 그동안은 광주유족회를 이끌어가야 하다 보니 남편이 그리워도 남들 앞에서 내색하지 않으려 했던 것 아닐까 싶어요. 모든 기능이 떨어지고 기억들도 사라지면서, 비로소 한 인간으로 돌아와 그동안 꾹꾹 누르고 있던 인간 본연의 감정들을 이제야 스스럼없이 토로하신 것 아닐까 생각했어요. 〈이국언〉

일본 정부와 전범 기업을 상대로 7건 소송을 치르는 동안 모두 17번 기각당했다. 자신은 물론 아들, 며느리, 그리고 손녀까지 3대가 일제 피해자들의 한을 풀기 위해 이 일에 매달렸다. 그러나 말년에는 광주유족회 간판을 내걸었던 그 허름한 집 한 채 건사하지 못한 채 광주를 쓸쓸히 떠나야 했다.

돌아보면 이금주의 삶은 거듭된 좌절의 시간이었다. 그러나 열일곱 번 문을 두드려 열일곱 번 기각당하는 그 고단하고 외로운 싸움이 없었다면, 과연 근로정신대 피해자들이 2018년 대법원에서 최종 승소할 수 있었을까?

이금주 한 개인으로는 비록 패배의 연속이었지만, 이 패배의 시간이 밑거름되어 한국 정부도 하지 못한 귀중한 역사적 자산을 남겼다. 온기 없는 냉방에서 새벽부터 온종일 붙잡고 씨름해 작성한 각종 기록물은 그 자체로 일본의 전쟁범죄를 고발하는 가장 생생한 역사적 증거가 될 것이다. 또한, 이 자료들은 일제강점기를 경험하지 않은 이 땅의 젊은 세대들에게 피해자들의 아픔, 역사적 진실에 다가갈 수 있는 가장 훌륭한 역사교육 자료가 될 것이다.

대일 과거청산 투쟁의 산증인, 이금주가 혼자서 역사의 물줄기를 만들어 온 것은 물론 아니다. 그렇지만 이금주가 아니면 결코 해낼 수 없었던 것 역시 사실이다. 무엇을 가져서가 아니다. 한 인간의 신념과 의지, 이외엔 설명할 길이 없다. 그것이 이금주의 특별하고도 가장 위대한 점이다.

여생을 일제 피해자들의 인권회복을 위해 싸웠던 이금주 회장. 장례는 광주전남 33개 시민사회단체가 참여한 시민사회장으로 치러졌다. ⓒ예제하

2021년 12월 12일 이금주는 마침내 이승의 끈을 놓았다. 향년 102세였다. 33개 광주전남시민사회단체로 장례위원회가 구성돼 '일제강제동원 피해자들의 벗 이금주 회장 시민사회장'이 치러졌다. 한국과 일본에서 많은 이들이 조화, 조전을 보내거나 빈소를 찾아 애도를 표했다.

일본에 의한 수많은 전쟁희생자의 투쟁을 도와 인도한 일, 그리고 일본의 지원자들에게도 따뜻한 마음을 보내주셨던 것에 우리는 깊은 경애의 마음을 품어 왔습니다. 당신과 만나 함께 싸울 수 있었던 것에 감사드립니다. 〈관부재판지원회 하나후사 도시오·하나후사 에미코〉

이 회장님, 한일 대립의 원흉인 일본 국민으로서 "편안히 잠드소서"라고 말할 자격이 없습니다. 이를 대신하는 말로 '계란으로 바위치기'라는 한국 속담을 가슴에 새기고, 근로정신대 문제의 해결을 위해 '바위'에 맞설 결의를 전하며 추도의 말씀을 올립니다. 〈나고야미쓰비시소송 변호단 및 지원모임 대표하여 다카하시 마코토〉

'일본의 시간', '한국의 시간', '광주의 시간'을 통해 역사의 물줄기를 바로잡는데 앞장섰던 이금주, 그는 제 할 일을 다 했다. 이제는 한국 정부와 일본 정부가 응답할 차례다. 응답하라!

부록

- 이금주 회장이 걸어온 길
- 주요 경력
- 기타 자료

▪ 이금주 회장이 걸어온 길

연도 (나이)	개인	비고
1920년	평안남도 순천에서 6남매 중 맏이로 출생(1920.12.9.)	
1937년(18세)		중일전쟁
1938년(19세)	서울(아현동)로 이사	
1940년(21세)	평북 강계 출신 김도민(金道敏)과 결혼(10월)	
1941년(22세)		아시아태평양전쟁 발발 (12월)
1942년(23세)	·아들(김중길) 출생(3월) ·남편 해군 군속으로 남양군도 타라와섬 동원(11월)	
1943년(24세)	·정신대 소집장 통지. 서대문경찰서 경제과 취업 ·남편 김도민 사망(11.25.)	
1945년(26세)	·남편 전사통지서 우편으로 받음(4월) ·광복 후 서울 서대문구 가명학교에서 교사로 근무	일본 패전/광복
1948년(29세)	광주에 정착	
1950년(31세)	한국전쟁(광양 1달 간 피난)	한국전쟁
1950~60년대	광주 북동성당, 장성성당, 나주성당에서 교사로 근무	
1964년(35세)	월산동성당으로 옮겨 성당 일 돌봄(재속프란체스코회 회원)	
1965년(36세)		대한민국과 일본국 간의 재산 및 청구권에 관한 문제 해결과 경제협력에 관한 협정 체결(6월)
1971년(42세)	일본 후생성 통해 남편 사망증명서 발급	
1974년(45세)	월산동성당 '한마음회'('마르가리따회'로 개칭) 결성. 서기 맡음	대일민간청구권 보상에 관한 법률 제정(12.21.)
1988년(69세)	·광주시 남구 진월동 단독 주택 구입 이사 ·태평양전쟁희생자 전국유족회 발족. 전국 이사 겸 광주 유족회 회장 맡게 됨. (6월)	·노태우 대통령 취임 ·나고야에서 도난카이 (東南海) 지진 희생자 추모비 건립(12월)
1989년(70세)	히로히토 사망 관련 '사죄 및 전후 처리' 촉구 시위	히로히토 일왕 사망(1월)
1990년(71세)	·재일교포 1세 송두회 소개로 일본 정부와 일본 기업을 상대로 한 사죄와 배상, 유골반환을 요구하는 집단 소송 작업에 착수. ·노태우 대통령 방일 반대 시위(3일간 서울 일본대사관 앞. 4월) ·전국 도보행진(부산영사관~서울 일본대사관. 30일간. 7~8월) ·피해자 및 유족 22명 일본국 상대로 도쿄지방재판소에 제소(한국태평양전쟁유족회.10.29.) ·8일간 도쿄, 오사카, 나고야, 히로시마, 기타큐슈 등 순회하며 증언대회 참석 ·태평양전쟁희생자유족회광주지부→'태평양전쟁희생자 광주유족회'로 독립	노태우 대통령 일본 방문 (5.24.~5.26.)

연도 (나이)	개인	비고
1991년(72세)	키리바시공화국 타라와섬 한국인 희생자 위령비 건립 제막식 참석(11월)	
1992년(73세)	·광주천인소송 1차 원고 1,089명(생환자 800명, 유족 300명) 일본국 상대로 도쿄지방법원에 제소(2.17.) ·우키시마호 폭침 사건 소송 설명회 및 증언대회 광주 대동고 체육관에서 이틀간 개최(5.30.~5.31.) ·광주천인소송 2차 원고 184명 도쿄지방재판소에 제소(8.14.) ▲1·2차 원고 총 1,273명 ·우키시마호 폭침 사건 소송 1차 원고 50명(유가족 20명, 생존자 30명) 교토지방재판소 제소(8.25.)	·관부재판(일본군'위안부'·여자근로정신대) 소송 제기(야마구치지방재판소 시모노세키지부, 12.25.)
1993년(74세)	·우키시마호 폭침 사건 2차 원고 27명(유족 12명, 생존자 15명) 교토지방재판소 제소(8.23.) ·일본군'위안부' 피해자 이순덕, 관부재판 2차 소송 원고로 참여(12월)	김영삼 대통령 취임
1994년(75세)	·미쓰비시 근로정신대 피해자 양금덕, 관부재판 3차 소송 원고로 참여(3.14.) ·우키시마호 폭침 사건 3차 원고 5명 교토지방재판소 제소(8.24.) ▲1·2·3차 원고 총 82명	
1995년(76세)	포로감시원 BC급 전범 피해자, 일본국 상대로 도쿄지방재판소에 소송 제기(5.10.) ▲원고 8명(생존자 4명, 유족 4명)	
1998년(79세)	·야마구치지방재판소 시모노세키지부, 관부재판 소송 일본군'위안부' 일부 '승소', 여자근로정신대 '기각'(4.17.) ·도쿄지방재판소, 광주천인소송 '기각'(12.21.)	김대중 대통령 취임
1999년(80세)	·도쿄지방재판소, BC급 포로감시원 소송 '기각'(2.24.) ·미쓰비시 근로정신대 원고 5명, 일본과 미쓰비시중공업 상대로 나고야지방재판소에 소송 제기(3.1.) ·광주천인소송 관련 도쿄고등재판소 의견진술(이금주 외 1명/6.29.) ·〈아사히신문〉에 기고 '전쟁의 상처, 보상은 일본의 책무다'(9.29.) ·도쿄고등재판소, 광주천인소송 항소 '기각'(12.21.)	
2000년(81세)	·일본최고재판소, 광주천인소송 상고 '각하'(2.8.) ·미쓰비시 근로정신대 소장 한국어판 '내 생에 이 한을' 출판기념회(3.25.) ·도쿄고등재판소, BC급 포로감시원 소송 항소 '기각'(5.25.) ·원고 3명(김성주·김복례·김중곤), 미쓰비시 근로정신대 2차 소송 원고 합류(12.6.)	·미쓰비시중공업 히로시마 기계제작소 동원 원폭 피해자 5명, 미쓰비시중공업 상대로 부산지방법원에 손해배상 청구 소송 제기(5.1.)
2001년(82세)	·히로시마고등재판소, 관부재판 항소심 선고(일본군'위안부', 여자근로정신대 모두 '기각'. 3.29.) ·교토지방재판소, 우키시마호 폭침 사건 소송 원고 일부 '승소'(8.23.) ·일본최고재판소, BC급 포로감시원 상고 '기각'(11.25.)	일제강점하강제동원진상규명특별법 제정 추진위원회 출범(12.11.)

연도 (나이)	개인	비고
2002년(83세)	·외교통상부 장관 상대로 한일회담 문서 정보공개 청구 (100인 청구인 대표. 6.17.) ·일제 피해자 100인, 외교통상부 장관 상대로 한일협정 문서 정보공개 거부처분 취소 청구 소송 서울행정법원에 제기(10.10.) ·미쓰비시 근로정신대 소송 제14차 구두변론 참고인 출석해 황민화 교육의 실체에 대해 진술(나고야지방재판소. 11.28.)	송두회 87세로 타계 (6.8.)
2003년(84세)	·후지코시 근로정신대 피해자 및 유족 23명, 후지코시 상대로 도야마지방재판소에 소송 제기(4.1.) ·오사카고등재판소, 우키시마호 폭침 사건 소송 항소 '기각'(역전 패소. 5.30.) ·청와대 국적포기서 제출 서울 상경시위(8.13.) ·국회 법사위원회 소속 의원들에게 특별법 제정 촉구 유서 발송(12.29.)	노무현 대통령 취임
2004년(85세)	·서울행정법원, 한일회담 문서 정보공개 소송 원고 일부 '승소'(2.13.) ·일본최고재판소, 우키시마호 폭침 사건 소송 상고 기각 (11.30.)	·'일제강점하 강제동원 피해 진상규명 등에 관한 특별법' 국회 본회의 통과(2.13.) ·국무총리 소속 '일제강점하강제동원피해 진상규명위원회' 출범 (11.10.)
2005년(86세)	·나고야지방재판소, 미쓰비시 근로정신대 소송 1심 기각 (2.24.) ·'푸른 노을'(황일봉·이운선 저) 출판기념회(11.14.)	·한일회담 한국 측 문서 1차분 5권 공개(1.17.) ·일제강점기 강제동원 피해 신고 접수(2월~) ·한일회담 한국 측 문서 2차분 156건 공개(8.26.) ·한국정부, 한일회담 문서공개 후속대책 관련 민관공동위원회 입장 발표(8.26.) ·'일한회담문서전면공개를요구하는모임' 일본에서 결성(12.18.) : 한일 시민 380명, 70개 단체 가입
2006년(87세)	·일한회담문서전면공개요구모임, 외무성 상대로 한일회담 문서 정보공개 청구(4.25.) ·포스코 상대로 위자료 청구 소송 서울중앙지방법원에 제기(4.25.) ·일한회담문서전면공개요구모임, 일본국 상대로 한일회담 문서 정보공개 요구 도쿄지방재판소에 제소(1차 소송.12.18.)	

연도 (나이)	개인	비고
2007년(88세)	·도쿄지방재판소 713호 법정에서 열린 일한회담 문서공개 요구 1차 소송 제1회 구두 변론 진술(3.6.) ·나고야고등재판소, 미쓰비시 근로정신대 항소 '기각'(5.31.) ·서울중앙지방법원, 포스코 소송 '기각' (원고 패소.8.23.) ·도야마지방재판소, 후지코시 근로정신대 소송 '기각'(9.19.) ·도쿄지방재판소, 일한회담 문서공개 요구 1차 소송에서 원고 '승소' 판결(12.26.)	·나고야소송지원회, 도쿄 미쓰비시중공업 본사 앞 '금요행동' 시작 (7.20.) ·'태평양전쟁 전후 국외 강제동원희생자 등 지원에 관한 법률' 제정 (12.10.)
2008년(89세)	일본최고재판소, 미쓰비시 근로정신대 상고 '기각'(11.11.)	이명박 대통령 취임 ·'태평양전쟁전후국외 강제동원희생자지원위원회' 출범(6.10.) ·일본 외무성, 11월 16일까지 1,916파일, 58,343페이지 일한회담 일본측 문서 6차례에 걸쳐 공개
2009년(90세)	·일제 피해자들, 포스코 박태준 명예회장 사무실에서 연좌 농성(1.7.) ·서울고법 민사5부, 포스코 1차 소송 '기각'. "포스코 설립 경위와 사회윤리적 책임 비춰 피해자들을 위한 상당한 노력 바람"(7.12.) ·도쿄지방재판소, 일한회담 문서공개 요구 2차 소송 원고 패소 판결.(12.16.)	·'근로정신대할머니와 함께하는시민모임' 결성(3.12.) ·'일제피해자공제조합' 창립(6.19.)
2010년(91세)	·나고야고등재판소, 후지코시 근로정신대 항소 '기각'(3.8.) ·미쓰비시 근로정신대 관련 도쿄 삼보일배 투쟁 결합 (6.22.~6.25.) 마지막 일본 활동 ·도쿄고등재판소, 일한회담 문서공개 요구 2차 소송 원고 패소 판결(6.23.)	·'대일항쟁기 강제동원 피해조사 및 국외강제동원 희생자 등 지원에 관한 특별법' 제정 ·'대일항쟁기강제동원 피해조사및국외강제동원희생자등지원위원회' 출범
2011년(92세)	·자부 김성업 별세(3.18.) ·태평양전쟁희생자광주유족회 229차 마지막 월례회(4.10.) ·일본최고재판소, 일한회담 문서공개 요구 2차 소송 상고 '기각'(5.9.) ·아들 김중길 별세(6.8.) ·일본최고재판소, 후지코시 근로정신대 상고 '기각'(10.24.)	
2012년(93세)	순천으로 이사(5.12.), 이후 요양병원에서 지냄	
2013년(94세)	·도쿄지방재판소, 일한회담 문서공개 요구 3차 소송에서 "382개 파일 중 268개 공개" 원고 '승소' 판결(10.11.) ·외무성은 47개 문서 '공개' 결정에 대해 '일부 항소'(10.24.) 나머지 1심 판결 확정 ·광주지방법원, 미쓰비시 근로정신대 소송 1심 원고 일부 '승소'(11.1. 참석)	박근혜 대통령 취임

연도 (나이)	개인	비고
2014년(95세)	·도쿄고등재판소, 일한회담 문서공개 요구 3차 소송 일부 항소 원고 패소(7.25.) 상고 포기, 원심 판결 확정	일제강제동원피해자지원재단 출범(6.8.)
2015년(96세)	광주고등법원, 미쓰비시 근로정신대 소송 2심 원고 일부 '승소'(6.24.)	·'대일항쟁기강제동원피해조사및국외강제동원희생자등지원위원회' 폐지. 행정자치부로 관련업무 이관 ·일한회담문서전면공개를요구하는모임, 10년간의 법정투쟁 끝에 2번 승소, 6만 페이지를 공개시켜 성공리에 해산(12.23.): 추후 공개된 문서 포함 2,174개 일본 측 문서 파일 현재 공개(http://www.f8.wx301. smilestart.ne.jp/ nikkankaidanbunsyo/ index.phpnikkankai danbunsyo/index.ph
2017년(97세)		문재인 대통령 취임
2018년(99세)	대법원, 미쓰비시 근로정신대 소송 최종 '승소'(11.29.)	
2019년(100세)	2019년 대한민국 인권상(국가인권위원회), 국민훈장 모란장(대한민국 정부) 수상	
2021년(102세)	별세(12.12.), 순천시립공원묘지 안장(12.15.)	

■ 주요 경력

2001~2006	'일제강점하강제동원진상규명특별법 제정을 위한 시민연대' 5중대 대표
2005~2007	국무총리 소속 '일제강점하강제동원피해진상규명위원회' 자문위원
2005~2009	광주광역시 '일제강점하강제동원피해진상실무위원회' 위원
2006~2007	'강제동원피해진상규명시민연대' 대표
2009~2021	'근로정신대할머니와함께하는시민모임' 고문

▌남편 김도민 사망증명서

援発第 18 号 の231

死 亡 証 明 書

本　　籍　　平安北道江界郡江界邑平右町51

所属部隊　　第4海軍施設部

階　　級　　海軍軍属
（身分）

氏　　名　　野村繁次 → (金道敏) 한국이름
　　　　　　　　　　　아들 金忠吉 아버지

生年月日　　大正3年11月18日

死亡年月日　　昭和18年11月25日

死亡区分　　戦死

死亡場所　　ギルバート諸島、タラワ島 (사망 장소
　　　　　　　　　　기롭마도 다라 화해도

上記のとおり相違ないことを証明します。
상기 와 같이 상위 없음을 증명 합니다.

昭和56年11月22日

厚生省援護局長　中村一成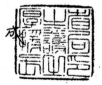

‖ '무라야마 망언 규탄 대회' 집회 신고 접수증

(별지 제3호 서식)

제 **67**호

옥외집회 (시위 · 행진) 신고서   접수증

1. 명 칭	무라야마 망언 규탄 대회
2. 개최일시	95 년 10 월 20 일 ~1300~1600 .소요시간 (3 시간 00 분)
3. 개최장소 (시위 · 행진 의 진로)	탑골공원 ~ 제일은행 본점앞 기업은행앞 인도따라 행진
4. 주 최 자	주 소	광주시 진월동 410~4
	성 명 (단체명)	이 종 기 태평양 전쟁 희생자 광주 유족회
5. 접수일시	95 년 10 월 23 일 13 시 00 분
6. 참 고 사 항	

위와 같이 '접수 하였읍니다.

95 년 10 월 23 일

종로 경찰서장 (국장) 이 백 수 [인]

귀하

21026-26111 일
89.4.18 승인

190 mm × 268 mm
신문용지 54 g/㎡

339
부록

법사위 의원들께 드리는
유 서

나는 23세 되던 해. 만2년의 결혼 생활 中에 男便을 日本軍에 뺏겼읍니다.
그리고 9개월이 지난후 남편은 영원히 돌아오지 못할 저 세상으로 갔습니다.
그후 61년간 죽고싶기도 아무 때나도 죽지 못하고 나는 남편의 주검을 가슴에
묻은채 미망人으로 한많은 세상을 살아 왔습니다.

나는 죽은 남편의 뼈도 찾지못했습니다. 태평양 한복판에 있는 못된 섬 "타라와"
에 남편의 뼈는 수천명의 미주人 日本人들의 뼈와 함께 밤길에 차이는 돌멩이
처럼 어디엔가 흩뿌려져 있습니다. 나는 한국人으로서는 처음으로 전몰자를
위레하는 타라와 섬써 위령제도 지냈습니다. 그때가 남편과 헤어진후
60여년만에 남편을 가장 가깝게 만났던 순간가 같습니다.

나는 이제84세의 노인이 되었습니다. 키가 갈 휘리 없고 숨도 가쁘고 얼근은
남편과 헤어지던 23세의 뽀얀 피부의 얼굴은 전혀 찾아볼수가 없기 주름으로
가득 찼으며 언제 죽을지 모르는 하루하루를 보내고왔습니다. 그러나 나는 이렇게
죽지도 못하겠습니다. 그렇게 나를 사랑해주던 남편의 명예가 회복되는것을 보고
서야 죽겠습니다. 그념에 남으면는 죽어도 눈을 감을수 없는것같습니다. 태평양 전
쟁 때 희생되었던 수 많은 조인人들의 원혼과 함께 나의 원혼도 구천로 떠
돌며 조국의 무심함을 한탄하고 울면서 떠돌 쉬기 못할것입니다.

내가 太平洋戰爭犧牲者 혼이 遺骸솔로 이끌고 日本의 전후처리와 공식사죄 와
배상청구등의 재판을 회원들과 함께 허오년이 많은 일들이 왔습니다. 우리는
함께 웃고 슬퍼하고 한탄 하면서 한 매로 타고 지금껏 왔습니다. 우리
老人들이 한걸음 한걸음 옮겨질 떄마다 무심한 조국이 우리에게 한 번 만큼
가깝히 죄로 기울인 것이라 믿으면서 말 겠습니다.

그러나 조국은 여전히 냉정 했습니다. 우리老人들이 국력로 토기 한겠다고 아프
고 지친 노구를 이끌며 청와대로 찾아 갔으메도 우리라 냉더 했습니다.
그러한 와중에 우리 유족회원 여섯이 저 세상 사람이 되었습니다.

이제 우리는 한많에 한번식 하는 비해솔때 리산으로보다 더 구부러지고 더 아픈
몸을 억지로 이끌고 "우리곁에 이범께 즉으면 안됩니다. 영예회복이 되는 것을
보고 즉하시라" 라고 다짐하곤 않습니다. 내손에는 예고도 없이 천예회에 쳐
들어 오시는 "어르신들 아프시면 안돼요. 절대로 건강한 모습으로 어르신도 소
원이 성취되는것을 보여야 돼요" 라고. 벅차 없지만 먼저 한숨도 없는 으름장을 놓고.
우리 노인들은 그 소리를 듣고 힘없이 "그래, 그래. 걱정 말아. 우리. 법이 제정 될때
까지 절대로 안 죽을게" 라며 고개를 끄덕 없어.

의 원님들. 우리는 일제시대 때문에 너무나 사람대접을 못 받고 살았습니다. 징용에
끌려 갔던 사람들은 살육장에 끌려간 가축과 같은 취급을 받았고. 남은 가족들도 징용
에 끌려간 불축은 그러다 이체되어 죽기도 하고. 세상사람들에게 여러모로 손가락질 받고
살 았습니다. 구걸로 하다가 친욕령을 당하기도하고 친척들이 자기를 죽이려고 모
의 하고 싶은것도 눈치 채고 한겨울 맨발로 도망쳐서 살아남기도 했습니다.

그러나 조국이 일체의 독에서 해방이 된 이후에도 우리가 짝고단 시중에 대한 위
로는 커녕 계속해서 사람취급을 받어 못했습니다. 우리가 재판을 위해 日후 범정
에 "이범여 사려하라! 내 아버지 돌려 달라! 내나라 돌려달라." 고 언마나 목이
터채라 외쳤는지. 징용에 당한 우리 자신과 우리 혈육이 봉상하고 우리人보이 서러
워 언마나 눈부 흘고있는 한숨도 없었습니다.

웨 우리의 조국은 우리를 이러라도 모른체 하는것없나까요. 왜 이제 까지도 우리를 대한
민주 국민으로서 품어주는 법안 하나를 제정해 주지 못하는것없게까.

우리가 호구하는것은 우리가 우리 혈육이 일제 침략근정에 의해 입은 피해에 대한 진상
규명과 명예 회복없비가 이를 실현할 < 일제강점과 강제동원되체진상규명등법률 법령 > 은
그 누구도 테치려 않을것입니다. 우리 노인들이 빨리 죽기 단어채워 세상이 조종
해 지기를 바라는것이 아니라면 절대로 이 법안를 반의 한이취지 않습니다.

오늘 이 시각. 나는 이범안이 제정되기를 바란다는것을 추위로 남기기로 직령 켰음에
서고 죽더라도 이 법안을 제정해 달라고. 대한민국. 바로 나의 조국의 국회의원들

께. 법사위원들께 간곡히 부탁 하겠습니다.

의원님, 우리는 일본 침략전쟁에 남편을 잃었습니다. 아버지도 잃었습니다. 아들을 잃었고 누이를 잃었고요. 딸을 잃었으며 형제 자매를 잃었습니다. 우리자신은 살아 돌아 왔더라도 후유증으로 평생을 고통과 약 속에 신음하며 살고있습니다. 우리 회원들은 "아프고 막이 없기 죽기만을 바란다"고 합니다.

16년간 나는 그들의 "조국이 우리를 위해 무엇이라도 해 주리라"는 희망을 잃지 않기를 재촉하고 용기를 주곤 하였습니다. 이제 죽기만을 바라고 있는 우리 회원들을 위해 마지막으로 내가 할수 있는 일로써. 그들의 시름을 달래고 눈물을 닦을수 있는 이 < 일제 강점하 강제동원 피해 진상규명 특별법안>을 제정해 주시기를 의원님들 께 위와로 간청합니다.

우리 회원들, 나를 믿고, 말 없이 따라와 주었습니다. 법령의 위원 "강제 명령으로 다 끝났다"는 기억을 들고 실신도 하면서. 동사오리울리는 아버지의 위폰 살에서 되놓을 쓸으며, 日本 대사관까지 가서 수도없이 데모를 하면서. 그리고 아들 외손도 군소리 없이 나를 믿고 말 없이 따라와 주었습니다. 나는 우리 회원들 모두가 이루던 정부의 조처 없이 이대로 저세상 사람이 되도록 걷고 내 버려둘수 없습니다.

그래서 의원님들께 위와로써 하소합니다. 이제 우리 노오들의 슬픔과 아픔을 거두어 주십시요. 더이상은 우리를 방치하지 말아주십시오. 우리 노오들도 사랑이고 이 나라 의 국민 입니다. 진정 이나라가 우리의 조국이라는 것을 느낄수있도록 우리 노오들을 위해 이 법안을 제정해 주십시오. 나의 마지막 소원이자 우리 일제침략 전쟁으로 피해를 입은 노오들을 위했던 하나의 간청입니다.

2003年 12月 29日

太平洋 戰爭 犧牲者 遺族會
會長 李 金 珠

지은이 | 송경자

전남대학교 사회학과를 졸업하고 언론사와 대학 홍보팀에서 일했다. 지은 책으로 『이제야 세상이 바로 보이네』(공저), 『전남여성 100년』(공저), 『스물두 살 박기순』 등이 있다.

엮은이 | (사)일제강제동원시민모임

2009년 광주에서 결성된 '근로정신대할머니와함께하는시민모임'이 전신이다. 미쓰비시로 동원된 여자근로정신대 피해자들이 2008년 11월 일본 최고재판소에서 최종 패소한 소식이 알려지면서 뜻을 같이하는 시민들이 자발적으로 함께 손을 잡았다.

미쓰비시자동차 광주전시장 1인 시위(2009.10~2010.7) 등 다양한 활동을 통해 '여자근로정신대' 문제를 한국 사회에 알리는 데 노력해왔다. 2012년 광주를 시작으로 전남, 서울, 경기, 인천, 전북, 경남 등 지방자치단체에서 여성 노무동원 피해자 지원 조례가 제정될 수 있도록 앞장서 왔다.

2012년, 2014년, 2015년 여자근로정신대 피해자들을 규합해 미쓰비시중공업을 상대로 손해배상 소송을 제기했으며, 그중 1건은 2018년 11월 대법원에서 최종 승소 판결을 얻어냈다.

2019년과 2020년 광주전남지역 노무동원 피해자와 유족 87명이 일본 11곳 기업을 상대로 광주지방법원에 제기한 손해배상 소송을 지원하고 있다. 그 밖에 국내외 강제동원 현장 답사, 학교로 찾아가는 역사강의, 구술 채록 등 다양한 활동을 펼치고 있다. 2021년 4월 현재의 사단법인 일제강제동원시민모임으로 전환해 활동을 잇고 있다.